Bodensee
Bregenz
Schnebelhorn 3
2 Bachtel
5 Chrüzegg
Wattwil
Appenzell
Kronberg 38
39 Säntis
40 Stauberen
Rhein
Zürichsee
Rapperswil
Österreich
Speer 35
Etzel 6
Leistchamm 36
37 Hinterrugg
Buchs
46 Dreischwestern
Sihlsee
Gross Aubrig 9
12 Chöpfenberg
Walensee
Wägitaler See
Zindlenspitz 14
Liechten-stein
43 Alvier
Gonzen 42
Fluebrig 10
47 Rautispitz
52 Mürtschenstock
Gross Mythen 8
Schwyz
13 Mutteristock
Klöntaler See
53 Schilt
Sargans
Falknis 44
48 Vorderglärnisch
33 Spitzmeilen
11 Druesberg
Fronalpstock 22
49 Glärnisch
50 Bösfulen
34 Pizol
Chaiserstock 23
32 Rophaien
51 Ortstock
Kärpf 54
Schächentaler 57 Windgällen
Altdorf
45 Haldensteiner Calanda
Gemsfairenstock 56
Klausenpass
24 Bälmeten
55 Clariden
Rhein
Chur
59 Gross Ruchen
58 Klein Windgällen
60 Gross Düssi
Piz Giuv 64
Disentis
lppass
natt
66 Badus
entrale
N
0
10 km

Zürcher Hausberge

Michael Pause/Ulrich Tubbesing

Zürcher Hausberge

AT Verlag

Bei der Vorbereitung und Bearbeitung dieses Buches haben freundlicher Weise geholfen: Angelika Grefe, Gabriele Daffner, Donatus Fuchs und Stefan Herbke.
Allen Helfern danken wir von Herzen!

Michael Pause
Ulrich Tubbesing

Bildnachweis:
Umschlagbild vorne: Seealpsee, Säntis
Umschlagbild hinten: Rigi Staffel
(Fotos: Christof Sonderegger, Rheineck)

Bild Seite 2/3: Rigi-Hochflue über Lauerzersee und Vierwaldstättersee (Fotos Willi P. Burkhardt)

Burhardt: S. 6, 19,25, 27, 35, 37, 41, 43, 45, 49, 51, 55, 57, 65, 71, 85, 101, 125, 127, 131, 133, 141, 143
Bösch: S. 115
Donatsch: S. 97
Fuchs: S. 83, 87
Führer: S. 73
Höhne: S. 109
Leica Heerbrugg AG: S. 29, 59, 75, 77, 81, 107, 119
Magro: S. 89
Orbitex: S. 21, 23, 61, 67, 69, 117
Steiger: S. 31
Tubbesing: S. 9, 11, 13, 15, 17, 39, 47, 53, 63, 79, 91, 93, 95, 99, 103, 105, 111, 113, 121, 123, 129, 135, 137
Verkehrbüro Sedrun: S. 139

Karten: Kartografie Huber, München
Reproduziert mit Bewilligung des Bundesamtes für Landestopografie Wabern/Schweiz, vom 1. 5. 1991.

Das Buch ist erstmals 1991 unter demselben Titel erschienen bei BLV Verlagsgesellschaft mbH, München.

Lektorat: Marianne Faiss-Heilmannseder, München
Layout: Volker Fehrenbach, Unterschleißheim
Lithos: AZ Grafische Betriebe AG, Aarau
Druck und Bindearbeiten:
Neue Stalling GmbH, Oldenburg
Printed in Germany

ISBN 3-85502-718-8

Inhalt

Vorwort

Bergwandern ist eine Tätigkeit der Beine und ein Zustand der Seele
Josef Hofmiller

Mancher Zürcher mag darüber den Kopf schütteln, dass die in diesem Buch vorgestellten 68 Gipfel mit dem Prädikat »Zürcher Hausberge« versehen werden; er lässt in dieser Kategorie nämlich bestenfalls Üetliberg und Albis gelten. Gleichzeitig könnten beispielsweise Luzerner oder Appenzeller Einspruch dagegen erheben, Pilatus und Säntis, also ihre ureigenen Hausberge, mit den Limmatstädtern teilen zu sollen. Nein, diese Forderung wird in diesem Buch an keiner Stelle erhoben.

Allerdings erlauben wir uns, den Begriff »Hausberg« modern und grosszügig zu interpretieren. Dies bedeutet, dass wir hier Touren aufführen, die der Zürcher mit wenigen Ausnahmen an einem Tag, ganz sicher aber an einem Wochenende unternehmen kann. Tatsächlich gilt dies in gleicher Weise für den Thurgauer und Aargauer, ja selbst für Basler und Konstanzer – ohne dass wir damit das Hinterland der Weltstadt Zürich definieren wollten. Der – sogenannte – Fortschritt hat es in Form von guten Strassenverbindungen mit sich gebracht, dass sogar viele schöne Berge, die vom Limmatquai auch bei klarster Sicht nicht zu sehen sind, sich in wenigen Stunden von der Stadt aus erreichen lassen. Gleichzeitig muss an dieser Stelle erwähnt werden, dass der Zürcher Bergsteiger dank guter Bahnverbindungen nicht einmal unbedingt auf das Auto angewiesen ist, wenn es ihn in die Berge zieht.

Die geographischen Grenzen des in diesem Buch abgedeckten Gebietes sind: im Osten das Rheintal (Drei Schwestern und Falknis schauen über diese Grenze ins Gebiet herein), im Süden Glarner und Urner Alpen sowie das Gotthardgebiet, im Westen der Brünigpass. Im Norden ist vier klassischen Zürcher Wanderzielen am See und im Oberland noch die Jurawelle der Lägeren angereiht. Im weiteren entfallen neun Touren auf die Region zwischen Zugersee und Wägitaler See, 18 Gipfel auf die zentralschweizerischen Voralpen, sieben auf das Toggenburg und die Appenzeller Berge, zwei auf das St. Galler Oberland, und fünf ragen über dem Rheintal auf. Zehn Gipfel sind zum Glarnerland und zwölf zu den Urner Alpen und zum Gotthardgebiet zu zählen.

Da man bei »Hausbergen« immer auch Familienziele vor Augen hat, wurden allgemein die Normalwege oder Überschreitungen auf leichten Routen bevorzugt. Trotz der Berücksichtigung einer Eignung für Familien reichen die Anforderungen vom einfachen Vorbergbummel bis zur leichten Kletterei und zur einfachen Eistour!

Alle Touren dieses Buches wurden von den Autoren persönlich abgelaufen. Trotz grösstmöglicher Sorgfalt kann es jedoch vorkommen, dass unsere Angaben von der Realität schon wieder überholt wurden, sei es durch die Trassierung einer neuen Strasse, die Verlegung eines Weges, den Bau eines Lifts oder eines Gasthauses – zumindest letzteres kann man noch akzeptieren. Wo es möglich ist, empfehlen wir, auf die entsprechende Führerliteratur des SAC zurückzugreifen und eventuell auch örtliche Wanderführer zu Rate zu ziehen.

Die knappen Kartenausschnitte sollen nur den Wegverlauf aufzeigen. Die Mitnahme des ganzen, in den kurzen Informationsspalten genannten Kartenblatts können sie nicht ersetzen.

Wenn sich auch die Alpen insgesamt immer mehr in den »Playground of Europe« zu verwandeln drohen, den der britische Alpinismus-Pionier Leslie Stephen vor mehr als 120 Jahren vorausgesagt hat, so stellen sie doch noch lange keinen Tummelplatz für unerfahrene und unzureichend ausgerüstete Bergwanderer und Bergsteiger dar. Wer in die Berge steigt, muss sich der besonderen Gefahren dieser Landschaft bewusst sein, sich entsprechend verhalten und ausrüsten! Mit dieser Mahnung wünschen wir allen Lesern und Leserinnen ein gutes Gelingen.

Michael Pause
Ulrich Tubbesing

Im Meiental bei Färnigen.

1

Lägeren

Die erste Jurawelle als Aussichtsbalkon

Jura-Wanderung $^{1}/_{2}$ Tag
859 m
Mit Kindern ab 8 J.

Talorte Diesldorf, 455 m; Baden, 382 m.

Charakter Einfache Höhenwanderung auf guten und markierten Wegen. Für den Lägerengrat ist etwas Trittsicherheit erforderlich, die Stelle kann jedoch auch auf der Nordseite einfach umgangen werden. – Beste Zeit: Frühjahr und Herbst.

Gehzeit Aufstieg $1^{1}/_{2}$–2 Std.; Abstieg $1^{1}/_{2}$ Std.

Hütten/Gasthäuser Berggasthaus Hochwacht, 856 m, priv.; Restaurants in Regensberg.

Verlauf Dielsdorf – Regensberg – Berggasthaus Hochwacht – Burghorn – Baden.

Variante Von Baden über Ruine Stein und Baldegg (neuer Aussichtsturm) bis Brugg, $2^{1}/_{2}$ Std.

Karten LKS 215, Baden, 1 : 50 000; Spezialkarte Jura, Blatt 1, Aargau-Lägeren-Bözberg, 1 : 50 000.

Weitab vom Jura-Hauptkamm wölbt sich mit dem Lägeren am Unterlauf der Limmat dicht vor den Toren der Stadt Zürich die erste Jurawelle empor. Dieser so auffällig aus der Ebene ansteigende Lägeren ist eigentlich nichts weiter als eine schräg gestellte, überwaldete Kalkscholle, deren Scheitellinie schnurgerade von Ost nach West verläuft. An zwei Stellen, an der Hochwacht und am Burghorn, lichtet sich der Wald und gibt zwei wunderschöne Aussichtskanzeln frei. Von beiden Punkten kann man weit ins Land hinausblicken, von der Hochwacht über Zürich hinweg gegen die Alpenkette, vom Burghorn zum Hegau und zu den Schwarzwaldhöhen.

Wegen der Großstadtnähe ist die Längsüberquerung des Lägeren natürlich kein Geheimtip mehr. Unberührtes und Entlegenes gibt es hier nicht zu entdecken. Trotzdem findet man noch überall Stille und Erholung an diesem Juraausläufer, und im zweiten Teil der Tour, westlich von Limmat und Baden, wandert man meistens allein. Die Wegstrecken sind vorbildlich beschildert, eine gute Karte sollte aber dabei sein – und ein 50-Rappen-Stück je Person!

Die Anreise erfolgt ab Zürich mit der S-Bahnlinie 5, die direkt bis Dielsdorf verkehrt. Dort nimmt der östliche Jura-Hauptwanderweg seinen Ausgang. Ihm folgt man westlich zum Dorf hinaus und an Weinhängen entlang zu dem auf freier Kuppe gelegenen, mittelalterlich anmutenden Regensberg. In der Mitte des Ortes dominiert ein hoher, wuchtiger Wehrturm, dessen Drehtür allerdings nur bei Einwurf eines 50-Rappen-Stücks Einlaß gewährt. Wer an diese Kleinigkeit gedacht hat, darf sich glücklich schätzen, denn von der Burgzinne schweift der Blick weit über die Hügel und Siedlungen des Mittellandes hinaus bis zum Säntis und zu den Glarner Alpen. Interessierte könnten von dieser Warte aus auch stundenlang dem Flugbetrieb von Kloten zuschauen und darüber leicht sogar das eigentliche Ziel vergessen.

Das nächste Wegstück zwischen Regensberg und der Hochwacht verläuft stets im Wald und bedeutet fotografisch eine Durststrecke, doch dafür kann man um so besser seinen Gedanken nachgehen oder gemäß der Devise von Max Planck »im Rhythmus des gelassenen Ausschreitens wieder zum Rhythmus guter Gedanken zurückzufinden«.

Auf der Hochwacht befindet sich gleich neben dem Gasthaus eine großzügig ausbetonierte Aussichtsplattform – nicht schön, aber sehr zweckmäßig. Hinter der Hochwacht verschwindet der Weg erneut im Wald, passiert die Mauerreste der Ruine Altlägeren und tritt nach längerer Gratwanderung erst am Burghorn wieder ins Freie.

Der höchste Punkt des Lägeren gewährt ebenso wie zuvor die Hochwacht kein umfassendes Panorama, sondern nur einen einseitigen Ausblick, und zwar dieses Mal gegen Norden. Kurz hinter dem Burghorn, in der Einsattelung des Lägerenkammes, gabelt sich die Route. Der rechte Ast verläuft als bequemer Waldweg auf halber Höhe am Hang entlang, der linke bleibt auf dem Kammrücken, der sich wenig später zum schmalen, felsigen Lägerengrat verengt.

Von der Ruine Stein blickt man über den Ort Baden auf den Waldrücken des Lägeren. Auf halber Höhe die Burg Schartenfels.

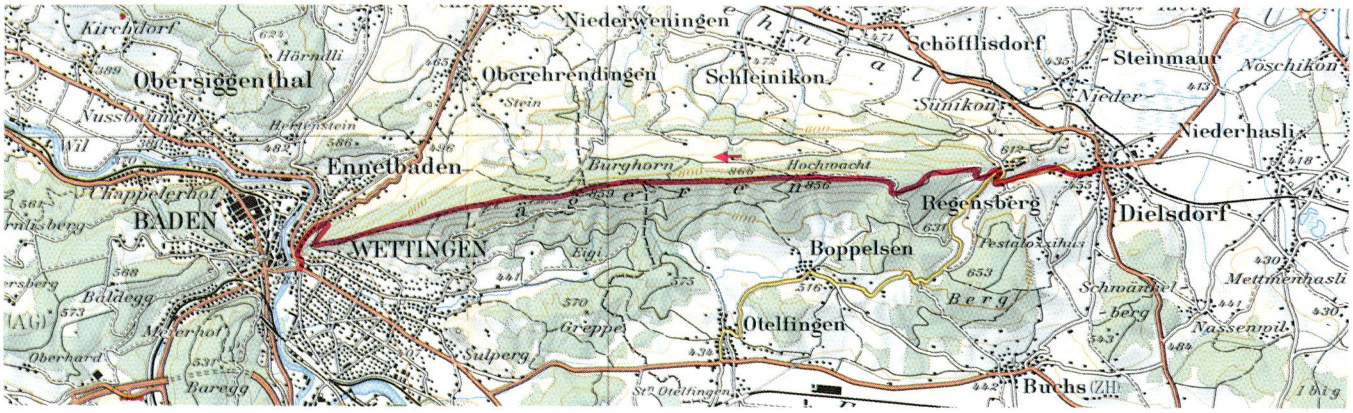

Auf den glatten, schräg abfallenden Kalkplatten ist besonders bei Nässe Vorsicht geboten. Mit solidem Schuhwerk bedeutet dieser Gratabschnitt ein prickelndes Vergnügen, wobei eine kurze, exponierte Passage auch unterhalb umgangen werden kann. Beide Wege treffen direkt oberhalb von Baden an der Burg Schartenfels wieder zusammen. Eine lange Treppe leitet nun hinunter zu den Türmen und Gassen der Stadt. Durch die Einkaufsstraße geht es dann rasch zum Bahnhof.

Weil ab Dielsdorf erst 3 oder 4 Stunden vergangen sind, empfiehlt es sich, den Jura-Hauptweg bis Brugg fortzusetzen. Dafür gibt's mehrere gute Gründe. Der erste ist die Ruine Stein im Westen hoch über der Stadt mit ihrem prächtigen Rückblick über die Dächer von Baden zum Lägeren und zur Limmatschleife. Der zweite Grund heißt wenig später Baldegg. Auf dieser Hochfläche steht seit 1985 ein neuer, 50 Meter hoher Wasserturm mit Aussichtsgalerie. Sie ist von Ende März bis Anfang November geöffnet. Und drittens berührt die Wanderroute auch das Gebenstorfer Horn, eine vorspringende Bergnase mit reizvollem Ausblick ins Flußdreieck von Aare, Reuss und Limmat. In Gebenstorf könnte man jetzt das Postauto nehmen, doch wer sich noch $^1/_2$ Stunde auf den Beinen zu halten vermag, sollte auf den romantischen Uferwegen an Reuß und Aare weiterwandern bis zur Schnellzugstation Brugg.

2 Bachtel

Über die Allmenkette zum Bachtel-Aussichtsturm

Wanderung 1 Tag
1110 m
Mit Kindern ab 6 J.

Was macht der sonnenhungrige Zürcher, wenn eine Hochdruckwetterlage mit Inversion im Spätherbst oder Frühwinter dem Mittelland nur tristen Hochnebel beschert? Er geht zum Beispiel auf den Bachtel im Zürcher Oberland. Dort oben, in Höhenlagen über 1000 Meter, scheint die Sonne gerade zum Jahreswechsel viel häufiger als in den Niederungen der Großstadt. Zudem ist es immer wieder ein erregendes Erlebnis, auf ein grenzenloses weißes Nebelmeer hinabzuschauen und ohne Bedauern an jene zu denken, die darunter ihren grauen Alltag verbringen müssen. Freilich, auch der Zürichsee samt Pfäffiker- und Greifensee liegt dann unter der Wolkendecke verborgen, dafür aber steht die Alpenkette vom Säntis bis zum Eiger und Pilatus gestochen scharf am südlichen Horizont.

Talorte Bauma, 640 m; Wald, 615 m.

Charakter Sehr beliebte Wanderung im Zürcher Oberland, viele Varianten möglich. Bequeme und markierte Wanderwege. – Beste Zeit: Frühjahr und Herbst sowie im Frühwinter.

Gehzeit Gesamt 4–6 Std.

Hütten/Gasthäuser Berggasthaus am Bachtel, 1110 m, priv.

Verlauf Bauma – Ob. Wolfsberg – Ferenwaltsberg – Allmen – Egg – Bachtel – Orn – Wald.

Varianten Seitenzustiege zur Allmenkette sind auch von Fischenthal oder Gibswil aus möglich.

Karten LKS 226, Rapperswil, 1 : 50 000; Spezialkarte Zürcher Oberland, 1 : 25 000.

Damit kein Baumbestand den Blick verstellt, hatte man schon frühzeitig auf dem Bachtel einen hölzernen Aussichtsturm errichtet. Der fiel jedoch bald darauf, Anfang 1890, einer Sturmnacht zum Opfer und wurde durch eine Eisenkonstruktion ersetzt. Später kam noch ein Gipfelgasthaus hinzu, zu dem heute eine Straße hinaufführt. Die mußte allerdings vor Jahren schon ab Orn (925 m) für den öffentlichen Pkw-Verkehr gesperrt werden, sonst wäre der erholungsbedürftige Mensch hier oben zwischen den vielen Autos längst unter die Räder gekommen.

Vom Parkplatz Orn führt der kürzeste Anstieg auf den Bachtel. Aber so ein klarer Herbst- oder Wintertag ist eigentlich viel zu schade, um nach $1/2$ Wegstunde und kurzer Panoramaschau die meiste Zeit im überfüllten Gipfelgasthaus zu verbringen. Da macht es mehr Sinn, eine der längsten Anmarschrouten zu benutzen: den aussichtsreichen Höhenweg über die Wald- und Weiderücken der Allmenkette. Ab Bauma im Tösstal sind das 12 Kilometer Wanderstrecke und bei etwa 600 Meter Steigung ungefähr 3 bis 4 Stunden reine Marschzeit.

Dazu kommen später dann nochmals $1\,1/2$ Stunden für den Abstieg vom Bachtel nach Wald.

Wer es etwas familiengerechter mag, kann den Seitenzustieg von Fischenthal wählen. Auf dieser Variante spart er etwa 1 Stunde ein. Jede weitere Abkürzung würde das Gesamterlebnis allerdings merklich schmälern.

Der ganze Routenverlauf ist gut beschildert, ein Verirren praktisch ausgeschlossen. Den ersten Wegweiser findet

Hinter dem bewaldeten Gipfel des Bachtel mit dem Aussichtsturm versteckt sich unter dem herbstlichen Nebelmeer der Zürichsee.

man gleich an der SBB-Station Bauma. Dort geht es südwärts aus dem Ort hinaus und auf einem Sträßchen – mit Abkürzungen – an den Gehöften Bad und Oberwolfsberg vorbei gegen die Kammhöhe empor. Man erreicht sie schließlich bei der schönen Wiesenkuppe an der Bergwirtschaft Sunnenhof. Kurz zuvor besteht die Möglichkeit zu einem kleinen Abstecher links hinab zur Tüfelschanzel, einer im Wald versteckten, interessanten Felsformation.

Ab Sunnenhof verläuft der Weg zunächst im Wald, tritt dann an der Ghöchweid plötzlich ins Freie und überrascht mit einer zauberhaften Aussicht über die Allmenkette zum Bachtel und zu den Firngipfeln der Glarner Alpen. Man bleibt zunächst auf der Höhe, passiert den Weiler Ghöch und trifft im Ferenwaltsberg dann auf die von Fischenthal heraufkommende Route.

Am Dorfausgang leitet der Wanderweg wieder zur Kammhöhe zurück und gibt den Blick frei ins Tösstal und zur formenreichen Kuppenlandschaft um Hörnli und Schnebelhorn. Kurz vorm Allmen verschwindet die Route erneut im Wald und steigt später in einigen Kehren über den Südwesthang hinab zur Paßsenke des Egg. Jetzt wandert man am Auenberg vorbei zum kleinen Sattel am Fuß des Bachtel und gelangt schließlich über einen ausgebauten Weg (Treppen) hinauf zur geräumigen Gipfelkuppe. Dort oben geht es natürlich selten lautlos zu, denn der Bachtel bildet das beliebteste Ausflugsziel im Zürcher Oberland und zeigt sich dementsprechend familienfreundlich. Mit Aussichtsturm, Kinderspielplatz, Liegewiese und Gipfelgasthaus kommt hier jeder auf seine Kosten. Für die Entschlüsselung der immensen Rundsicht sollte man eine gute Karte oder eine sachkundige Begleitung dabei haben.

Nach dem langen Anstieg gestaltet sich die Rückkehr ins Tal kurz und einfach. Das Gipfelsträßchen wird über Orn bis Boden hinab verfolgt, dann geht es einige hundert Meter nach links Richtung Dieterswil, ehe ein Fußweg hangabwärts nach Tänler und weiter bis zur SBB-Station in Wald hinunterführt.

3 Vom Schnebelhorn zum Hörnli

Auf klassischen Höhenwegen im Zürcher Oberland

Wanderung 1 Tag
1293 m
Mit Kindern ab 8 J.

Der höchste Berg im Kanton Zürich, so lernt man es in der Schule, heißt Schnebelhorn, ist knapp 1300 Meter hoch und steht an den Quellen der Töss im Zürcher Oberland. Für die Mehrzahl der Zürcher bleibt dieses Wissen zeitlebens nichts als trockene Schulweisheit. Nur die Wanderfreunde wissen das Schnebelhorn zu schätzen – und alles, was die Natur rundherum an Höhen und Tiefen, Bergrücken und Talsenken, Quellen und Wasserfällen zu bieten hat.

Im Herbst kann es an klaren Tagen dort oben aufregend schön sein. Toggenburg und Appenzeller Land liegen ausgebreitet wie ein bunter Teppich vor einem, nach Norden erstreckt sich das Mittelland bis zu den Schwarzwaldhöhen, im Süden leuchtet das Hochgebirge, und aus der Tiefe schimmert der Zürichsee herauf.

Noch umfassender als vom Schnebelhorn ist allerdings die Aussicht vom Hörnli, der 1133 Meter hohen, beherrschenden Bergkuppe im Norden des Zürcher Oberlandes. Dieses Hörnli steht etwas weiter vom Alpenkranz abgesetzt und gewährt deshalb die bessere Übersicht.

Eine äußerst detaillierte, 1895 entstandene und 1974 wieder veröffentlichte Panoramazeichnung von Albert Bosshard nennt die Namen der ungezählten Gipfel, Höhenzüge, Dörfer und Talschaften. Das Hörnli befindet sich seit 1930 im Besitz des Kantons Zürich und ist damit vor jeder Überschließung geschützt. Am Gipfel steht einzig die altehrwürdige Bergwirtschaft Hörnli-Kulm, deren Gäste nach wie vor nur zu Fuß kommen dürfen.

Ob man nun dem Schnebelhorn oder dem Hörnli den Vorzug gibt, bleibt Geschmackssache, am besten ist natürlich das »Sowohl-als-Auch«. Die beiden Berge sind nämlich über einen herrlichen, vielfach eingesattelten Kammrücken miteinander verbunden, und der günstig gelegene Ausgangspunkt Steg im Tösstal erlaubt es, diesen voralpin anmutenden Übergang zu einer großartigen, tagesfüllenden Rundtour auszubauen.

Die Zürcher Wanderfreunde müssen diesmal ihren Kollegen aus Winterthur den Vortritt lassen, denn die sind schneller vor Ort. In Steg informieren große Wegtafeln über den richtigen Start, und später kann man sich stets auf

Talort Steg, 698 m.

Charakter Leichte Wanderung im Wald und auf freien Kammrücken zu zwei der schönsten Aussichtspunkte im Zürcher Oberland. – Beste Zeit: Frühjahr und Herbst.

Gehzeit Steg – Schnebelhorn 2 Std., Schnebelhorn – Hörnli 2 St., Hörnli – Steg 1 Std.

Hütten/Gasthäuser Gasthaus Tierhag, 1140 m, priv.; Gasthaus am Hulftegg; Berggasthaus Hörnli, 1133 m, priv.

Verlauf Steg – Orüti – Bärloch – Gasthaus Tierhag – Schnebelhorn – Hirzegg – Roten – Hulftegg – Hörnli – Steg.

Varianten Die Erhebungen von Hörnli und Schnebelhorn sind von unzähligen Pfaden und Fahrwegen überzogen, Varianten sind überall möglich. Für Wanderer mit etwas Trittsicherheit ist der voralpin anmutende Hörnligübelweg durch die nagelfluhdurchsetzte Westflanke des Hörnli interessant.

Karten LKS 226, Rapperswil, 1 : 50 000; Wanderkarte Törstal – Zürcher Oberland, 1 : 25 000.

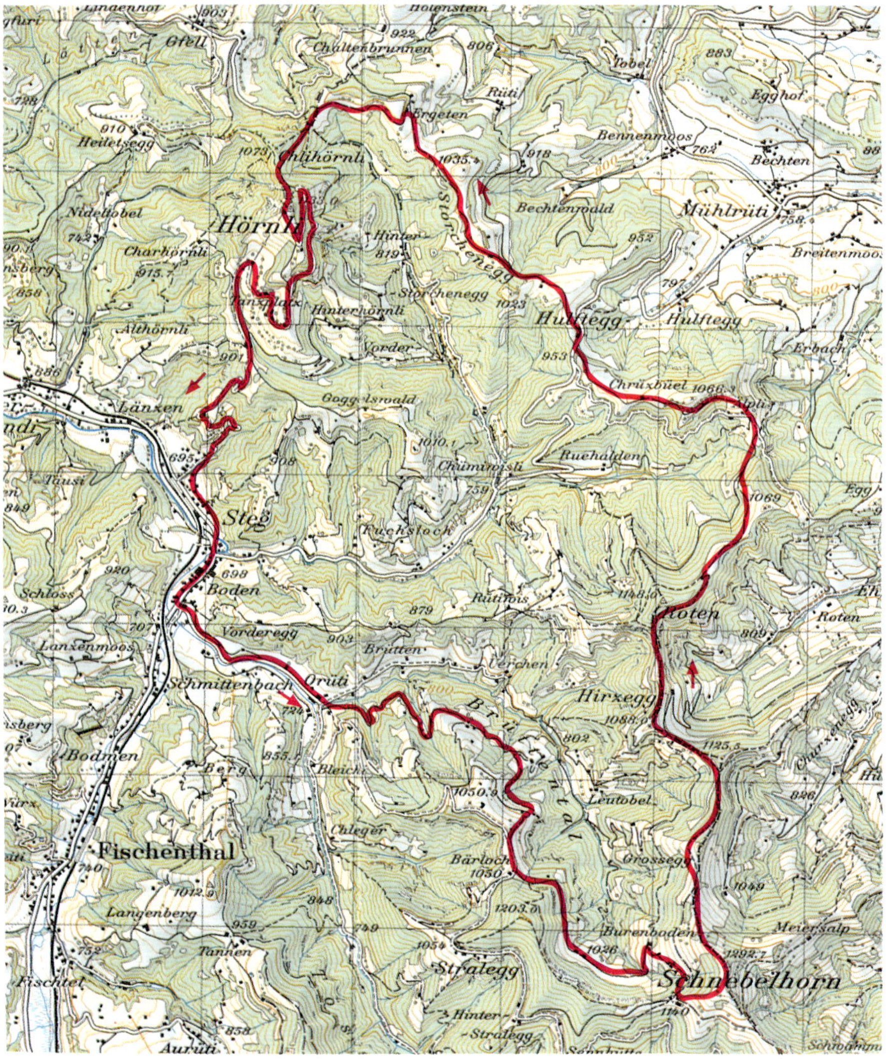

die gelben Markierungsrhomben verlassen. Zunächst geht es längs der Straße im Tösstal bis Orüti, dann auf halber Höhe über dem stillen Brüttental entlang und schließlich an der Ferienhaussiedlung Frühweid vorbei bis zur Kammhöhe am Bärloch (1050 m). Hier gabelt sich die Route. Der linke Ast führt an der Nordseite, der rechte an der Südseite des Warten entlang. Beide treffen am Gasthaus Tierhag wieder zusammen, 20 Minuten unter dem Schnebelhorn. Ein steiler Weidehang leitet nun empor zur Grathöhe und zur baumlosen Gipfelkuppe.

Das nächste Etappenziel, das Hörnli, zeigt sich mit einprägsamer Silhouette jetzt genau im Norden, am Ende eines weich geformten, hübsch gewellten Verbindungsgrates. Diesem Grat folgt man mit einigem Auf und Ab zur Einsenkung des Hirzegg, umgeht dort entweder auf breitem Weg rechts oder auf schmalem Felssteig links den Roten und gelangt in aussichtsreicher Kammwanderung zur Paßhöhe der Hulftegg (950 m, Gasthaus).

Der Höhenweg zieht an der Kuppe des Regelsberges vorbei zur Nordseite des Hörnli, passiert den Dreiländerstein (Zürich-Thurgau-St. Gallen) und steigt schließlich von Norden her, zuletzt über Treppen, zum Hörnli-Gasthaus auf dem geräumigen Gipfeldach empor.

Wenn man vom Schnebelhorn zum Hörnli (hinten rechts) hinüberblickt, ahnt man nicht, daß der sanfte Voralpenberg ein grandioser Aussichtsgipfel ist.

Der kürzeste Abstieg nach Steg verläuft in der Südflanke über Tanzplatz und Breitenweg. Wer hingegen Zeit, Ausdauer und gutes Schuhwerk an den Füßen hat, der benutze den hochinteressant gelegenen Hörnligübelweg unter den Nagelflühwänden der Westseite. Dieser mündet am Breitweg wieder in die normale Wanderroute ein.

4 Uetliberg – Albishorn

Hoch über dem Zürichsee

Wanderung 1 Tag
915 m
Mit Kindern ab 6 J.

Der Uetliberg dicht über der Stadt ist der eigentliche Hausberg der Zürcher – und der einzige, wie böse Zungen von außerhalb behaupten. So ganz unrecht haben sie damit nicht, denn fast alle übrigen Tages- und Wochenendtouren dieses Buches führen (den Zürcher) nach auswärts, in andere Regionen und Kantone, wo der Anspruch auf Zürcher Hausberge gelegentlich als typische Anmaßung des Großstädters empfunden wird. Nur am Uetliberg ist der Zürcher wirklich zu Hause.

Ein Besuch lohnt sich immer, besonders an klaren Herbsttagen, wenn kein Dunst die Alpenkette verbirgt und kein Nebel den Zürichsee verschluckt. Dann sollte man gleich weiter über den ganzen Albiskamm bummeln, von Aussichtspunkt zu Aussichtspunkt.

Talorte Uitikon, 555 m; AP S-Bahnstation Uetliberg-Kulm, 814 m. – EP Station Sihlbrugg, 514 m.

Charakter Bequemer und teilweise ungewöhnlich aussichtsreicher Wanderweg über die Albiskette, bezeichnete Wege. – Beste Zeit: Frühjahr, Herbst und evtl. Frühwinter.

Gehzeit Gesamt $5^1/_2$–$6^1/_2$ Std.

Hütten/Gasthäuser Gasthaus Stafel, 800 m, priv.; Gasthaus Balderen, 730 m, priv.; Berghotel Felsenegg, 790 m, priv.; Albis-Hs., 909 m, Naturfreunde; div. Gasthäuser am Wege.

Verlauf Uetliberg – Balderen – Felsenegg – Buechenegg – Albispaß – Schnabel – Albishorn – Ob. Albis – Station Sihlbrugg.

Varianten Auf den Uetliberg geht es auch zu Fuß von Zürich oder aus dem Reppischtal von Sellenbüren. Direkter Abstieg vom Albishorn über die Nordostseite zum Bahnhof Sihlwald, $1^1/_4$ Std.

Karten LKS 225, Zürich, 1 : 50 000.

Von der Station Uetliberg bis zum Bahnhof Sihlbrugg mißt diese Panoramawanderung gut 18 Kilometer, bei wenig Steigung und vielen Gasthäusern am Weg. An der Seilbahnstation Felsenegg oder der Postautohaltestelle Albis läßt sich die Tour sogar in zwei bequeme Halbtagesetappen aufteilen.

Den ersten Höhepunkt bildet schon wenige Minuten nach dem Start der neue Uetlibergturm, der mit viel High-Tech, aber auch einer großen Aussichtsplattform aufwartet. Die überragt souverän alle Baumwipfel und ermöglicht einen grandiosen Rundblick: Die Alpenkette von Säntis bis zu den Berner Viertausendern, die Jurahöhen, das Häusermeer der Stadt und die glitzernde Wasserfläche des Zürichsees sind nur einige Glanzpunkte des erstaunlich weiten Panoramas.

Ein langer, aus Eisenbahnschwellen errichteter Treppenweg führt vom Kulm steil nach Süden hinab, später geht es auf breitem Bergrücken in gleicher Richtung durch Wald und Wiesen zum Gasthaus Balderen, dem ersten Verpflegungspunkt der Strecke. Der zweite

liegt bloß $^1/_2$ Stunde weiter südwärts und heißt Berghotel Felsenegg. Von hier kommen der Zürichsee und der graue Steinhaufen der Stadt noch besser zur Geltung als vom Uetliberg. Wer an dieser Stelle auch mal einen Seitenblick ins grüne Sihltal richtet, wird fortan sicher allen Autobahnplänen dort unten mit Skepsis begegnen. Die dafür Verantwortlichen wandern leider viel zu selten, zumal zum eigenen Tatort.

Die nächste Station am Höhenweg ist Buechenegg, und bald darauf erreicht man den Albispaß – mit Busstation und mehreren Möglichkeiten zur gemütlichen Einkehr. Hinter dem Albispaß buckelt sich das Gelände kräftig bis zur Höhe des Schnabel bzw. der Hochwacht auf, dem Standplatz eines stabilen, hölzernen Aussichtsturmes. Es empfiehlt sich unbedingt, dort die vielen Stufen hinaufzusteigen, denn neben dem herrlichen Rückblick zum Uetliberg, zur Stadt und in die Zürcher Bucht zeigen sich im Süden, zwischen Roßberg, Rigi und Pilatus, der Zuger See und die Ausläufer des Vierwaldstätter Sees. Diese Hochwacht war im 18. Jahrhundert, zusammen mit anderen Aussichtspunkten wie auf dem Pfannenstiel oder am Bachtel, Teil eines landesweiten Überwachungssystems, das rechtzeitig vor heranziehenden Feinden warnen sollte. Der Kanton Zürich hat diese Einrichtungen dankenswerterweise erhalten bzw. erneuert und friedlichen Zwecken zur Verfügung gestellt.

Von der Hochwacht geht es nun an den Mauerresten der Ruine Schnabelburg vorbei in die Lücke P.803 und dann in vielen Kehren empor zum Bürglen, dem höchsten Punkt im Albiskamm. Zwischen den Bäumen hindurch reicht es hier nur zu einem schmalen Tiefblick auf den reizend gelegenen Türler See. Auch am Albishorn ist die Aussicht mittlerweile fast völlig zugewachsen, nur ein Stückchen Zürichsee nebst Zürcher Oberland und einigen Alpengipfeln zeigt sich noch.

Der Wegweiser neben dem Gasthaus informiert jetzt über die verschiedenen Abstiegsrouten. Der kürzeste Weg führt direkt hinunter nach Sihlwald, der schönere hingegen folgt weiter dem Kamm bis Ober Albis und leitet schließlich im Wald abwärts zur Station Sihlbrugg. Von dort fährt alle 30 Minuten die S-Bahnlinie 1 zurück zum Zürcher Hauptbahnhof.

Kein Zürcher Hausberg liegt näher an Zürich: Direkt über der Stadt erhebt sich der Waldhügel des Uetliberges, deutlich erkennbar am Sendemast.

5 Hüttchopf – Chrüzegg – Tweralpspitz

Von der Töss zur Thur

Bergwanderung 1 Tag
1332 m
Mit Kindern ab 12 J.

Bachtel, Hörnli, Schnebelhorn, Hüttchopf und Tweralpspitz heißen die bekanntesten Schaukanzeln im Zürcher Oberland, alle über 1000 Meter hoch und im Gipfelbereich nur spärlich bewaldet. Die letzte Eiszeit hat hier, zwischen Töss, Thur und Rickenpaß, eine formenreiche Nagelfluhlandschaft modelliert, mit Kuppen und Kegeln, fein geschwungenen Kammlinien und tief eingeschnittenen, wasserreichen Seitentälern.

Die Kantone Zürich, Thurgau und St. Gallen teilen sich dieses Gebiet, das durch die Bezeichnung Zürcher Oberland nur teilweise beschrieben werden kann. Die höchsten Erhebungen, die Höchhand, das Chrüzegg und die Tweralspitz, stehen nämlich nicht mehr im »Züribiet«, sondern bereits im St. Gallischen. Gleichwohl bleiben es natürlich Zürcher Hausberge, und ihre Überschreitung zählt zu den aussichtsreichsten Alpenvorlandwanderungen zwischen Zürichsee und Bodensee.

Zu dieser Höhenwanderung von der Töss zur Thur sollte man in jedem Fall mit der Bahn anreisen, denn die Rückkehr zum Ausgangspunkt Fischenthal würde sich vom Zielort Wattwil verkehrstechnisch sehr umständlich gestalten. Frühzeitiger Aufbruch ist wichtig, weil sich diese großzügige Durchquerung, die alle maßgeblichen Aussichtsgipfel der südlichen Töss-Stöcke berührt, auf 20 Wanderkilometer und etwa 1300 Anstiegsmeter beläuft. 6 bis 8 Stunden sind da nicht zuviel gerechnet, außerdem könnte etwas Trittsicherheit bei der Traversierung der Höchhand von Nutzen sein.

Talorte Fischenthal, 740 m; Wattwil, 613 m.

Charakter Lange, anspruchsvolle Kammwanderung über die höchsten Erhebungen des Tössstocks, beim Abstieg von der Höchhand Trittsicherheit erforderlich. – Beste Zeit: Frühsommer bis Herbst.

Gehzeit Gesamt 6–8 Std.

Hütten/Gasthäuser Gasthaus Scheidegg, 1197 m, priv.; Gasthaus Chrüzegg, 1265 m, priv.

Verlauf Fischenthal – Tannen – Hüttchopf – Scheidegg – Wolfsgrueb – Schwarzenberg – Höchhand – Chrüzegg – Tweralpspitz – Wattwil.

Varianten Die Abkürzung Hüttchopf – Tössscheidi – Hand erspart gut 2 Std. Wegstrecke sowie die Überschreitung von Schwarzenberg und Höchhand. Auch von Wolfsgrueb führt ein Wanderweg nördlich von Schwarzenberg und Höchhand zum Knotenpunkt Hand.

Karten LKS 226, Rapperswil, 1 : 50 000.

Die bestens ausgeschilderte Tour beginnt in Fischenthal mit dem Anstieg zum kahlhäuptigen Hüttchopf. Beim Wegekreuz Überzütt besteht anschließend die Möglichkeit, nach links zur Tössscheidi (796 m) abzusteigen und in der Talschlucht der Hinteren Töss zum Knotenpunkt Hand (1003 m) hinaufzumarschieren. Damit spart man gut 2 bis 3 Stunden Zeit ein.

Wer indes die landschaftlichen Reize voll auskosten möchte, der wandert von Überzütt am Brandegg vorbei zum Gasthaus Scheidegg, das in herrlicher Lage hoch über dem Talkessel von Wald liegt – mit wundervollen Ausblicken zum Zürichsee und zur Alpenkette. Ein Sträßchen leitet anschließend hinab zum Parkplatz Wolfsgrueb, mit 972 Meter der tiefste Punkt der Höhenwanderung.

Die nächste Etappe führt auf einem schmalen Pfad im dunklen Gerwald bergan, bis man über der Kammsenke zwischen Schwarzenberg und Farnergrind plötzlich die leuchtende Gletscherwelt der Glarner Alpen erblickt. Man bleibt stets auf der schmalen Kammhöhe, überquert links haltend, bei interessanten Tiefblicken ins Goldinger Tal, den 1293 Meter hohen

Schwarzenberg und gelangt weiter zum spitzen, sturmzerzausten Kegel der Höchhand (1314 m).

Mit besonderer Vorsicht erfolgt nun der steile Abstieg durch die Südflanke bzw. am Ostgrat zur Wegkreuzung Hand (1003 m). Im weiteren führen die Markierungen ein Stück gegen die schöne Habrutispitz bergan, queren hinüber in den Sattel P. 1205 und leiten zwischen den Nagelfluhblöcken »In den Brüchen« zum Gipfelkreuz des Chrüzegg hinauf (1314 m). Säntis, Churfirsten und Speer dominieren nun die Alpensicht, und wenige Minuten unterhalb lockt die bewirtschaftete Chrüzeggalp mit Speis und Trank.

Entsprechend gestärkt wendet man sich dann der nahen Tweralpspitz zu, dem 1332 Meter hohen Kulminationspunkt der gesamten Region zwischen Töss und Thur. Die letzte Etappe verläuft nur noch talwärts, ein bewaldeter Kammrücken trägt uns schließlich geradewegs hinab nach Wattwil am Ufer der Thur.

Von der Höchhand hat man einen freien Blick über Chrüzegg und Tweralpspitz (Mitte) Richtung Osten hinüber zum Säntismassiv.

6 Etzel – Rinderweidhorn

Kammwanderung zwischen Zürich- und Sihlsee

Wanderung 1 Tag
1317 m
Mit Kindern ab 8 J.

Inmitten der schönsten Alpenvorlandidylle liegt der noch unverbaute Sihlsee, umgeben von weiten Wiesenmatten, von lichtem Wald und weichgeformten, aussichtsreichen Höhenzügen. Ausgesprochen freundlich zeigt sich diese Seelandschaft mit den vereinzelten Dörfern an seinen Ufern, einladend die grünen, hübsch aufgewölbten Bergkämme ringsum. All das kommt dem Harmoniebedürfnis des Großstadtmenschen in seiner komplizierten Welt aufs beste entgegen.

Ideal für einen Ausflug in die Harmonie – in die äußere wie die innere – ist die Wanderung über die Etzel-Rinderweidhorn-Kette. Diese Tour berührt alle nennenswerten Erhebungen in dem Kamm zwischen Sihlsee und Zürichsee und vermittelt durch den häufigen Wechsel von Wald und Weide, von Rieten und freien Kuppen stets neue Ausblicke auf die Seen- und Voralpenlandschaft zu beiden Seiten.

Das Auto läßt man am besten zu Hause, denn der Ausgangspunkt Schindellegi ist nicht nur ab Zürich bahntechnisch gut zu erreichen. Vom Bahnhof geht es ostwärts an der Kirche vorbei zum Dorf hinaus, über die freie Hochfläche der Chastenegg bis zur Straßenbrücke Biel und weiter auf gutem Feldweg bis zum Waldsaum des Etzel. Von

Talorte Schindellegi, 764 m; Willerzell, 890 m.

Charakter Beschauliche und einfache Familienwanderung über die weitläufigen Höhenzüge zwischen Schindellegi und Sattelegg. – Beste Zeit: Frühjahr und Herbst.

Gehzeit Geamt 5–6 Std.

Hütten/Gasthäuser Gasthaus Etzel, 1098 m, priv.; Alpwirtschaft Gueteregg, 1274 m, priv.

Verlauf Schindellegi – Etzel – St. Meinrad – Schönboden – Stöcklichrüz – Gueteregg – Rinderweidhorn – Rickental – Willerzell.

Variante Abstieg vom Rinderweidhorn übers Pfifegg nach Siebnen, $2^1/_2$ Std.

Karte LKS 236, Lachen, 1 : 50 000.

Westen her führt schließlich ein steiler Waldpfad hinauf zum Berggasthaus auf der kahlen Gipfelhöhe.

Man steht dort oben nicht einmal 1100 Meter hoch, dennoch sind die Ausblicke von dem rundum isolierten Etzel wunderschön, besonders auf den langgestreckten Zürichsee und das Zürcher Oberland im Norden sowie das flache Sihlseebecken samt Einsiedeln im Süden. Wer sich sattgesehen hat, bummelt vom Etzel südwärts hinab zur St.-Meinrad-Kapelle am Etzelpaß, wandert weiter in östlicher Richtung in sanfter Steigung nach Schönboden und gewinnt auf dem ansteigenden Kammrücken allmählich an Höhe. Die Aussicht weitet sich, und bevor man beim P. 1202 im Wald verschwindet, hält man noch einmal Rückschau zu den beiden Mythen, zum Sihlsee und auf die Kulturlandschaft rings um Einsiedeln.

Der Wald tritt jedoch schon bald zurück und gibt nach dem kurzen Anstieg vom Müligassegg die schöne Kuppe des Stöcklikreuzes frei. Vom Holzkreuz reicht der Blick bis in die firnweißen Urner Alpen hinein, auf der anderen Seite schimmert tief unten vor der grünen Gipfelwoge des Oberlandes der Zürichsee.

Die nächste Etappe verläuft stets auf freier Kammhöhe zur Alpwirtschaft Gueteregg, danach taucht der Höhenweg erneut in den Wald ein und führt, teilweise auf einem asphaltierten Militärsträßchen, zum kahlen Kegel des Rinderweidhorns. Hier, auf dem Kulminationspunkt der Höhenwanderung, bekommt man noch einmal ein großes Panorama geboten, in dem jetzt Säntis, Glärnisch und Druesberg dominieren.

Für den Abstieg zeigt die Landeskarte zwei interessante Möglichkeiten auf. Die erste verläuft über das Miesegg ins Rickental und hinaus nach Willerzell am Sihlsee (Busverbindung nach Einsiedeln). Die zweite führt vom Rinderweidhorn in die entgegengesetzte Richtung, nämlich ostwärts zum Pfifegg, einem weit gegen das Wägital vorgeschobenen Aussichtsbalkon. Von dort gelangt man rasch hinab nach Siebnen an der Bahnlinie Sargans–Zürich.

Der Abstieg vom Rinderweidhorn zum Sattelegg ist wenig ratsam: Man gerät dabei unversehens aus der Stille in die Betriebsamkeit des Ausflugsverkehrs, und den Rückweg nach Willerzell muß man obendrein noch auf der lauten Sattelеggstraße antreten.

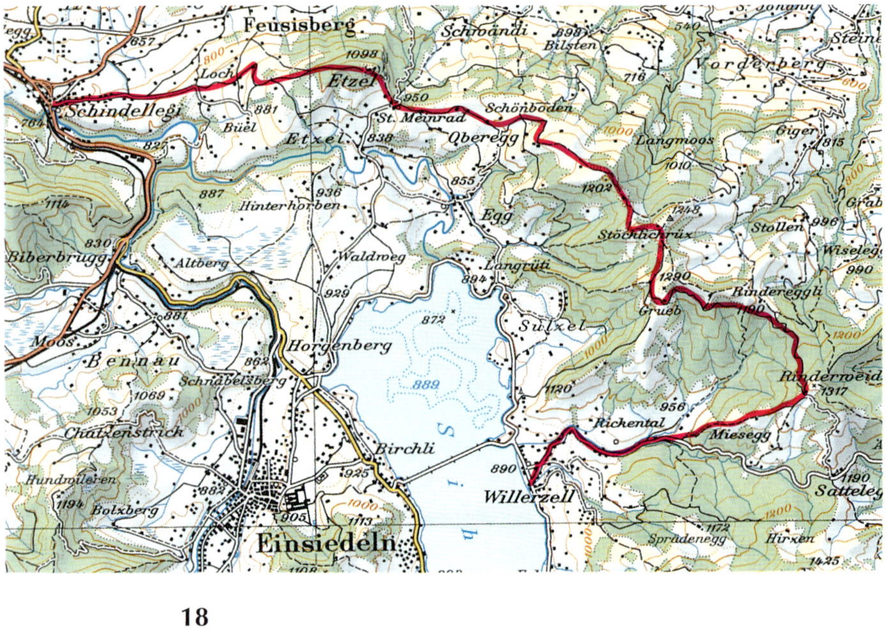

Alpenvorland-Idylle: Hinter dem gasthausgekrönten Waldrücken des Etzel erkennt man Einsiedeln sowie den Großen und Kleinen Mythen. Links davon der Sihlsee.

7 Rossberg

Wildspitzpanorama und Goldauer Bergsturz

Bergwanderung 1 Tag
1580 m
Mit Kindern ab 10 J.

Den Übergang vom Alpenvorland zu den Voralpen markiert anschaulich der im Dreieck von Lauerzer-, Ägeri- und Zugersee aufragende Rossberg, der trotz seiner bescheidenen Gipfelhöhe in seiner Umgebung absolut dominiert. Mit seinen waldreichen Hängen und seinen sanften Kammlinien wirkt das breite Bergmassiv zwischen Zug und Goldau ausgesprochen freundlich und lädt das ganze Jahr über zum unbeschwerten Wandern ein.

Drei mehr oder weniger stark hervortretende Gipfelpunkte trägt der Rossberg, und zwar den bewaldeten Chaiserstock im Nordosten, den hübsch geformten, aussichtsreichen Wildspitz im Zentrum und als Westschulter den kahlen, geologisch interessanten Gnipen. An diesem Gnipen ereignete sich vor knapp 200 Jahren eine der größten Bergsturzkatastrophen in den Alpen, nämlich der Goldauer Bergsturz vom September 1806. Damals lösten sich gewaltige Erd- und Felsmassen aus der Nagelfluhschulter und begruben unten im Tal die Dörfer Goldau und Röthen samt 460 Menschen.

Talorte Sattel, 772 m; Goldau, 510 m.
Charakter Unschwierige Kammwanderung auf gutem und bezeichnetem Weg. Schöne Ausblicke. – Beste Zeit: Ab Mitte Juni, am schönsten im September und Oktober.
Gehzeit Aufstieg $2^1/_2$–3 Std.; Abstieg $2^1/_4$ Std.
Hütten/Gasthäuser Berggasthaus auf der Wildspitz, 1580 m, priv. (ÜN); Berggasthaus Halsegg, 1320 m, priv.
Verlauf Sattel – Halsegg – Wildspitz – Gnipen – Spitzibüel – Goldau.
Variante Direkter Abstieg auf guten, aber großteils asphaltierten Wegen von der Wildspitz bis Goldau möglich.
Karten LKS 235, Rotkreuz und LKS 236, Lachen, 1 : 50 000.

Heute bilden die markante Abrißkante am Gnipen sowie die bis zum Talboden reichende Spur des Goldauer Bergsturzes mit den zahlreichen Felstrümmern und der reichen Botanik den interessantesten Teil des Rossberges.

Empfehlenswert ist die Längsüberschreitung des Berges, am besten von Sattel nach Goldau, mit einem anschließenden Besuch im Goldauer Bergsturzmuseum. Der direkte Aufstieg von Steinerberg oder Goldau zum Wildspitz erweist sich dagegen als weniger reizvoll, weil die Südseite des Rossberges von zahlreichen Alpsträßchen durchzogen wird. Die vorgeschlagene Überquerung bleibt davon weitgehend verschont und hat zudem den großen Vorteil, daß man aufgrund der guten Bahnverbindungen ab Zürich, Zug oder Luzern das Auto getrost daheim in der Garage lassen darf.

Ausgangspunkt ist die Station Sattel-Ägeri, für notorische Autofahrer auf der Straße Goldau-Rothenthurm erreichbar. Wegweisern folgend, gelangt man südwestwärts aus dem Dorf hinaus und gewinnt auf einer der neu angelegten Asphaltsträßchen am Hang des Sunnenberges rasch an Höhe. Kurz vor Peterschwändig geht es dann parallel zu einem Bachbett einen langen Weidehang empor bis Halsegg, dem idyllisch gelegenen Berggasthaus auf der Kammhöhe des Rossberges. Von hier läßt sich in einem $^1/_2$stündigen Abstecher der Chai-

serstock »mitnehmen«, doch ist dort der einstmals prächtige Tiefblick zum Ägerisee mittlerweile völlig zugewachsen.

Der Kammweg selbst führt ab Halsegg streng westwärts und erreicht über Hinter Gwandelen und die Wiesenkuppe Langmatt bald den schön aufgewölbten Kegel des Wildspitz mit dem heimeligen Gipfelrestaurant. Herrlich ist der Blick von der höchsten Rossbergkuppe über das seegeschmückte Alpenvorland hinweg bis in das Eis der Glarner Alpen hinein. Die Namen der Gipfel, Höhenzüge und Dörfer zeigt drinnen im Gasthaus die alte, aber detailgenaue Panoramazeichnung von Xaver Imfeld.

Unterhalb des Wildspitz taucht man bald in dichten Bergwald ein, der sich erst am Gnipen wieder lichtet. Dort öffnen sich eindrucksvolle Tiefblicke zum Zuger und Lauerzer See.

Direkt am großen Gipfelkreuz beginnt der Abstieg durch das Trümmermeer des Goldauer Bergsturzes, der bei trockenem Weg sicher bis Oberspitzibüel hinab und weiter nach Goldau leitet. Bei Nässe ist dieser Weg jedoch nur trittsicheren Bergwanderern zu empfehlen. Wer sich nicht dazu rechnen darf, benutzt besser den einfachen Pfad vom Gnipen über die Schulter P. 1383 und die Hänge der Spitzibüelalp.

Luftbild von einer Naturkatastrophe: Deutlich sieht man die Wunde des Goldauer Bergsturzes von 1806. Über den gesamten Kamm des Rossberges verläuft die Wanderung von Sattel nach Goldau.

8 Großer Mythen

Felsklippen über dem Mythenbann

Bergwanderung 1 Tag
1899 m
Mit Kindern ab 12 J.

Die schroffen Kalkklippen der beiden Mythen inmitten der weichgeformten Hügellandschaft der Alptalumrahmung bilden das auffälligste Gipfelpaar in den Zentralschweizer Voralpen. Es gehört zum Flecken Schwyz wie der Pilatus zu Luzern oder das Matterhorn zu Zermatt. Wie zwei Riesenfindlinge stehen diese sagenumwobenen Gipfel auf bewaldeten Sockeln, durch eine Laune der Natur während der Gebirgsfaltung von Süden hierher verschoben.

Am stärksten beeindruckt natürlich der geschlossene, pyramidenartige Aufbau des Großen Mythen, dessen scharfgeschnittenes Profil nach allen Seiten hin unverwechselbar ist. So richtig kommt dieser Große Mythen aber erst in der Abendsonne vom Vierwaldstätter See aus zur Geltung, wenn die Felspartien rötlich erglühen und einen bezaubernden Kontrast zum grünen Umland bilden.

Bereits 1864, ein Jahr vor der Erstbesteigung des Matterhorns, ist der Große Mythen mittels einer Weganlage von der Holzegg durch die Südostflanke für jedermann erschlossen worden. Der Verein der Mythenfreunde hat den Weg über die Jahrzehnte hinweg gut erhalten und vorbildlich gesichert. Gefürchtet blieb allerdings die Passage der Totenplangg, nämlich die Querung kurz vor dem Gipfel in die schattige Nordseite. Vereisung bzw. Neuschnee sind an dieser Stelle in der Vergangenheit schon manch schlecht ausgerüstetem Wanderer zum Verhängnis geworden.

Talort Schwyz, 516 m.

Charakter Leichte Bergwanderung auf bezeichneten Routen, im Gipfelbereich jedoch Trittsicherheit erforderlich. – Beste Zeit: Mitte Juni bis Ende Oktober.

Gehzeit Aufstieg 3$^1/_2$–4 Std.; Abstieg 2$^1/_2$–3 Std.

Hütten/Gasthäuser Gasthaus Holzegg, 1405, priv. (ÜN); Berggasthaus Mythen, 1899 m, priv.

Verlauf Schwyz – Mythenbad – Gasthaus Holzegg (bis hierher zahlreiche Varianten möglich) – Gr.-Mythen – Gasthaus Holzegg – Zwüschet Mythen – Dietental – Obdorf – Schwyz.

Varianten Zum Gasthaus Holzegg auch von Norden aus dem Alptal mit Seilbahn oder von Rickenbach bei Schwyz mit Seilbahn nach Rotenflue, dann 35 Min. Viel begangen auch der Weg von Ibergeregg (1406 m) zur Hütte. – Ein interessanter Abstieg führt von der Hütte nordwestlich zum Gasthaus Haggenegg und weiter nach Schwyz, 4–4$^1/_2$ Std.

Karten LKS 1152, Ibergeregg, 1:25 000; LKS 236, Lachen, 1:50 000.

Seit 1982 verläuft der Mythenweg nun im oberen Teil über den Nordostgrat und erlaubt damit einen weitgehend gefahrlosen Aufstieg bis zur kleinen Gipfelwirtschaft. Zunächst dreht sich aber alles darum, zum Holzegg zu gelangen. Am »ehrlichsten« wäre natürlich der Weg von Schwyz oder Rickenbach durch das reizvolle Wald- und Alpgelände unterhalb des Mythen. Andererseits bieten gleich drei Seilbahnen ihre Dienste an. Die Brunnibergbahn führt direkt aus dem Alptal zum Gasthaus Holzegg, von der Station Rotenfluh der Rickenbachseilbahn sind es noch etwa $^1/_2$ Stunde zu Fuß. Nur dem Benutzer der Seilbahn Sattel–Hochstückli steht ein langer, aber sehr schöner Zugang bevor, nämlich über den Hochstückli, das Haggenegg und den östlichen Teil des neuen Mythenrundweges.

Ein schöner Höhenweg verbindet auch das Ibergeregg mit dem Holzegg – Autofahrer wissen das zu schätzen. Vom Holzegg benötigt man dann noch knapp 1 Stunde, um über den gut gesicherten und teilweise in den Fels gehauenen Mythenweg zum Gipfelgasthaus zu gelangen.

An klaren Tagen ist die Rundsicht von dem vollkommen frei stehenden Großen Mythen grandios und wegen der Tiefblicke ungemein eindrucksvoll. Rund ein Dutzend Seen gibt es zu entdecken, und die Namen der vielen Gipfel vom Säntis bis zur Jungfrau läßt man sich am besten von Albert Heims detailgenau gezeichneten und neu herausgegebenen Mythenpanorama erklären.

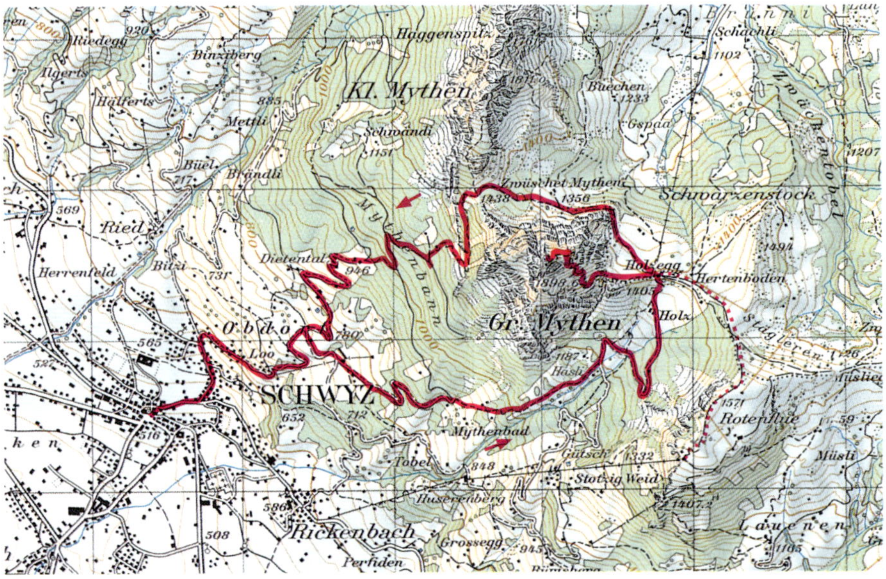

Das Luftbild offenbart die dominante Lage der beiden Mythen (Großer Mythen vorne) über dem hügeligen Voralpenland. Deutlich erkennbar ist der serpentinenreiche Aufstieg vom Gasthaus Holzegg durch die steile Südostflanke.

9 Groß Aubrig

Der Pförtner über dem Wägitaler See

Bergwanderung 1 Tag
1695 m
Mit Kindern ab 8 J.

Das Wägital und der Wägitaler See sind klassische Ausflugsgebiete vor der Haustür von Zürich. Man gelangt sonntags schnell über die Autobahn nach Siebnen am Eingang ins Wägital.

Das waldreiche Wägital verläuft zwischen grünen Höhenzügen zunächst streng südwärts, bis bei Vorderthal die wuchtige, felsdurchsetzte Nordflanke des Groß Aubrig alles hermetisch abzuriegeln scheint. Straße und Taleinschnitt winden sich jedoch dicht an diesem Felsklotz vorbei, und oben, an der Staumauer des Wägitaler Sees, ist aus diesem Groß Aubrig plötzlich eine rundlich-freundliche Gipfelkuppe geworden. Sie weckt mit ihrer schön aufgewölbten Südflanke unwiderstehliche Wanderambitionen. Wer diese in die Tat umsetzt, benötigt ab der Staumauer (Parkplätze) gut 2 Stunden bis zum Gipfel, von der Postautohaltestelle Innerthal etwa $^1/_2$ Stunde mehr.

Die Route durch die Südflanke ist teilweise weglos, aber gut zu finden und wegen der Südlage beinahe das ganze Jahr über begehbar. Man verläßt das westliche Seeufer hinter der Schräbachbrücke bei einer kleinen Scheune, wendet sich rechts hinauf zur Alp Schrä und gelangt im Wald weiter empor zur Bärlaui-Alp am Fuße der Südflanke. Weglos und steil, aber in gut gestuftem Gelände geht es jetzt hinauf zum Gipfelkamm, wo man im Sommer die schöne Aussicht über das Alpenvorland und die Voralpen meist nur mit den Kühen teilt.

Talorte Vorderthal, 735 m; AP Staumauer des Wägitaler Sees, 902 m.

Charakter Für trittsichere Wanderer unschwierige voralpine Wanderung. Nach Regen unangenehm rutschig! – Beste Zeit: Ende Mai bis Ende Oktober.

Gehzeit Aufstieg $2^1/_2$ Std.; Abstieg $1^1/_2$–2 Std.

Hütten Keine.

Verlauf Staumauer – Schrä – Bärlaui – Gr. Aubrig.

Variante Div. Abstiegsmöglichkeiten, u. a. über den Chli Aubrig (1642 m) zur Postautohaltestelle auf dem Sattelegg, über Ahoreli und Dorlaui nach Vorderthal oder über den Chli Mutzenstein zum Südende des Wägitaler Sees.

Karte LKS 236, Lachen, 1 : 50 000.

Nun ist der Groß Aubrig als höchster Punkt des langen Kamms zwischen Etzli und Fläschli keineswegs nur vom Wägitaler See aus zugänglich. Wanderer ohne Auto am Staumauerparkplatz können sich das für den Abstieg auf die eine oder andere Weise zunutze machen. Ein bequemer und aussichtsreicher Höhenweg führt zum Beispiel vom Groß Aubrig zur Postautohaltestelle auf dem Sattelegg. Dazu wendet man sich am Fuße der Südflanke zur vorgelagerten Kuppe P. 1514, überquert anschließend den kahlen Nüssen und folgt dem Kamm über das Wildegg (mit leichtem Abstecher zum Chli Aubrig) und Herzegg zum Sattelegg.

Andererseits läßt sich vom Nüssen die Kammhöhe auch südwärts über die Rosenhöchi und am Chli Mutzenstein vorbei zum Fläschlipaß abwandern, mit kurzem Abstieg zum Südzipfel des Wägitaler Sees.

Steil und etwas rauh dagegen ist der direkte Rückweg nach Vorderthal. Dazu benutzt man ab Wildegg den Pfad um den Sockel des Groß Aubrig herum zur Alp Ahoreli und gelangt auf Waldwegen zur Skiliftstation Dorlaui. Von dort geht es über grüne Abfahrtshänge direkt hinab nach Niderwis im Wägital.

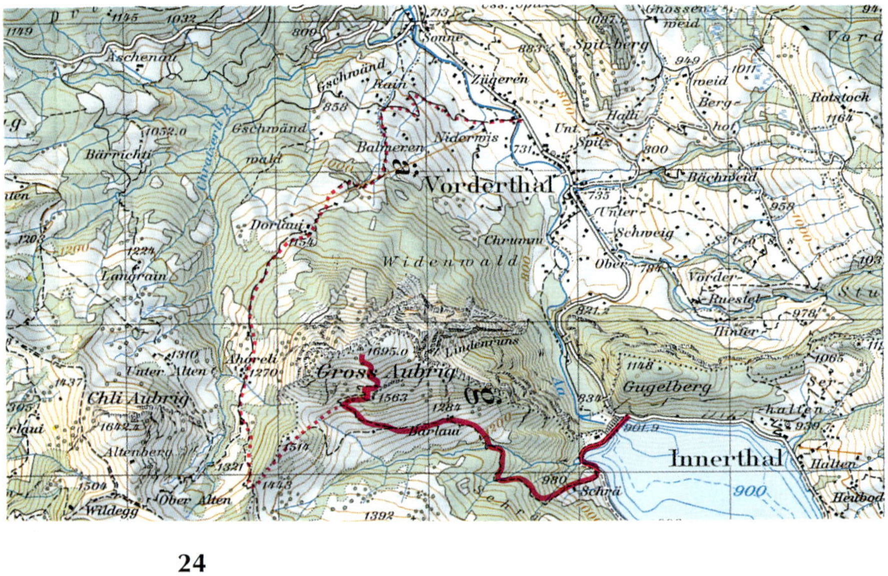

Der runde Felsklotz des Großen Aubrig zeigt hier seine felsige Nordseite. Im Hintergrund leuchtet das schneebedeckte Glärnischmassiv, in der Tiefe links ist ein kleiner Ausschnitt des Wägitaler Sees zu sehen.

10 Fluebrig

Die Felsburg zwischen Wägital und Sihltal

Bergwanderung 1 Tag
2092 m
Mit Kindern ab 12 J.

Der Fluebrig, beherrschender Blickfang über dem Wägitaler See, ist mehr als ein einzelner Berg. Ein mächtiger Bergstock mit mehreren Gipfeln, Hochkaren und langen Gratarmen, mit schweren Felsbänken und steilen Grasplanggen breitet sich da zwischen dem hintersten Sihl- und dem hintersten Wägital aus. Besonders die Nordseite zum Wägitaler See hin zeigt einen eindrucksvollen, ebenmäßigen Aufbau, und der langlebige Altschnee in der großen Mulde unter Diethelm und Turner verleiht dem Fluebrig bis in den Hochsommer hinein einen Anflug von Hochgebirge.

Aufgrund der beherrschenden Stellung über zwei Talschaften darf man vom höchsten Fluebriggipfel, dem Diethelm, eine reichhaltige Aussicht erwarten. An klaren Tagen läßt sich von hier die komplizierte Geographie der Schwyzer und Glarner Voralpen in allen Einzelheiten aufschlüsseln.

Mit seinen zwei unschwierigen Anstiegsrouten bildet der Fluebrig natürlich einen großen Anziehungspunkt für Zürcher Bergfreunde. Dabei vermittelt die Südseite mit ihren weit hinaufreichenden Alpmatten den bequemsten Zugang. Schwierigkeiten kann es eigentlich nur zu Beginn auf dem brettebenen Ochsenboden am Ende des Sihltals geben – falls dort gerade militärische Schießübungen abgehalten werden. Dann ist möglicherweise der Südzugang zum Fluebrig gänzlich gesperrt. In der Regel geht es jedoch auf dem Ochsenboden friedlich zu. Man folgt dem neuen Waldsträßchen durch die steile Stäfelwand, tritt bei der Waldhütte auf freie Alphänge hinaus und gelangt in einem Taleinschnitt über Schärmen und Obergross zum begrünten Verbindungskamm zwischen der Wändlispitz und dem Diethelm. Eine Wegspur leitet jetzt nach rechts zum Gipfelaufbau des Diethelm, der über einen felsigen, drahtseilgesicherten Steilaufschwung hinweg erklettert wird. Oben sind es dann nur noch wenige Schritte auf einem luftigen Gratfirst bis zum großen Metallkreuz.

Talort Vorderthal, 735 m; AP südlichster Punkt des Wägitaler Sees, 918 m.

Charakter Größere Bergwanderung, vor allem beim Übergang am Gipfelgrat Trittsicherheit erforderlich. – Beste Zeit: Mitte Juli bis Ende Oktober.

Gehzeit Aufstieg $3^1/_2$–4 Std.; Abstieg $2^1/_2$ Std.

Hütten Keine.

Verlauf Wägitaler See – Stofel – Alp Fluebrig – Diethelm.

Besonderer Hinweis Bis in den Juli steile Schneefelder in den nordseitigen Karen, Abrutschgefahr!

Varianten Vom Gratkamm läßt sich der Turner (2069 m) noch »mitnehmen«. Eine leichtere Anstiegsalternative bietet die Route aus dem Sihltal durch die Südseite des Fluebrig.

Karte LKS 236, 1 : 50 000.

Etwas mühsamer, aber landschaftlich ungleich schöner gestaltet sich der Aufstieg aus dem Wägital. Man sollte mit diesem Aufstieg allerdings warten, bis der letzte Altschnee aus der Nordflanke gewichen ist. Ausgangspunkt ist Au am Südzipfel des Wägitaler Sees.

Man benutzt zunächst den bezeichneten Wanderweg zum Fläschlipaß, zweigt aber bereits kurz vor der Paßhöhe links ab und folgt am Sockel des Wyss Rössli dem Pfad zur Fluebrigalp. Die folgenden 300 Höhenmeter sind etwas beschwerlich, zwischen Blöcken hindurch geht es auf einer schlechten Pfadspur in die große Mulde unter dem spitzen Vorwerk des Wyss Rössli. Herrliche Rückblicke zum Wägitaler See versüßen die Anstrengungen. In der Mulde leiten Markierungen in den flachen Sattel zwischen Turner und Diethelm, aus dem man nach rechts rasch den Gipfelaufschwung erreicht.

Vom Diethelm zurück, sollte man auf jeden Fall noch den Turner »mitnehmen«, der als markante Ostschulter des Fluebrig sehr eindrucksvolle Tiefblicke vor allem zum Wägitaler See gewährt. Wer Ausdauer hat und vom Auto unabhängig ist, der kann statt ins Wägital oder Sihltal vom Fluebrig auch ins Klöntal absteigen. Allerdings ist für den Weg ab Fluebrigalp durch die steile Ostflanke bis zum Schwialppaß absolute Trittsicherheit vonnöten.

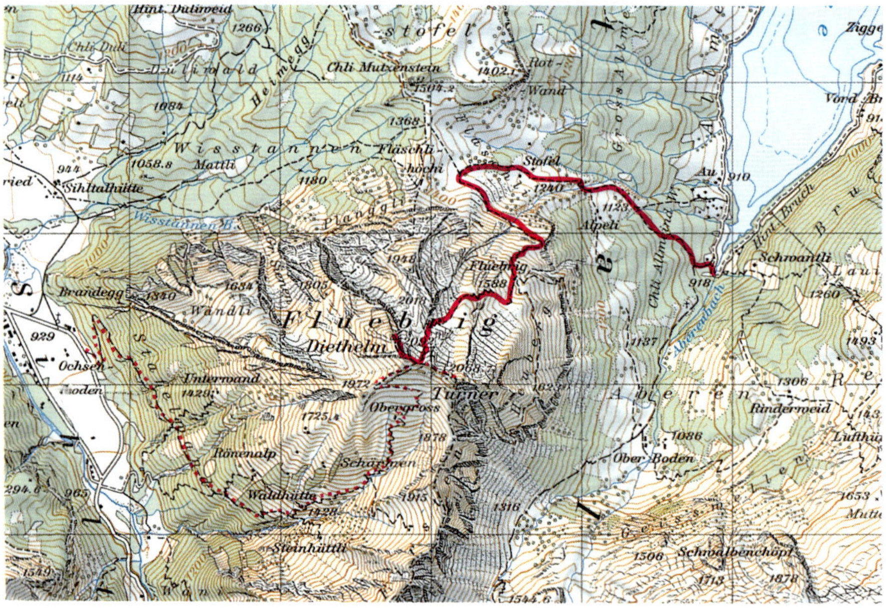

Die Luftaufnahme zeigt den mächtigen Bergstock des Fluebrig. Der gesamte Anstieg durch die imposante Nordflanke ist zu erkennen.

11 Druesberg

Felskrone zwischen Sihltal und Pragelpaß

Bergwanderung 1 Tag
2282 m
Mit Kindern ab 10 J.

Die Schwyzer Voralpen in dem großen Viereck zwischen Muotatal, Wägital, Zürichsee und Vierwaldstätter See erreichen mit dem Druesberg ihre höchste Erhebung. Mit seinen 2282 Metern gilt er freilich noch als Vorberg, aber seine felsige Gipfelkrone hebt ihn dennoch weithin sichtbar aus seiner rundlich-grünen Umgebung heraus.

Während der Druesberg nach Süden mit dem schroffen Steilabbruch zum Pragelpaß wenig einladend wirkt, zeigt er nach Norden über dem Hochybrigkessel einen interessant gegliederten, terrassenartigen Aufbau, dem der klotzige, felsumgürtete Gipfelkopf einen Hauch von alpinem Flair verleiht. Zahmer nimmt sich da der benachbarte Forstberg aus, der bis zur Spitze grüne Matten trägt.

Gleichwohl läßt sich neben dem abgerundeten Forstberg auch der stets etwas unnahbar erscheinende Druesberg leicht ersteigen – die Natur und die Arbeitsgemeinschaft für Wanderwege haben es möglich gemacht. Für den Urlauber im Ybriggebiet gehören beide Gipfel quasi zum Pflichtprogramm, und für den Zürcher Wochenendwanderer sind sie in seiner reichen Tourenauswahl zwei namhafte Tagesziele, die bei geringem Fahraufwand große Erlebnisdichte versprechen.

Talort Unteriberg-Waag, 923 m; AP Talstation der Hoch-Ybrig-Seilbahn, 1034 m.

Charakter Auf dem Normalweg leichte Bergwanderung, etwas Trittsicherheit im Gipfelbereich erforderlich. Bei Nässe unangenehm. – Beste Zeit: Ende Juni bis Mitte Oktober.

Gehzeit Aufstieg 3 1/2–4 Std.; Abstieg 2 1/2–3 Std.

Hütten/Gasthäuser Druesberg-H., 1581 m, priv. (ÜN).

Verlauf Seilbahn-Talstation – Druesberg-H. – Chalberalpeli – Druesberg – Forstberg – Chalberalpeli – Druesberg-H. – Seilbahn-Talstation

Besonderer Hinweis In den nordseitigen Karen bis in den Vorsommer Schneefelder! Vorsicht beim Abfahren!

Variante Vom Gipfel westlich auf den Forstberg (2215, Vorsicht bei Nässe!) und am Westgrat bis P. 2010, ab hier nördlich absteigend auf einen zur Druesberg-H. führenden Querweg.

Karte LKS 236, Lachen, 1 : 50 000.

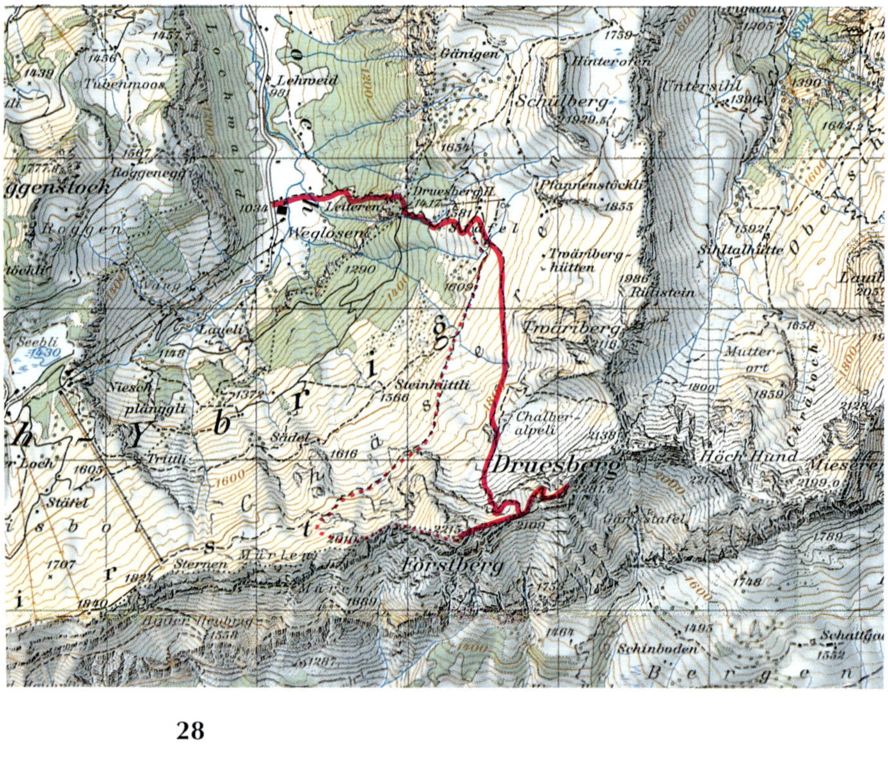

Man sollte jedoch den Druesberg nicht zu früh in der Saison auf die Tagesordnung setzen, sondern warten, bis der letzte Rest des Winters aus der schattigen Nordseite gewichen ist. Wer Muße hat, kann die Sache natürlich auch auf zwei Tage verteilen und in der privaten Druesberg-Hütte nächtigen. Zürcher aber haben es in der Regel eilig, sie fahren frühmorgens nach Weglosen im hintersten Waagtal, steigen vom Parkhaus an der Seilbahnstation über den steilen, aber gut gesicherten Leiterenweg zur Oberen Gruebi und lassen weiter oben auf der Chäserenalp die Druesberg-Hütte im wahrsten Sinne des Wortes links liegen.

Etwas bequemer, aber länger ist der Zugang von Weglosen über die Chäserenstraße bis zur Oberen Gruebi, und ganz Gehfaule können vielleicht der Versuchung nicht widerstehen, mit dem Auto dort hinaufzufahren. Von der Druesberg-Hütte geht es dann unter dem vorgeschobenen Twäriberg vorbei südwärts in das Schattenloch des Chalberalpeli und darin in vielen Spitzkehren über Schutt in die Lücke zwischen Forstberg und Druesberg empor. Hier zweigt der Druesbergsteig links ab und führt über Grasmatten gegen den Gipfelkopf hinauf, wo ein ausreichend breites Felsband um die Gratkante herum zur nördlichen Gipfelabdachung leitet. Jetzt sind es nur noch wenige Minuten bis zum schlichten Gipfelkreuz. Dort oben läßt sich es sich dann wunder-

Der Blick von Westen über Forstberg (Bildmitte) und Druesberg geht hinüber zum Glärnischmassiv. Der steile Abstieg über die Matten des Forstberges zum Steinhüttli (links unten) ist nur bei sicheren Verhältnissen zu empfehlen.

schön rasten – zwischen der Gletscherwelt der Glarner Alpen im Süden und dem Liebreiz des Alpenvorlandes im Norden.

Bei soviel Glanz könnte man den Forstberg nebenan leicht vergessen. Aber das wäre schade, denn schon wegen des prächtigen Rückblicks zum Druesberg lohnt sich der Besuch des Nachbargipfels. Dazu kehrt man zunächst in den Sattel zwischen beiden Bergen zurück und steigt über den Ostgrat dem Gipfelaufbau des Forstberges entgegen. Der Grat schaut steiler aus, als er ist, und auch der dunkle Gratturm läßt sich leicht rechtsseitig umgehen. Vom Forstberg kann man dann direkt über das grüne Gipfeldach nordwärts zur Chäseren-Alp bzw. zur Druesberg-Hütte hinuntersteigen, doch wird das Gelände dabei nach unten immer abschüssiger. Bei Nässe ist deshalb unbedingt die Rückkehr auf der Anstiegsroute anzuraten.

12 Planggenstock–Hirzli und Chöpfenberg

Die beiden ersten Glarner Gipfelwogen über der Linthebene

Bergwanderung
1675 bzw. 1879 m
Mit Kindern 1 Tag
ab 8 bzw. 12 J.

Mit dem Höhenzug Hirzli–Planggenstock erhebt sich die erste Gipfelwoge der Glarner Alpen direkt aus der Linthebene. Dieser äußerste Gebirgssaum ist noch fast überall bis oben hin bewaldet, im Gegensatz zu der zweiten Gipfelwelle. Sie hat trotz vergleichsweise bescheidener Höhen mit dem prallen Brüggler und dem scharf geschnittenen Chöpfenberg schon beachtlich steile Felspartien aufzuweisen. Zwischen diesen beiden vordersten Bergketten der Glarner Alpen liegt, wunderschön eingebettet, das grüne Niederurner Tal. Es mündet mit der engen und waldreichen Schlucht des Dorfbaches bei Niederurnen ins weite Linthtal ein. Dieses nach außen abgeschirmte Niederurner Tal beheimatet ein stilles, landschaftlich sehr reizvolles Wanderrevier.

Doch was wissen davon schon jene erholungssuchenden Städter, die jeden Sonntag auf der Walenseeautobahn mit großen Zielen im Kopf an diesem Zipfel des Glarner Landes vorüberfahren! Sie können nicht ahnen, daß sich hinter der vorderen Steilstufe des Niederurner Tales ein kleines Paradies eröffnet, in das von Niederurnen sogar eine winzige Bergbahn hineinführt. Die Bergstation dieser Älplerbahn heißt Morgenholz und liegt am Beginn des ebenen Talbodens in knapp 1000 Meter Höhe.

Talort Niederurnen, 435 m; Seilbahn bis Morgenholz, 980 m.

Charakter Landschaftlich abwechslungsreiche Wanderung, (A) ohne Schwierigkeiten, bei (B) ist beim Anstieg zum Chöpfenberg etwas Trittsicherheit erforderlich. – Beste Zeit: Mitte Mai bis Ende Oktober.

Gehzeit (A) Aufstieg 2–2 1/2 Std.; Abstieg 1–1 1/2 Std. – (B) Aufstieg 3 1/2 Std.; Abstieg 2 Std.

Hütten/Gasthäuser Alpwirtschaft Bodenberg, 1060 m, priv.

Verlauf (A) Morgenholz – Schwinfärch – Hirzli – Planggenstock – Bodenberg – Morgenholz. – (B) Morgenholz – Bodenberg – Mettmen – Brüggler – Chöpfenberg.

Variante Abstieg vom Chöpfenberg nach Innerthal am Wägitaler See, 2 1/2 Std.

Karte LKS 236, Lachen, 1 : 50 000.

Natürlich ist niemandem untersagt, aus dem Linthtal zu Fuß heraufzukommen. Allerdings marschiert man dabei auf einem geteerten Sträßchen im dichten Wald. In Morgenholz muß man sich dann entscheiden, ob es ein Voralpenbummel mit der ganzen Familie oder eine Bergwanderung nur für die Großen werden soll. Im ersten Fall kommt nur der locker bewaldete Kamm Hirzli–Planggenstock über der nördlichen Talseite in Betracht. Die beiden kahlen Gipfel dieses nördlichsten Ausläufers der Glarner Alpen sind fast gleich hoch und ergänzen sich in ihrer Aussicht vorzüglich. Während der Hirzli vor allem dem Walensee und dem vorderen Linthtal zugewandt steht, überrascht der Planggenstock mit sehr schönen Ausblicken in die Linthebene und zum Zürichsee. Da zudem beide durch einen schönen Kammweg von Gipfelkreuz zu Gipfelkreuz miteinander verbunden sind, kann es natürlich kein »entweder oder«, sondern nur ein »sowohl als auch« geben.

Der vielarmige Wegweiser bei Morgenholz zeigt, wo es langgeht: zuerst steil empor zur Alp Schwinfärch, dann ein Stück erholsam geradeaus und schließlich in vielen weitausholenden Kehren empor zum Hirzli. Ein guter Pfad leitet weiter hinüber zum 30 Meter höheren Planggenstock, und von dort gelangt man über die Obere Planggenalp und Bodenberg wieder ins Niederurner Tal und zum Ausgangspunkt zurück. Alles in allem eine Angelegenheit von gut 2 1/2 bis 3 1/2 Stunden.

Wer es alpiner mag, der muß sich dem schroffen Gratverlauf Brüggler–Chöpfenberg im Süden zuwenden. Hier ist

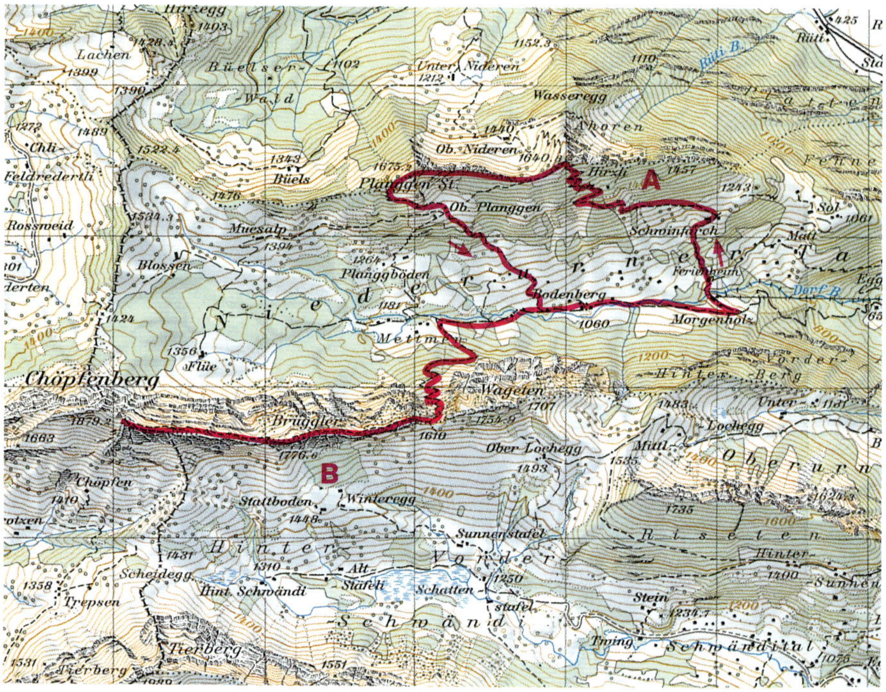

Blick von Südwesten auf den Planggenstock. Im Hintergrund leuchtet das verschneite Säntismassiv, in Bildmitte rechts erkennt man gerade noch das Westende des Walensees.

besonders der Chöpfenberg bemerkenswert, der als vorderster Felsgipfel der Glarner Alpen im Schmalprofil eine auffällige Pyramidenform zeigt. Zunächst schaut es gar nicht so aus, als ob der in steilen Schrofen zum Niederurner Tal abfallende Chöpfenberg ohne Kletterei zu erreichen wäre. Aber wenn man von Morgenholz taleinwärts bis Mettmen marschiert und dort beim Wegweiser den vielen Kehren links hinauf zum Wagetensattel (P. 1610) gefolgt ist, wird die Sache plötzlich klar. Ein schmales Grasband leitet an der Nordseite des Brüggler wie zwischen Himmel und Erde dicht unter der Grathöhe über schaurigen Abgründen zum Brügglergipfel und weiter bis zum Chöpfenberg.

Trotz der luftigen Höhe wirkt das Grasband nicht ausgesetzt, und der gute Pfad tut ein übriges. Nur zu Beginn, am Wagetensattel, befindet er sich im schlechten Zustand. Bei Nässe sollte man sich deshalb eine Besteigung des Berges gut überlegen.

Wer nicht zum Ausgangspunkt zurück muß und genügend Trittsicherheit besitzt, der kann vom Gipfel auch südwärts zur Trepsenalp und zum Wägitaler See absteigen. Die Route verlangt allerdings zu Anfang leichte Kletterei und später große Vorsicht beim Begehen steiler Grashänge.

13 Mutteristock

Zwischen Wägitaler und Klöntaler See

Bergwanderung 1 Tag
2294 m
Mit Kindern ab 12 J.

Von Zürich aus betrachtet, bildet der Wägitaler See mit seiner vielfältigen Gipfelumrahmung das Naherholungsgebiet für die Zürcher Bergsteiger schlechthin. Man ist rasch dort und hat vor Ort die große Auswahl. Wie geschaffen für den Kletterer stehen am Eingang die mauerglatten Kalkwände der Bockmattlitürme, und dem Wanderer bietet sich in der weiten Seerunde eine stattliche Anzahl leichter Gipfelziele. Beliebt sind sie alle, der rundliche, bewaldete Aubrig, der breitausladende Fluebrig, der kecke Zindlenspitz, der hübsch geschwungene Brünnelistock oder der gedrungene Bockmattli. Nur vom Mutteristock, dem Kulminationspunkt dieser Gipfelrunde, von dem nimmt kaum jemand Notiz. Dabei ist dieser mächtige Bergstock die höchste Erhebung zwischen Zürichsee und Pragelpaß, also im erweiterten Sinne der gesamten Schwyzer Voralpen.

Über die Mißachtung des Mutteristocks läßt sich nur spekulieren. Der Berg steht ganz im Hintergrund des Wägitales, wird durch den näheren Fluebrig etwas in den Hintergrund gedrückt und zeigt keine besonders auffällige Gestalt. Seit aber vor einigen Jahren vom südlichen Seeende bis zum Gipfel eine durchgängige Route markiert worden ist, hat der Mutteristock in der Gunst der Wanderer aufgeholt. Allerdings sei nicht verschwiegen, daß der Aufstieg als lang und mühsam gilt. Genügend Flüssigkeit sollte man im Hochsommer auch mitnehmen, denn aufgrund der ausgedehnten Karrenfelder rund um den Mutteristock gibt es oberhalb von 1400 Meter kein Wasser.

Talort Innerthal, 939 m; AP Südende des Wägitaler Sees, 918 m.

Charakter Streckenweise mühsame Wanderung in heißen Latschenhängen und über trockene Karrenfelder, genügend Wasser mitnehmen. Durchgehend markiert, bei Nebel jedoch teilweise schwierige Orientierung. – Beste Zeit: Juni bis Ende Oktober.

Gehzeit Aufstieg 3½–4 Std.; Abstieg 2½ Std.

Hütten Keine.

Verlauf Südende des Wägitaler Sees – Rinderweid – Luft-H. – Torberglücke – Mutteristock.

Karten LKS 1153, Klöntal, 1 : 25 000; LKS 236, Lachen, 1 : 50 000.

4½ Stunden gibt der Wegweiser in Innerthal für den Mutteristock an, wobei 1 Stunde auf den Marsch bis zum Südzipfel des Wägitaler Sees entfällt. Autofahrer ersparen sich natürlich diese knapp 5 Kilometer und stellen ihr Fahrzeug ganz hinten im Talschluß ab, am besten beim kleinen Berggasthaus Au.

Gleich zu Beginn geht es steil aufwärts, zunächst auf schlechtem Weg zur Schwantlialp, dann weiter im Wald bis zu den Gebäuden der Rinderweidalp. Hier zweigt ostwärts der Weg zur Lufthütte ab, an der sich die letzte Wasserstelle vor dem Gipfel befindet. Je nach Sonnenstand gerät die nächste Etappe in den Latschenhängen und Geröllmulden an der Westseite des Mutteriberges zu einem schweren Büßergang. Dafür werden die Rückblicke zum Wägitaler See immer schöner. An der Torberglücke ist dann das Ärgste geschafft. Ein kurzer Kammrücken leitet links zu ausgedehnten Karrenfeldern, zwischen deren Spalten und Gräben sich die rote Markierung wie durch einen Irrgarten hindurchwindet. Im dichten Nebel wäre die Orientierung hier problematisch, bei klarer Sicht ist der Gipfel allerdings nicht zu verfehlen. Dort wird man nach soviel Schweiß und Mühsal mit einer souveränen Rundsicht belohnt.

Über das ganze Vorgebirge hinweg reicht der Blick bis weit ins Alpenvorland hinaus, und im Süden sind neben dem gewaltigen Glärnisch alle hohen Gipfel der Glarner Alpen zu bewundern. Wer auch den Tiefblick zum Wägitaler See uneingeschränkt genießen will, der muß noch hinüber auf den vorgelagerten Redertenstock. Das ist kinderleicht und kostet hin und zurück kaum 15 Minuten.

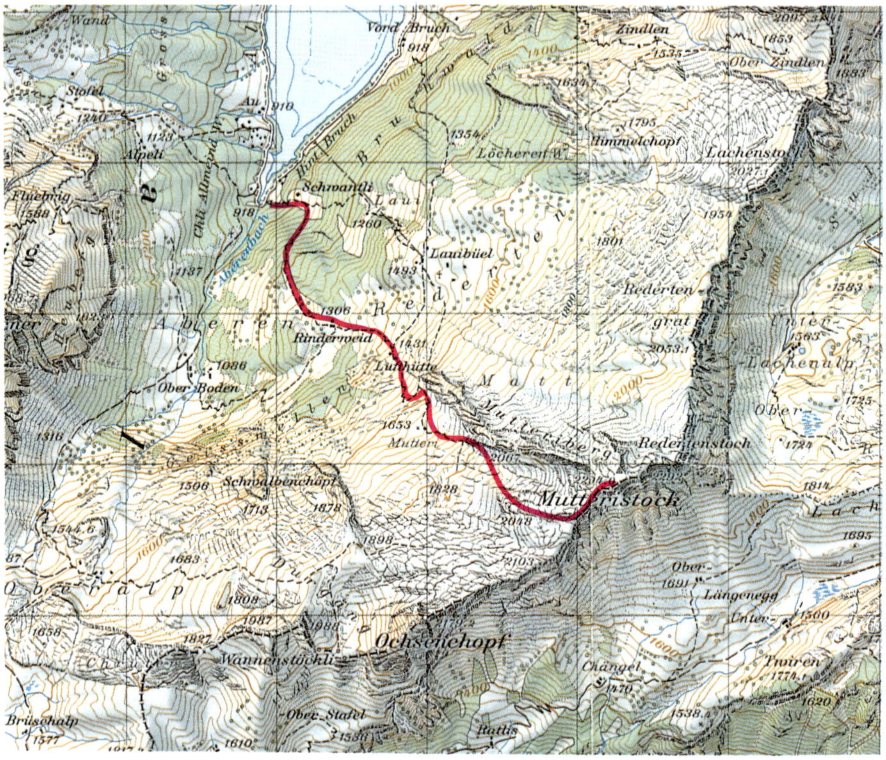

Ausgedehnte Karrenfelder charakterisieren den Anstieg auf den Mutteristock (Bildmitte). Gegenüber baut sich das mächtige Glärnischmassiv auf.

14 Zindlenspitz – Brünnelistock

Anspruchsvolle Bergwanderung im stadtnahen Vorgebirge

Bergtour 1 Tag
2097 bzw. 2133 m
Mit Kindern ab 16 J.

Der kecke Zindlenspitz über dem Wägitaler See bildet für Bergwanderer mit Gipfelambitionen eines der beliebtesten Ausflugsziele des Glarner Landes. Daß er wie kein zweiter Berg am Wägitaler See zu einer Besteigung geradezu herausfordert, liegt an seinem eigenwilligen Aufbau. Wie ein kleiner Zuckerhut thront der Zindlenspitz mit seinem markant aufgeschichteten Gipfelkopf über der grünen Rampe des Ruesser. Von unten wirkt das Ganze ziemlich exponiert. Da aber der Zindlenspitz auf dem zentralen Wegweiser in Innerthal als Wanderziel ausgewiesen ist, darf man getrost davon ausgehen, daß der Berg auch seine schwache Stelle hat. Ganz ohne Trittsicherung geht es jedoch nicht, vor allem, wenn auch noch der Übergang zum knapp 40 Meter höheren Brünnelistock »drangehängt« werden soll.

Dieser Brünnelistock, dominierender Gipfel zwischen Wägitaler See und Obersee, ist nur vom Obersee her, nicht jedoch aus dem Wägital richtig zu würdigen. Erst aus größerer Höhe offenbart er seine eigentliche Natur, besonders vom Zindlenspitz aus, wo er als steil aufragende Pyramide den vorgelagerten Rossalpelispitz überragt. In der Breitseite gibt sich der Brünnelistock zwar etwas zahmer, doch auch hier nötigt der begraste, sich nach oben elegant zuspitzende Südwestgrat dem Bergwanderer einigen Respekt ab. Deshalb darf diese großzügige Überschreitung in luftiger Höhe zwischen Wägi- und Oberseetal erst unternommen werden, wenn kein Altschnee mehr liegt. Das gilt besonders für die Passage zwischen Zindlen- und Rossalpelispitz.

Talort Vorderthal, 735 m; AP 500 m südl. von Blattli am Wägitaler See (P. 932).

Charakter Trittsicherheit, Schwindelfreiheit und etwas Klettergeschick sind am Gratübergang vom Rossalpelispitz zum Brünnelistock erforderlich, ansonsten leichte Bergwanderung. – Beste Zeit: Mitte Juni bis Ende Oktober.

Gehzeit Aufstieg zum Zindlenspitz 3 Std.; Übergang zum Brünnelistock $1^1/_2$–2 Std.; Abstieg $2^1/_2$–3 Std.

Hütten/Gasthäuser Hohfläschen, 1368 m, priv. (ÜN).

Verlauf Blattli – Aberliboden – Zindlen – Ob. Zindlen – Zindlenspitz – Rossalpelispitz – Brünnelistock – Hohfläschen – Blattli.

Variante Die Ersteigung des Zindlenspitz allein ist eine leichte Bergwanderung und läßt sich mit Abstieg in die Scharte (1902 m) zwischen Gipfel und Rossalpelispitz und weiter in nordwestlicher Richtung nach Hohfläschen in eine Rundtour abwandeln.

Karte LKS 236, Lachen, 1 : 50 000.

Im übrigen ist der gesamte Routenverlauf gut beschildert bzw. markiert und an den kritischen Stellen, wie etwa im Gipfelbereich des Rossalpelispitz, mit soliden Drahtseilen gesichert. Gewöhnlich wird die Überschreitung vom Zindlenspitz zum Brünnelistock ausgeführt, und zwar als Tagestour. Nur wer im Naturfreundehaus Hohfläschen 400 Meter über dem Seeufer nächtigt, wählt besser die umgekehrte Richtung.

Für Bahn- und Busreisende ist Innerthal nahe der Staumauer des Wägitaler Sees Ausgangspunkt. Autobenutzer fahren noch 2 Kilometer taleinwärts bis zum Oberhof. Wenige hundert Meter weiter markiert links ein Wegweiser den eigentlichen Beginn des Anstiegs.

Auf einem feuchten Alpweg geht es bei stetig schöner werdenden Rückblicken zum See hinauf nach Aberli und weiter im Wald über den Ziggenbach hinweg zum Aberliboden, der sich ganz unerwartet zu einem bezaubernden Talkessel weitet. Am schroffen Sockel des Zindlenspitz windet sich der Pfad jetzt zuerst zur Unteren und später zur Oberen Zindlenalp hinauf. Hier wirkt der Gipfelaufbau schon nicht mehr so unnahbar wie vom Seeufer aus. Eine gute Spur leitet nun den grasbewachsenen Südrücken empor bis direkt unter den Gipfelkopf, der zuletzt an seiner Südseite über einige Felsstufen leicht erstiegen wird.

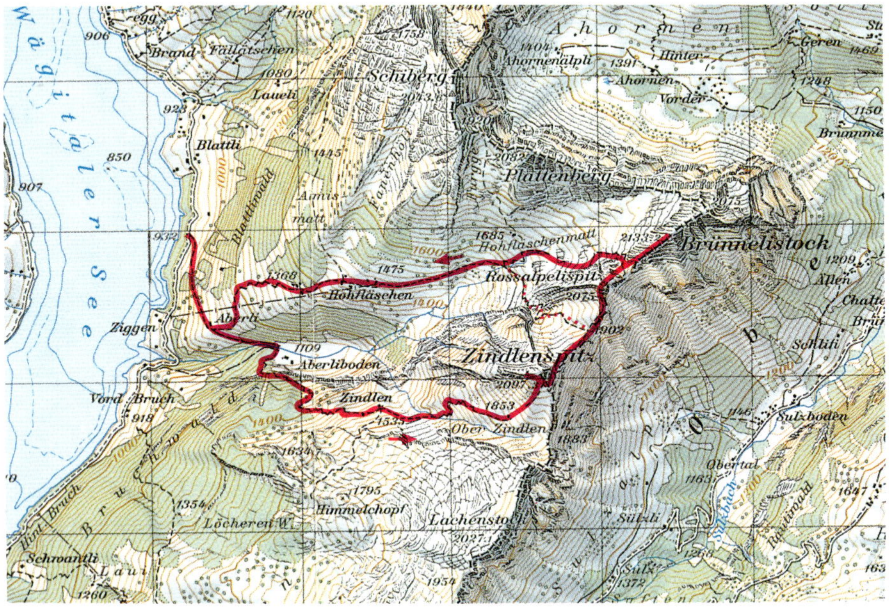

Blickfang über dem Wägitaler See ist das kecke Felshorn des Zindlenspitz, links davon der pyramidenförmige Rossalpelispitz. Ein Großteil des Anstiegsweges läßt sich auf diesem Bild gut nachvollziehen.

Nachdem man sich ins Gipfelbuch eingetragen und die schöne Rundsicht genossen hat, muß man wieder zurück zur breiten Südrampe. Ein solider Pfad führt jetzt nordwärts auf einem schmalem Band an der Ostseite des Zindlenspitz vorbei bis zur breiten Einsattelung vor dem Rossalpelispitz. Dieser Gipfel wird mit Hilfe einiger Drahtseile bis in den nächsten Satteleinschnitt überquert. Hier mündet von links der Wanderweg über Hohfläschen und Hohfläschenmatt ein. Nur wer wirklich völlig schwindelfrei ist, darf sich jetzt den exponierten Gratübergang zum Brünnelistock vornehmen.

Der Südwestgrat wird nach oben immer schmaler, und zuletzt sind noch einige leichte Kletterstellen zu meistern. Als Belohnung bekommt man dann oben eine herrliche Übersicht über das ganze Bergrevier zwischen Klöntal und Sihltal geboten – einschließlich Zürichsee, Walensee und Obersee. Mit Vorsicht geht es später wieder den Südwestgrat hinab und anschließend auf dem Hohfläschenweg hinunter zum Naturfreundehaus. Von dort benötigt man noch eine knappe Stunde zurück nach Innerthal.

15 Pilatus

Überschreitung vom Vierwaldstätter zum Alpnacher See

Bergwanderung 1 Tag
2129 m
Mit Kindern ab 10 J.

Der Gipfelzacken des Pilatus mit seiner markanten Klippenform überragt den Vierwaldstätter See um 1700 Meter und prägt ganz und gar das Stadtbild von Luzern. Er gilt als Wahrzeichen der Innerschweizer Metropole und als berühmteste Aussichtswarte in den Zentralschweizer Voralpen.

Der Aberglaube hat sich verflüchtigt, nur der Name ist geblieben, und aus dem einst verbotenen Berg ist mittlerweile eine der Hauptstützen des Zentralschweizer Fremdenverkehrs geworden. Von zwei Seiten führen heute Bahnen hinauf, und neben dem altehrwürdigen Kulmhotel steht oben inzwischen auch ein modernes Panorama-Restaurant. Manchem Bergfreund mag der Pilatus deshalb als Wanderziel suspekt geworden sein. Doch trotz der technischen Totalerschließung haben das überwältigende Panorama und der Blick über die Buchten und Wasserarme des Vierwaldstätter Sees gegen die Nordfront der Schweizer Alpen vom Säntis bis zur Diablerets nichts von ihrer Faszination verloren. Der passionierte Wanderer sollte sich diesen schönen Berg also nicht durch die Seilbahnbetreiber vermiesen lassen, auch wenn man sich oben am Pilatus-Esel (2120 m) die berühmte Aussicht mit der internationalen Touristenwelt teilen muß.

Talorte Hergiswil, 449 m; Alpnachstad, 435 m.

Charakter Große Überschreitung auf gut angelegten Bergwegen. In der Gipfelregion, namentlich am Esel, großartige Aussicht, aber auch hohes Touristenaufkommen. – Beste Zeit: Juni bis Ende Oktober.

Gehzeit Aufstieg 4 Std.; Abstieg 2½–3 Std.

Hütten/Gasthäuser Kulmhotel und Panorama-Restaurant auf dem Pilatus.

Verlauf Hergiswil – Gschwänd – Klimsensattel – Esel – Tomlishorn – Chilchsteine – Matt – Ämsigen – Grossrüti – Alpnachstad.

Varianten Die Wanderkarten zeigen zahlreiche weitere Pilatusaufstiege. Erwähnenswert ist die Gesamtüberschreitung von Acheregg im Osten bis ins Gr. Entlental im Westen.

Karten LKS 1170, Alpnach, 1 : 25 000; LKS 245, Stans, 1 : 50 000; Kümmerly & Frey, Wanderkarte Luzern, 1 : 60 000.

Ein weitverzweigtes Wegenetz erlaubt die Überquerung des Pilatus in alle Himmelsrichtungen. Wegen der ausgeprägten Klippenform sind allerdings alle Anstiege im Gipfelbereich etwas steil. In diesem Fall ist die kleine Überquerung angesagt, und zwar von Hergiswil am Vierwaldstätter See nach Alpnachstad am Alpnacher See. 4½ Stunden gibt der Wegweiser in Hergiswil bis zum Esel an, doch das ist gut gerechnet.

Man startet am besten direkt am Bahnhof von Hergiswil, passiert die letzten Häuser des Ortes, wandert durch Obstgärten, Weideland und Mischwald und registriert mit Befriedigung, wie der See mehr und mehr in der Tiefe zurückbleibt. Hinter der Alp Gschwänd setzen die Felswände, Türme und Schluchten der Pilatus-Nordseite dann dramatischere Akzente. Zahlreich sind die Kehren im Schuttkessel hinauf zum grünen Klimsensattel und steil die Serpentinen empor zum Chriesiloch unter dem Oberhaupt. Auf der

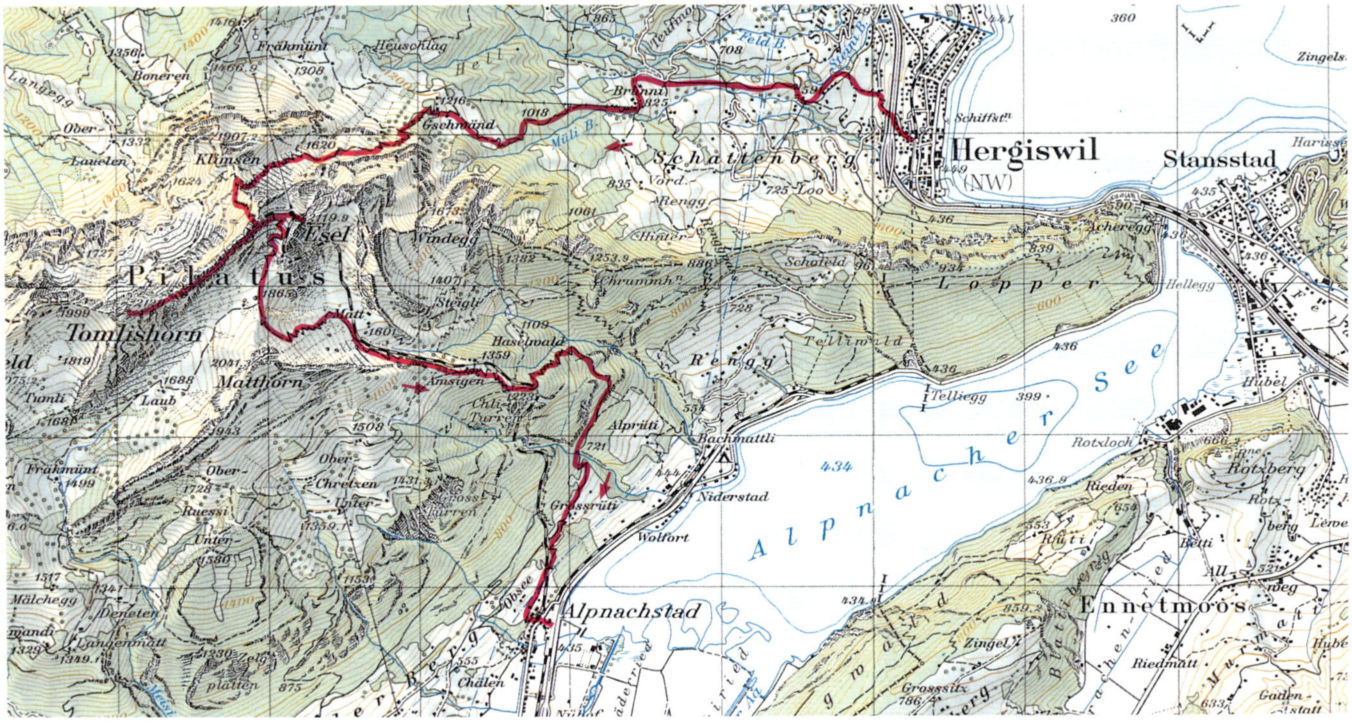

Südseite dieses kleinen Tunnels steht man unvermitelt in der technisierten Welt, die sich im Sattel zwischen Oberhaupt und Esel auf engstem Raum konzentriert: Richtfunkanlage, Seilbahnstation, Zahnradbahnhof, Kulmhotel, Panorama-Restaurant und dazwischen betonierte Aussichtsterrassen, Steintreppen und Asphalt.

Der Weg zum Esel, dem aussichtsreichsten Pilatusgipfel, führt mitten durch das Rondell des Panorama-Restaurants, und der Übergang zum Tomlishorn, der höchsten Zinne, ist eine breite Promenade. Dem herrlichen Rundblick von hier oben tut dies jedoch keinen Abbruch.

Der Abstieg nach Alpnachstad beginnt ganz moderat am Kulmhotel, später windet sich der Weg in zahlreichen Kehren hinunter, und ohne die immer wieder neuen Tiefenblicke zum Alpnacher See wäre das Ganze nur ein Testfall für gesunde Kniegelenke. Die Route berührt mehrfach die Bergbahntrasse und verschwindet weiter unten im dichten Laubwald. Erst bei der Grossrüti-Alp tritt man wieder ins Freie – nur wenige Minuten oberhalb von Alpnachstad.

Total erschlossene Touristenattraktion und Aussichtsgipfel par excellence über dem Vierwaldstätter See: der Pilatus. Deutlich erkennt man links die Serpentinen des Anstiegsweges.

16 Mittaggüpfi

Der stille Nachbar des Pilatus

Bergwanderung 1 Tag
1917 m
Mit Kindern ab 12 J.

Talorte Schwarzenberg, 841 m; AP Berggasthaus Stäfeli im Giessbachtal, 1200 m. – Kriens, 499 m (Straße ins Eigental bis zum großen Parkplatz am Beginn des Fahrverbots, ca. 1000 m).

Charakter Einfache Bergwanderung im Schatten des Pilatus, für den Auf- oder Abstieg durch die Nordwestflanke Trittsicherheit erforderlich. – Beste Zeit: Ende Juni bis Anfang Oktober.

Gehzeit (A) Aufstieg $1^1/_2$–2 Std.; Übergang zur Stäfeliflue 1 Std.; Abstieg $1^1/_2$ Std. – (B) Aufstieg 3–$3^1/_2$ Std.; Abstieg $2^1/_2$–3 Std.

Hütten Keine.

Verlauf (A) Gasthaus Stäfeli – Mittaggüpfi – Stäfeliflue – Risetenegg – Gasthaus Stäfeli. – (B) Parkplatz Eigental – Bründlen – Oberalp – Mittaggüpfi – Trochenmattsattel – Trochenmatt – Eigental – Parkplatz Eigental.

Karten LKS 245, Stans und LKS 244, Escholzmatt, 1 : 50 000.

Früher einmal hieß das Mittaggüpfi an der Westseite des Pilatus Gnepfstein, benannt nach einem großen Wackelfelsen auf seinem Gipfel. Ob die Kräfte der Natur oder menschlicher Übermut diesen Stein ins Rollen brachten, ist unklar. Jedenfalls verschwand mit dem Stein auch der Name, und seither gilt das Mittaggüpfi vor allem als Stundenzeiger: von Malters im Entlebuch aus gesehen steht die Sonne genau über dem Gipfel im Zenit.

Obwohl 6 Meter niedriger als die benachbarte Stäfelifluh, war das Mittaggüpfi schon früh das bekannteste Exkursionsziel im hinteren Pilatusgebiet, führte der Aufstieg doch am Pilatussee vorbei, der sagenumwobenen letzten Ruhestätte des römischen Landpflegers Pontius Pilatus.

Fast alle Gelehrten der alten Eidgenossenschaft haben den Gipfel aufgesucht, auf dessen kahler Felskanzel die von der Legende überlieferte Seelenverbannung des gefürchteten Römers stattgefunden haben soll. Im abergläubischen Mittelalter freilich war das Betreten der gesamten Bergregion streng verboten, jede Störung an diesem verrufenen Ort sollte schreckliche Unwetter über das Land bringen. Der einst so berühmt-berüchtigte See auf der Oberalp ist mittlerweile verlandet und die Sage vom Grab des römischen Statthalters zu einer historischen Fußnote geworden.

Das Interesse am Mittaggüpfi besteht jedoch fort wegen der landschaftlich bezaubernden Umgebung und der fabelhaften Aussicht, die allen seilbahnscheuen Pilatusverweigerern als Trostpflaster dienen könnte. Im Gegensatz zur Touristendrehscheibe Pilatus herrscht hier geradezu eine paradiesische Ruhe. Das liegt nicht zuletzt an der Länge des Anmarschweges, denn das idyllische Egental steht unter Naturschutz und ist im hinteren Teil für den Pkw-Verkehr gesperrt. Nur das Militär bleibt davon ausgenommen, und bei den großen Herbstübungen wird mitunter auch dem Wanderer der Zugang verwehrt. Autofahrer wählen deshalb besser das Giessbachtal, durch das ab Schwarzenberg ein Natursträßchen bis zum Alprestaurant Stäfeli führt. Von dort sind es bloß noch $1^1/_2$ bis 2 Stunden auf das Mittaggüpfi. Aber man hat es in der

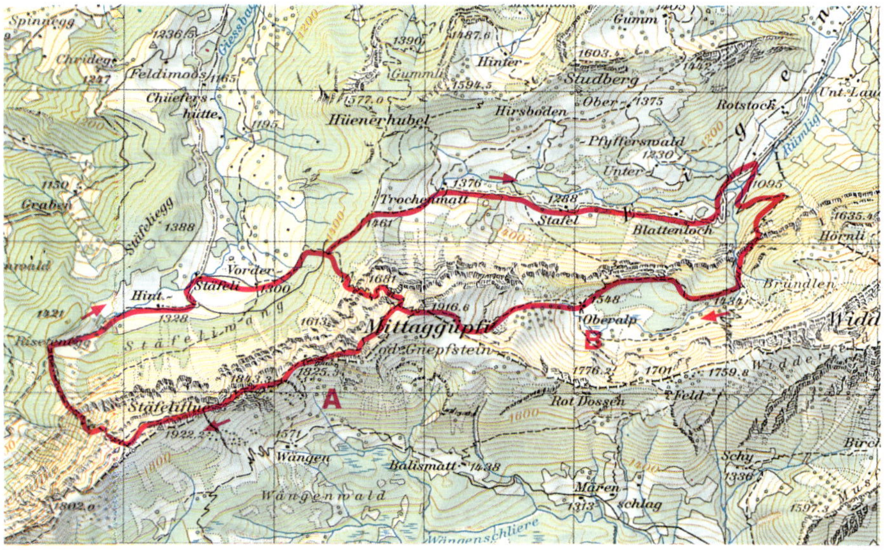

Hand oder besser in den Füßen, die Tour beim Rückweg zu einem tagesfüllenden Programm zu erweitern.

Angesichts der steil abfallenden Nordseiten von Mittaggüpfi und Stäfelifluh mit ihren Kalktürmen und Wandstellen wird sich mancher Wanderer vielleicht besorgt nach einem leichten Anstieg fragen. Der ist jedoch ganz einfach zu finden, man muß sich nur an die markierte Route halten. Die verläuft zunächst ein Stück gegen den Trochenmattsattel, zweigt dann am bewaldeten Sockel rechts ab und windet sich schließlich in geschickter Ausnutzung von Grasbändern und Felsstufen aufregend exponiert und doch sicher zum Gipfelgrat empor. Von hier sind es nur noch wenige Minuten bis zum höchsten, von großen Felsblöcken gebildeten Punkt.

Wer sich oben umgeschaut hat, den drängt es ganz sicher hinüber zur benachbarten Stäfelifluh, die über einen schön geschwungenen, leicht begehbaren Kamm mit dem Mittaggüpfi verbunden ist. Das kostet kaum 100 Meter Gegenanstieg und wird mit einem interessanten Ausblick gen Westen belohnt.

Der Abstieg von der Stäfelifluh führt zunächst ein Stück westwärts gegen den Risetenstock und zieht dann in zahlreichen Kehren hinab zum Risetenegg, 10 Minuten oberhalb der Stäflialp.

Ganz anders gestaltet sich diese Tour vom Eigental aus. Dort geht es zunächst vom großen Parkplatz taleinwärts bis zum Wegweiser an der Rumligbachbrücke. Später steigt der Pfad durch den schattigen Schwändeliwald und einige Felsengen hinauf nach Bründlen. Hier tut sich ein herrliches kleines Hochtal auf, und man passiert den verlandeten Pilatussee und die Oberalp. Anschließend gelangt man über eine grüne Hangstufe zum Nätschboden und weiter von Süden her auf das Mittaggüpfi.

Für den Abstieg empfiehlt sich die schon erwähnte Route durch die steile Nordflanke mit Rückkehr über den Trochenmattsattel ins Eigental.

Bergwanderland: Vom Gipfel des Mittaggüpfi blickt man nach Westen über Stäfeliflue zur Schrattenflue (Bildmitte hinten/Tour 28). Links davor der Fürstein (Tour 30).

17 Buochserhorn

Schöne Rastkanzel über dem Vierwaldstätter See

Bergwanderung 1 Tag
1807 m
Mit Kindern ab 10 J.

Talort Buochs, 435 m.

Charakter Bergwanderung ohne jede Schwierigkeit. Schöner Blick auf den Vierwaldstätter See. – Beste Zeit: Frühjahr und Herbst.

Gehzeit Aufstieg 4 Std.; Abstieg $2^1/_2$ Std.

Hütten Keine.

Verlauf Buochs – Buochserberg – Buochserwald – Arhölzli – Ochsenweid – Buochserhorn.

Varianten Durchwegs länger sind folgende Abstiege: (1) vom Gipfel über Bleikigrat, Musenalp und Bärenfallen nach Niederrickenbach oder Beckenried; (2) über den Nordostgrat und Spis zum Beckenrieder Berg und nach Beckenried.

Hinweis Am Buochserhorn gibt es zahlreiche Forststraßen, gestattet ist die Auffahrt von Büren oder Buochs bis zum Ob. Müllerboden, oftmals wird die Straße jedoch bis zur Unt. Ochsenweid benutzt (1555 m, kein Parkplatz), von hier ist es nur noch $^1/_2$ Std. auf den Gipfel.

Karte LKS 245, Stans, 1 : 50 000.

An den Forststraßen in den Voralpen scheiden sich die Geister. Die einen meiden sie grundsätzlich, andere kommen gerade deswegen, weil sie auf eine legale oder stillschweigend geduldete Zufahrt bis in Gipfelnähe spekulieren.

Ein Berg mit einem wahren Labyrinth an Forststraßen ist das Buochserhorn, das als wohlgeformter, dreiseitiger Grasberg zusammen mit dem Stanser Horn den Eingang ins Engelberger Tal bewacht. Im Gegensatz zum seilbahnerschlossenen Stanser Horn gilt das Buochserhorn immer noch als Hort des sogenannten »ehrlichen Bergwanderns«. Allerdings ist es mit der Ehrlichkeit nicht mehr weit her, seit die Fahrkünste hier wichtiger geworden sind als das Gehen. Von Beckenried zum Beispiel darf man bis Unter Spis in 1200 Meter an der Ostseite des Berges hinauffahren, und von Südwesten ziehen die Teersträßchen neuerdings via Ober Müllerboden und Ochsenweidalp auf über 1500 Meter empor. Die letztgenannte Bergstraße ist zwar ab Müllerboden mit einem Fahrverbot belegt, aber das hat hier wenig zu bedeuten. Was das Buochserhorn betrifft, soll es jedoch neben dem Autobergsteiger und dem Totalverweigerer noch eine dritte Spezies geben, die aus reiner Bewegungsfreude nach wie vor von ganz unten aufsteigt.

Am besten ist es, man beginnt direkt am Vierwaldstätter See in Buochs, 1400 Meter unter dem Gipfelkreuz. Vom Wegweiser an der Kirche geht es südwärts zur Autobahn und dahinter die freien Hänge des Buochser Berges empor. Man läßt das Dorf und den Vierwaldstätter See mehr und mehr unter sich zurück. Bei Buggenried verschwindet die Anstiegsroute im dichten Buochserwald, quert die Nordflanke zum Nordwestgrat und tritt an einer aussichtsreichen Bergwiese in 1100 Meter Höhe wieder ins Freie. Am oberen Rand der Weide taucht der Pfad abermals im Wald unter und führt jetzt durch die Westflanke an Arhölzli vorbei zur wenig ausgeprägten Südwestkante. Knapp 15 Minuten später erreicht man die Untere Ochsenweidalp am Ende der bereits erwähnten Fahrstraße. Hier hat so mancher Automobilist schon verzweifelt nach einem Parkplatz Ausschau gehalten.

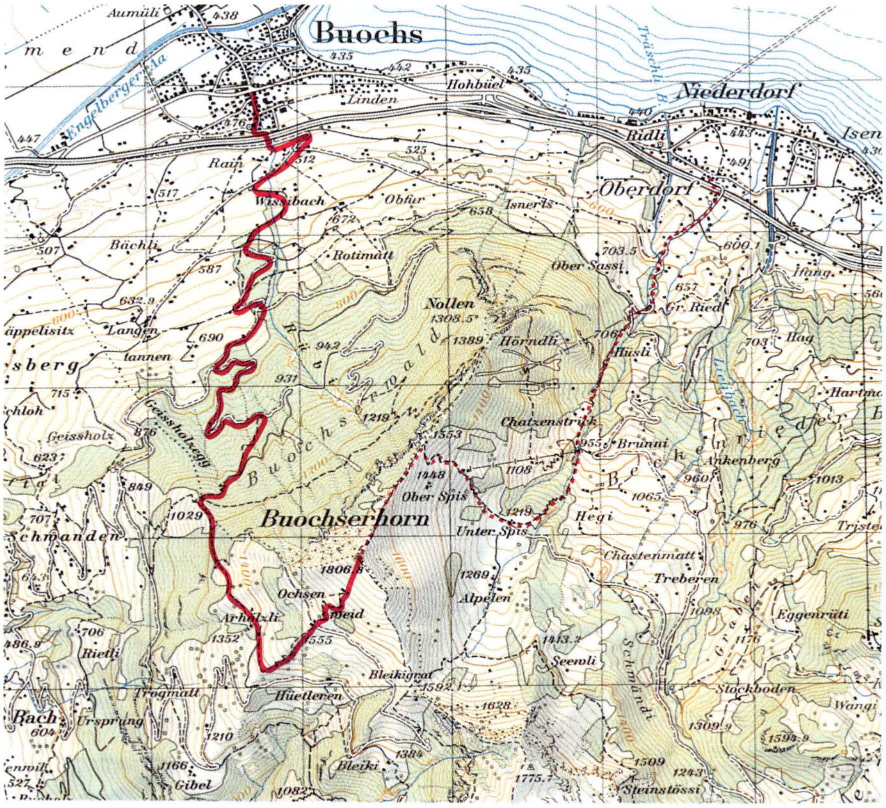

Auf den letzten 250 Höhenmetern leitet der Wanderweg dann über steiles Alpgelände gegen das stattliche Gipfelkreuz empor. Groß ist die Überraschung, wenn man von hier oben beinahe in jeder Himmelsrichtung ein Stück vom Vierwaldstätter See entdeckt. Dahinter stehen in schöner Ordnung die bekannten Voralpenprofile aufgereiht, allen voran natürlich der vielgipfelige Pilatus. Am besten gefallen jedoch die freien Talblicke, besonders der zum brettebenen Stanser Boden mit seinem Militärflugplatz und seiner neuen Autobahn.

Für den Abstieg bieten sich gleich mehrere Alternativen an. Man kann zur

Ochsenweid zurückkehren und von dort in der langen, von zahlreichen Liegenschaften zersiedelten Südwestabdachung nach Büren bei Stans hinunterwandern. Interessanter ist es jedoch, vom Gipfel dem begrünten Südostkamm bis in den Bleikisattel zu folgen. Hier besteht die Möglichkeit, über Alpelen und Unter Spis nordwärts Beckenried anzusteuern oder gegen Süden steil durch den Bleikigraben zur Seilbahnstation Niederrickenbach abzusteigen.

Ganz Unentwegte bleiben ab Bleikisattel am Bleikigrat, bewältigen eine kurze, leichte Kletterei und nehmen auch noch den aussichtsreichen Musenalper Grat mit. Der läßt sich weiter ostwärts bis nach Bärenfallen überqueren. Hier sorgt ein Wegweiser für die Qual der Wahl: Niederrickenbach, Klewenalp oder Beckenried? Eine lohnende Alternative bietet auch der schmale, im oberen Teil gut begehbare Nordostgrat. Man sollte diesen Grat jedoch unbedingt bei Guberentossen verlassen und den Weg über Unter Spis hinunter nach Beckenried wählen. Von jedem Endpunkt dieser Wanderung gelangt man mit öffentlichen Verkehrsmitteln rasch wieder zum Ausgangspunkt.

Direkt aus der Stanser Ebene ragt das Buochserhorn auf. Von Buochs am Vierwaldstätter See bis zu seinem baumfreien Gipfel sind ganze 1400 Höhenmeter zu überwinden.

18 Brisen

Über den Glattgrat hinauf – den Haldigrat hinab

Bergwanderung $1^1/_2$ Tage
2404 m
Mit Kindern ab 14 J.

Talort Städtli, 485 m (Seilbahn nach Niederrickenbach, 1158 m).

Charakter Für trittsichere und schwindelfreie Geher unschwierige Bergwanderung auf einen wunderbaren Aussichtsgipfel. – Beste Zeit: Juli bis Oktober.

Gehzeit Aufstieg $4^1/_2$–5 Std.; Abstieg $2^1/_2$–3 Std.

Hütten/Gasthäuser Brisen-Hs., 1753, SAC.

Verlauf Niederrickenbach – Brändlisboden – Brisen-Hs. – Steinalper-Jochli – Brisen – Haldigrat – Niederrickenbach.

Varianten Aus der Scharte zwischen Brisen und Hoh Brisen können Schwindelfreie den 9 m höheren Hoh Brisen »mitnehmen«. Wer nicht auf sein Auto angewiesen ist, steigt vom Haldengrat südwestl. nach Oberrickenbach (894 m) ab.

Karte LKS 245, Stans, 1 : 50 000.

Am schön geformten Brisen zwischen Engelberger Tal und Vierwaldstätter See genießen natürlich in erster Linie die Luzerner Bergfreunde das Hausrecht. Als Zürcher ist man hier quasi nur zu Gast. Dies sollte man bedenken, denn schließlich gibt es eine gewisse Animosität zwischen beiden Städten, die zuweilen bis in die Bergsteigerkreise hineinreicht.

In der Wertschätzung des Brisen sind sich Zürcher und Luzerner jedoch einig. Der höchste Gipfelstock im Vorfeld der Urner Alpen verkörpert mit seiner auffällig symmetrischen Pyramidengestalt das Ideal eines Voralpenberges. Er steht unweit der nächsten Autobahnabfahrt, ist für eilige Wanderer bis zum Sockel mit Seilbahnen erschlossen und erlaubt eine herrliche Überschreitung auf zwei leichten, aber gleichwohl luftigen Gratanstiegen. Wer noch ohne Terminkalender und Europiepser ins Gebirge geht, sollte sich besser $1^1/_2$ Tage Zeit für diese Tour gönnen und im vorbildlich geführten Brisenhaus nächtigen.

Ausgangspunkt ist das autofreie Niederrickenbach, erreichbar mit der Luftseilbahn von Dallenwil. Vom Kloster Maria Rickenbach führt ein guter Weg über Ahorn und den Buocholzbach hinweg in knapp 2 Stunden zu dem Unterkunftshaus der Luzerner SAC-Sektion Pilatus. Selbstverständlich wird hier jedermann das Gastrecht gewährt, allerdings kann es an schönen Wochenenden schon mal Probleme mit dem Schlafplatz geben.

Anderntags geht es über das zwischen Elfer und Schinberg eingebettete Schueneggglettі zum Glattgrat empor. Dieses Schueneggglettli trägt bis weit in den Frühsommer hinein ansehnliche Altschneefelder, die dem Brisen dann einen hochalpinen Ausdruck verleihen. Oben im Schuenegg erreicht man die Grathöhe und folgt nun nach rechts einem drahtseilgesicherten Pfad auf einem Grasband an der Südseite einer Felsrampe entlang bis ins Steinalper Jochli. Von hier ziehen Wegspuren zur herrlich aufgesteilten Gipfelpyramide des Brisen hinüber, die zunächst an ihrer Ostseite gegen den Verbindungsgrat zum Hoh Brisen traversiert wird. Schließlich sind es nur noch wenige Höhenmeter zum Gipfel. Dort kann man sich kaum sattsehen am großartigen Panorama.

Es ist schwer zu sagen, was man mehr bewundern soll: die Urirotstockgruppe direkt gegenüber, die fernen Viertausender der Berner Alpen oder die Voralpenlandschaft ringsum mit dem Vierwaldstätter See. Der schmale Übergang zum nahen, 9 Meter höheren Hoh Brisen kann diese Aussicht nicht steigern, wohl aber die Schwindelfreiheit gehörig auf die Probe stellen.

Wer alles gesehen hat, sollte für den Abstieg den langgestreckten Haldigrat wählen. Der führt zunächst steil bergab, läuft dann aber zunehmend flacher aus und bildet eine großartige Promenade hoch über den Talsystemen von Ober- und Niederrickenbach. Man kann den Grat auch schon am Lauwistock verlassen und rechts dem Pfad zwischen Waldbrueder und Zwelfer hindurch

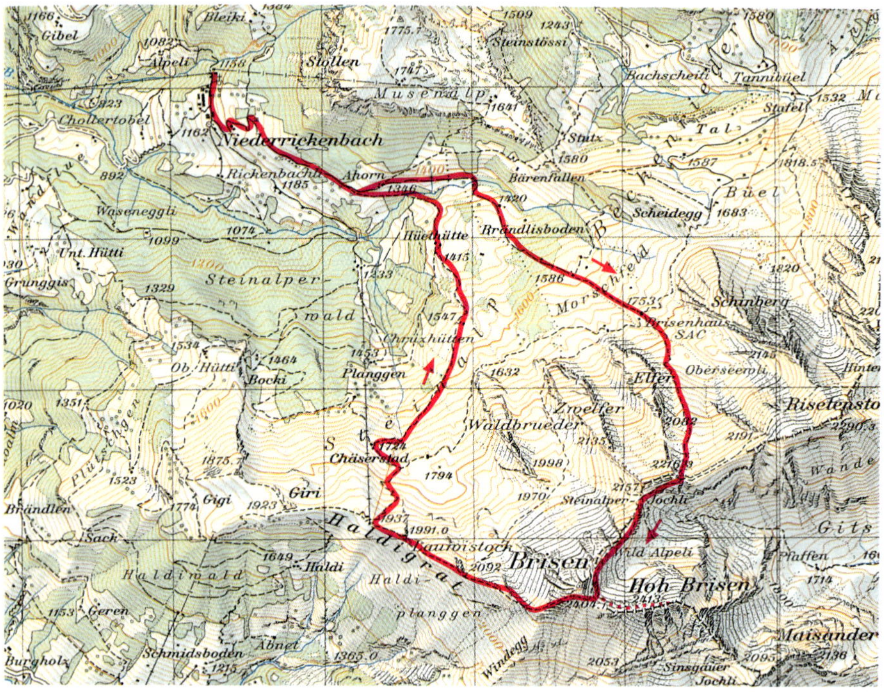

Voralpenberge, zum Wandern wie geschaffen: Über dem Grosstal mit dem kleinen Ort Isenthal erhebt sich der Schwalmis (Tour 19), Risetenstock und Brisen schließen sich links an.

zurück zum Brisenhaus folgen. In der Regel bleibt man jedoch bis zur Seilbahnstation auf der Grathöhe. Dort muß der Autofahrer rechts den Weg über die Steinalp nach Niederrickenbach nehmen. Wer nicht an sein Fahrzeug gebunden ist, kann es sich hingegen leisten, links auf einem steilen Pfad bis Oberrickenbach abzusteigen oder geradeaus die Seilbahnstation Grunggis oberhalb von Wolfenschiessen anzusteuern.

Natürlich ist die Überschreitung auch an einem Tage möglich. Dann empfiehlt es sich jedoch, ab Niederrickenbach die Seilbahn zum Haldigrat zu benutzen und über den Glattgrat wieder abzusteigen.

19 Niederbauen – Oberbauen – Schwalmis

Grünes Vorgebirge über dem Vierwaldstätter See

Bergtour 1 Tag
2246 bzw. 2117 m
Mit Kindern ab 14 J.

Zahlreiche Rand- und Eckberge säumen den verwinkelten Vierwaldstätter See, doch kaum einer ragt so unvermittelt, so eindrucksvoll über sein grünes Ufer empor wie der Niederbauen Stock. Gleich einem gewaltigen Schiffsbug schiebt er sich gegen die Landzunge des Seelisberges vor und beherrscht mit respektablen Steilabbrüchen ganz und gar den großen Winkel zum Urner See.

Von Westen betrachtet ändert sich freilich das Bild. Da entpuppt sich der Niederbauen als reiner Wiesenberg, und auch die Felsgürtel am Oberbauen Stock zeigen einige Schwachstellen. Und noch eines wird deutlich: Der Oberbauen Stock ist über einen langen Kammrücken, den sogenannten Zingelgrat, mit dem auffällig breit gelagerten Schwalmis verbunden, dem unverwechselbaren Hintergrund der Klewenalp. In der Addition ergibt das die schönste Höhenwanderung im Kanton Nidwalden, die allerdings wegen der

Talorte Emmetten, 755 m; Seilbahn zur Station Niederbauen, 1579 m. – Beckenried, 436 m; Seilbahn zur Klewenalp, 1593 m.

Charakter Lange, dafür aber aussichtsreiche Kammwanderung, die Trittsicherheit und Schwindelfreiheit erfordert. Auf den steilen Wiesenflanken Vorsicht bei Nässe! – Beste Zeit: Anfang Juli bis Mitte Oktober.

Gehzeit Aufstieg zum Niederbauen-Chulm 1 Std.; Übergang zum Oberbauen Stock 2 Std.; Höhenweg zum Schwalmis $2^1/_2$ Std.; Abstieg $1^1/_2$ Std.

Hütten Keine.

Verlauf Station Niederbauen – Niederbauen-Chulm – Oberbauen Stock – Zingel – Jochli Stock – Schwalmis – Hint. Jochli – Klewenalp.

Karte LKS 245, Stans, 1 : 50 000.

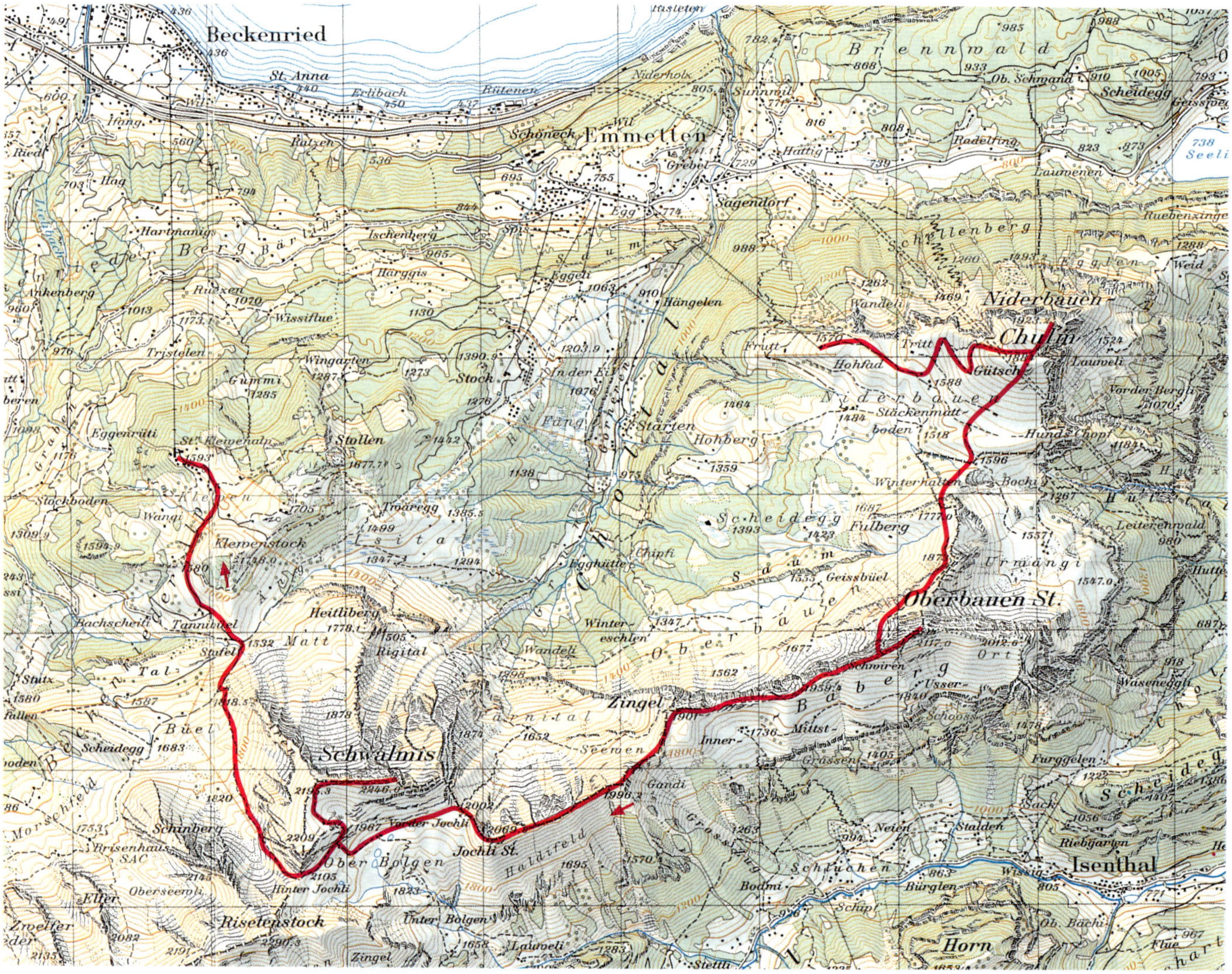

steilen Grashalden und exponierten Wegstellen am Oberbauen Stock nur bei trockenem Wetter auf das Programm gesetzt werden darf. Außerdem sollte man schwindelfrei sein, denn neben den prächtigen Ausblicken zum Vierwaldstätter See und in die Urner Alpen tun sich, namentlich am Zingelgrat, auch einige luftige Tiefblicke auf.

Ohne Seilbahnbenutzung wäre diese großzügige Überschreitung natürlich eine Zumutung, aber auch mit Hilfe der Technik ist man noch gut und gerne 5 bis 6 Stunden unterwegs. In jedem Fall bleibt das Auto spätestens in Beckenried zurück. Von dort verkehrt regelmäßig der Postbus nach Emmetten, und hier darf man dann die Seilbahnen nicht verwechseln. Zum Auftakt geht es ohne große Mühen über Alpweiden an der Tritthütte vorbei zum Niederbauen-Culm, dem nordöstlichen Eckpunkt dieser Tour.

Man verläßt diesen Gipfel später südwärts über weites Alpgelände und folgt aus dem Sattel vor dem Oberbauen Stock (P. 1596) dem Weg über einen Steilaufschwung hinweg unter dem Laucherengrat entlang bis zum felsigen Gipfelaufbau des Oberbauen. Dort steigt ein gut angelegter Pfad etwas exponiert durch die Felspartie des Schwiren empor zum Gipfelgrat. Über diesen Grat geht es nun ostwärts zum höchsten Punkt, wobei man kurz vor Schluß in die steilen Grashänge der Südseite ausweichen muß. Diese verlangen besonders im Abstieg erhöhte Vorsicht. Der eigentliche Übergang zum Schwalmis verläuft danach am schön geschwungenen Zingelgrat, dessen First gerade breit genug für eine solide Pfadspur ist.

Auch hinter dem kreuzgeschmückten Zingel (prächtiger Rückblick gegen den Oberbauen Stock) bleibt man auf der Grathöhe und gelangt so in herrlicher

Der Schwalmis erfüllt alle Kriterien eines lohnenden Bergwanderziels: grüne Matten, lange Wiesengrate und als alpine Akzente wilde Schrofenabbrüche.

Kammwanderung über Gandispitz und Jochlistock ins Vorder Jochli. Nach der langen, luftigen Etappe folgt nun ein gänzlich flaches Teilstück, ehe hinter den kleinen Alpseen rechts der markierte Schwalmis-Anstieg abzweigt. Er ist im Vergleich zum Oberbauen Stock harmlos und dauert kaum $^1/_2$ Stunde.

Vom Schwalmis zurück, hat man noch einen letzten kurzen Gegenanstieg zum Hinter Jochli zu bewältigen, dann geht es nur mehr abwärts: zuerst an der Westseite des Schwalmis entlang, später um den Kegel des Klewenstocks herum zur Station Klewenalp. Für die meisten ist hier die Tour zu Ende, Unentwegte allerdings wandern ganz hinab nach Beckenried.

20 Chaiserstuel – Ruchstock

Bergwanderung und Bergtour

Bergtour 1 Tag
2814 m
Mit Kindern ab 14 J.

In den Urner Alpen ist der Übergang von den Vorbergen zum Hochgebirge nicht metergenau zu bestimmen. Fest steht, daß der stattliche Ruchstock mit seinem Schlittchuechenfirn schon dem Hochgebirge zugeordnet werden muß, während der grasbedeckte Chaiserstuel am anderen Ende des Bannalper Schonegg besser in die Voralpen paßt. Trotz oder gerade wegen ihrer Gegensätze lassen sich beide Gipfel gut zu einer Tagestour von der Bannalp aus kombinieren. Natürlich bietet auch jeder allein ein lohnendes Ziel. Dabei ist dann der abgeflachte Chaiserstuel mit seinem einfachen, kurzweiligen Zugang ideal für das Familienprogramm.

Von seiner blumenreichen Gipfelwiese läßt sich wunderschön die vordere Woge der Urner Hochalpen vom Uri-Rotstock bis zu den Walenstöcken bewundern, die einen herrlichen Kontrast zu der lieblichen Alplandschaft ringsum bilden. Der ambitionierte Bergsteiger freilich interessiert sich weniger für diese vorgelagerten Schaukanzeln als vielmehr für den prächtig aufgesteilten Ruchstock, der vor allem durch seinen geschlossenen Aufbau beeindruckt.

Talort Oberrickenbach, 894 m (Seilbahnen zum Bannalpsee und zur Chrüz-H., 1713 m).

Charakter Lange, aber einfache Bergtour auf hervorragende Aussichtsgipfel, für den Ruchstock Trittsicherheit erforderlich. Die Gipfel können auch separat bestiegen werden. – Beste Zeit: Anfang Juli (Chaiserstuel bereits Mitte Juni) bis Oktober.

Gehzeit Aufstieg $3^1/_2$–4 Std.; Abstieg 3 Std.

Hütten/Gasthäuser Urnerstafel, 1690 m, priv.

Verlauf Chrüz-H. – Bannalp – Bannalper Schonegg – Ruchstock – Bannalper Schonegg – Chaiserstuel – Bannalp – Chrüz-H.

Besonderer Hinweis Für den Ruchstock können Steigeisen und Pickel hilfreich sein.

Karte LKS 245, Stans, 1:50 000.

Dabei gestatten die eingelagerten Firnfelder, insbesondere der Schlittchuechen, einen vergleichsweise unschwierigen Anstieg. Pickel und Steigeisen gehören hier allerdings schon zur Ausrüstung.

Wer es sich einrichten kann, sollte beide Gipfel besuchen und frühmorgens mit der ersten Seilbahn von Oberrickenbach Richtung Bannalpstausee hinaufschweben – und zwar mit der Bahn zur Chrüzhütte. Vor der imposanten Kulisse der Walenstöcke und des Sättelistocks geht es zunächst zur Urnerstafel, wo alle Wege der Bannalp zusammenlaufen. Von hier führt ein guter Weg über offenes Alpgelände ostwärts unter dem Felsgemäuer des Biet gegen das Bannalper Schönegg empor, der tiefsten Einsattelung zwischen dem Chaiserstuel und Ruchstock.

Dort folgt man zuerst der bezeichneten Route Richtung Rotgrätli nach Süden bis zu den Schuttfeldern an der Nordostseite des Ruchstocks. Hier zeigt sich der Ruchstock schon wesentlich »offener«. Weite Geröllhalden leiten jetzt am Sockel des Oberberges bis zum Beginn eines charakteristischen Firntrichters bergan. Über eine kurze Felsstufe erfolgt der Einstieg in den steilen Firn, den man am besten rechts dicht unter den Felsabbrüchen des Nordgipfels ersteigt. Weiter oben läßt die Geländeneigung nach, und über einen kurzen Hang geht es auf das Plateau zwischen Nord- und Südgipfel. Beide sind etwa gleich hoch und bieten beeindruckende Ausblicke in die Gletscherwelt der Urner Alpen, überragt von den Viertausendern um Finsteraarhorn und Schreckhorn.

Der Abstieg erfolgt üblicherweise auf derselben Route. Damit wäre der alpine Teil des Tages geschafft, und am Bannalper Schonegg zurück, darf man sich ganz der Beschaulichkeit der Chaiserstuel-Wanderung hingeben. Die Route verläuft zu Beginn an der Westabdachung des Bannalper Schonegg, führt dann an den Gipfelaufbau heran und steigt zum Schluß an einem trümmerübersäten Hang hinauf zur Gipfelwiese. Dort oben gibt es nichts Besseres, als sich vor einer prächtigen Gebirgskulisse faul im Gras auszustrecken und in den Nachmittag hineinzuträumen. – Nur fest einschlafen darf man nicht, denn die letzte Bahn ab Bannalpsee fährt um 17 Uhr.

Elegant schwingt sich der lange Verbindungsgrat vom Chaiserstuel zum hochalpin anmutenden Felsklotz des Ruchstocks hinüber. Am Ruchkopf gehören bereits Steigeisen und Pickel zur Ausrüstung.

21 Rigi-Hochflue

Alpines Welttheater aus einer Seitenloge

Bergwanderung 1 Tag
1699 m
Mit Kindern ab 12 J.

Talorte Gersau, 435 m; Lauerz, 457 m.

Charakter Für trittsichere und schwindelfreie Geher einfache Bergwanderung auf einen hervorragenden Aussichtsberg. Stellenweise Drahtseile, Leiter. – Beste Zeit: Mitte Juni bis Ende Oktober.

Gehzeit (A) und (B) Aufstieg $3^{1}/_{2}$–4 Std.; Abstieg $2^{1}/_{2}$–3 Std.

Hütten/Gasthäuser Gätterlipaß-H., 1190 m, priv.

Verlauf (A) Gersau – Ochsenalp – Zilistock – Hochflue. – (B) Lauerz – Gätterli – Scharteggli – Hochflue.

Variante Ein anspruchsvoller Anstieg führt von der Bergstation der Seilbahn Brunnen – Urmiberg von Osten her auf die Hochflue.

Besonderer Hinweis Die Benutzung der Straßen von Gersau nach Gschwänd (1006 m) bzw. von Lauerz nach Rohrboden (1134 m) verkürzen die Anstiege jeweils um $1^{1}/_{2}$ Std., allerdings stark auf Kosten der landschaftlichen Eindrücke.

Karten LKS 5008, Vierwaldstätter See, 1 : 50 000; LKS 235, Rotkreuz; für die Variante noch LKS 245, Stans, 1 : 50 000.

Was die Zentralschweizer Voralpen von allen übrigen Alpenlandschaften unterscheidet, ist das bezaubernde Mit- und Gegeneinander von eng umschlossenen, buchtenreichen Seen und kühnen Gipfelformen. Am stärksten tritt diese Besonderheit am Rigi hervor, der sich wie eine dreigipfelige Halbinsel zwischen Vierwaldstätter, Zuger und Lauerzer See ausbreitet. Als Aussichtsloge genießt dieser Rigi Weltruhm, und sein Name ist längst zum Synonym für eine fesselnde Rundsicht geworden.

So gibt es denn im Alpenraum mehrere »Rigi«, einen Bayerischen, einen Bündener usw. Aber nur das Original bietet diese stets aufs neue faszinierende Gegensätzlichkeit der Bilder: den Flickenteppich des Alpenvorlandes im Norden, die glitzernde Wasserwelt ringsum und den gewaltigen Kranz des eisbedeckten Hochgebirges im Süden. Als Säule des Innerschweizer Fremdenverkehrs wird der höchste Rigigipfel, der Kulm, von mehreren Bergbahnen erschlossen, aber auch die Wandermöglichkeiten zum Rigi-Kulm sind Legion.

Solange alle Welt dorthin strömt, bleibt es an den übrigen Rigigipfeln still, zum Beispiel an der schroffen Hochflue im Osten. Diese formschöne Kalkpyramide wird durch den Einschnitt des Gätterli entschieden vom übrigen Rigistock abgetrennt und läßt sich nur über steile Bergpfade, die Trittsicherheit verlangen, erreichen. Dafür wird man oben mit einer frappierenden Übersicht über beinahe jede Bucht des Vierwaldstätter Sees belohnt, mit Tiefblicken und Taleinsichten, wie sie selbst von Rigi-Kulm nicht geboten werden. Außer bei Nässe kommt hier jeder geübte Bergwanderer zurecht. Alle exponierten Wegstrecken sind vorbildlich gesichert, und alle drei Anstiege bieten landschaftliche Kontraste auf engstem Raum.

Wer den kürzesten Zugang zur Hochflue sucht, fährt ab Gersau oder ab Lauerz bis kurz unter das Gätterli empor und folgt vom Gasthaus an der Paßhöhe dem Weg an den Häusern von Scharteggli vorbei zum Nordwestgrat der Hochflue. Auf gutem Pfad erreicht man bald den steilen Gipfelaufbau, der zuletzt durch einen Kamin mit Hilfe einer langen Eisenleiter bezwungen wird. Landschaftlich schöner, aber länger ist der Anstieg direkt von Gersau über die Zilistockalp.

Die gut markierte Route beginnt an der Schiffsstation, führt durch das Oberdorf und über Metten, Cholerboden und die Ochsenalp zur Zilistockalp. Hier mündet auch ein $2^{1}/_{2}$stündiger Waldweg von Brunnen herauf ein. Über Weidegelände erreicht man bald die Felsen und Schrofen der westlichen Südwand. Der Kalkstein zeigt sich hier wegen der zahlreichen Begehungen stellenweise regelrecht rund und speckig. Trotz der

Drahtseile und Eisenstifte ist also Vorsicht geboten. Der »Nervenkitzel« dauert allerdings kaum 15 Minuten, und anschließend darf man sich unter dem großen Gipfelkreuz auf weichen Graspolstern erholen.

Dieser Aufstieg läßt sich übrigens auch ab Gätterli ausführen. Man folgt von Scharteggli dem Weg durch die Chälen zum Südwestgrat und quert auf der anderen Seite zum Boden der Zilistockalp. Eine weitere, anspruchsvollere Route führt von der Seilbahnstation Brunnen-Urmigberg von Osten her über das Egg und den vorgelagerten Spitz auf die Hochflue. Dieser Anstieg ist ziemlich exponiert und verlangt trotz fixer Seile und Eisenbügel absolute Schwindelfreiheit. Wanderer ohne Klettersteigerfahrung sind hier schnell überfordert.

Als Paradewandergipfel präsentiert sich die Hochflue über dem Vierwaldstätter See. Der idyllische Ort Gersau am Seeufer ist Ausgangspunkt der Wanderung, deren Verlauf man auf dem Bild gut verfolgen kann.

22 Fronalpstock – Chlingenstock

Große Kammwanderung über Muotatal und Riemenstaldener Tal

Bergwanderung 1 Tag
1922 bzw. 1935 m
Mit Kindern ab 12 J.

Talort Schlattli im Muotatal, 569 m; Seilbahn nach Stoos, 1294 m.

Charakter Voralpine Gratwanderung auf bezeichneten Bergpfaden, beim Gegenanstieg zum Huserstock ist Trittsicherheit erforderlich. Die Route sollte nur bei trockenem Wetter begangen werden, niemals nach Neuschnee. Am Fronalpstock großartige Aussicht auf den Vierwaldstätter See, allerdings auch hohes Besucheraufkommen durch den Sessellift ab Stoos. – Beste Zeit: Mitte Juni bis Oktober.

Gehzeit Aufstieg zum Fronalpstock $1\frac{1}{2}$ Std.; Übergang zum Chlingenstock $2\frac{1}{2}$ Std.; Abstieg 1 Std.

Hütten/Gasthäuser Bergwirtschaft Fronalpstock, 1920 m, priv.

Verlauf Stoos – Fronalpstock – Furggeli – Huser Stock – Chlingenstock – Näppenalp – Stoos.

Varianten Der Fronalpstock läßt sich auch mit Hilfe einer Sesselbahn von Stoos erreichen. Wer den stark frequentierten Fronalpstock aussparen möchte, wandert von Stoos durchs Fronalptal direkt zum Furggeli hinauf.

Karten LKS 1172, Muotatal, 1 : 25 000; LKS 246, Klausenpaß, LKS 5008, Vierwaldstätter See, 1 : 50 000.

Die Fronalpstockkette zwischen Muota- und Riemenstaldener Tal macht gegen die Kulisse der Chaiserstockkette wenig her. Man besucht ihre Gipfel auch nicht, um zu höheren alpinistischen Weihen zu gelangen, sondern um sich die landschaftlichen Reize der Innerschweiz vor Augen zu führen oder einfach aus Freude am Wandern. Für das Wandern ist der Kammzug Huserstock – Chlingenstock wie geschaffen, als Aussichtswarte der weit gegen den Urner See vorgeschobene Fronalpstock. Mit seiner abgeplatteten Felskappe bietet dieser Fronalpstock zum See hin ein prächtiges Bild, »landeinwärts« hingegen ist der Berg nichts weiter als eine flache Rasenkuppe, auf der neben einem massiven Holzkreuz und einer urigen Gipfelwirtschaft auch eine Sesselliftstation Platz gefunden hat.

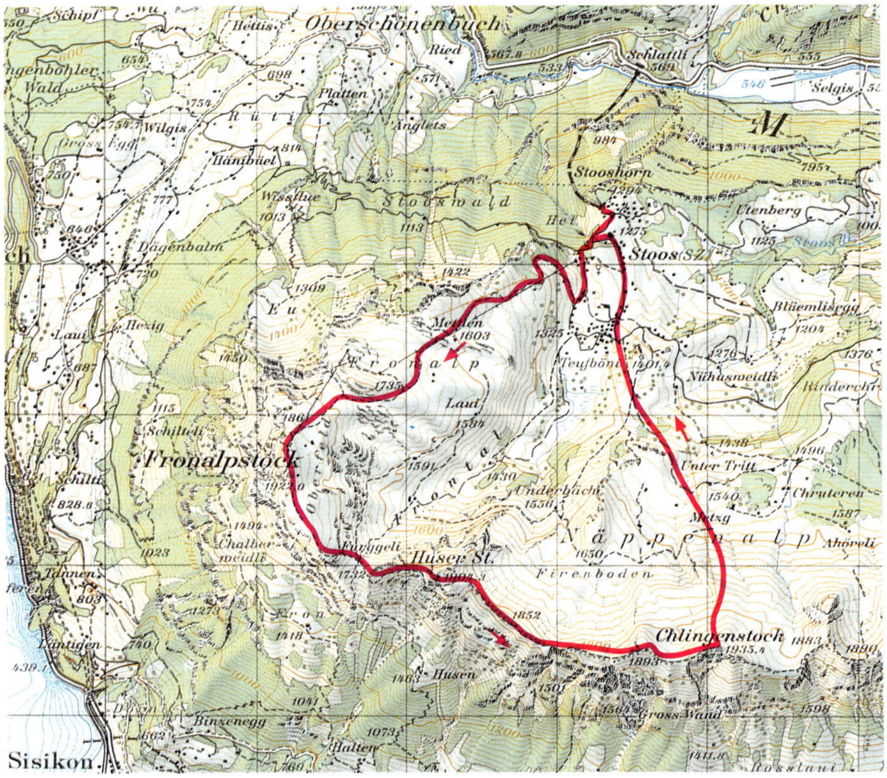

Das sollte jedoch den passionierten Wanderer nicht abschrecken, denn der Blick vom Rande der Gipfelkuppe über den weit ausgebreiteten Vierwaldstätter See bis in die Urner Alpen hinein sucht wirklich seinesgleichen.

Man fahre also eines klaren Tages von Schwyz aus ins Muotatal, lasse sich ab Schlatti mit der Standseilbahn zur Sommerfrische Stoos befördern und wandere oder »schwebe« lifttechnisch, je nach Veranlagung, zum Fronalpstock hinauf. Wer dort oben alles gesehen hat, der wende sich ostwärts hinab in die breite Einsattelung des Furggeli, das den Fronalpstock mit dem weiteren Kammverlauf verbindet. Hier folgt dann mit dem Gegenanstieg zum Huser Stock gleich die anspruchsvollste Etappe der Tour, eine abschüssige Steilflanke, die trotz solider Pfadspuren niemals bei Nässe ausgeführt werden sollte. Leichtsinn ist in der Südflanke des Huserstocks völlig unangebracht, und Schwindelsüchtige sollten die Passage lieber ganz meiden (der Huserstock läßt sich ab Furggeli auch über den Umweg Obere Fronalphütte – Underbäch – Nordostflanke besteigen). Auf der Kammhöhe, die man westlich des Huserstockgipfels erreicht, hat man es dann ausgestanden.

Weiter geht es stets auf einem begrünten Gratrücken über den Nollen und den Roten Turm hinweg ostwärts zum kreuzgeschmückten Chlingenstock, der höchsten Erhebung der Fronalpstockkette. Die Kaiserkette im Süden ist jetzt zum beherrschenden Blickfang geworden. Hier, am Wendepunkt der Wanderung, wechselt die Richtung und damit der Ausblick. Der Wegweiser zeigt nordwärts hinab nach Stoos, und während man neben Liftmasten über die welligen Böden der Näppenalp abwärts bummelt, kommt der Große Mythen mit seiner markanten Silhouette immer besser ins Bild. Unterhalb der Näppenalp gibt es dann mehrere Verzweigungen, doch letztlich führen alle diese Wege hinab nach Stoos.

Empfehlenswert ist, diese Rundwanderung nur in der angegebenen Richtung auszuführen, weil die Aussicht vom Fronalpstock im Morgenlicht am besten zur Geltung kommt und weil die Steilpassage unter dem Huserstock im Anstieg leichter zu bewältigen ist als im Abstieg.

Die abweisende Westflanke des Fronalpstocks läßt nicht erkennen, daß von der anderen Seite eine leichte Bergwanderung auf den aussichtsreichen, mit einer Wirtschaft gekrönten Gipfel führt.

23 Chaiserstock

Leichte Bergtour zum höchsten Gipfel der Chaiserstockkette

Leichte Kletterei 1 Tag
2515 m
Mit Kindern ab 14 J.

Eine Bergwanderung mit leichter Kletterei; aufregend, aber ohne Nervenkitzel, ein profilierter Gipfel mit weiter Aussicht, möglichst dicht an der nächsten Autobahnausfahrt – dazu fällt den Zürcher oder Luzerner Bergfreunden vor allem ein Name ein: Chaiserstock. Wer in der Zentralschweiz ein wenig herumgekommen ist, dem muß dieser Chaiserstock schon aufgefallen sein, vielleicht vom Rigi aus oder von der Seebrücke in Luzern. Als scharfgeschnittene Pyramide oder als schlanke Nadel, je nach Blickwinkel, dominiert der Chaiserstock dabei im Süden vor dem hohen Eis der Glarner Alpen. Die Gipfelkette des Chaiserstocks zwischen Riemenstaldener und Schächental ist nach einem einheitlichen Strickmuster aufgebaut: senkrechte Wände im Südosten und lange, sanft auslaufende Rücken im Nordwesten. Deshalb wirken die Berge der Chaiserstockgruppe im Profil ihrer Schmalseiten so ungemein elegant und steil aufgerichtet. Trotzdem sind die Gipfel allesamt einfach zu ersteigen.

Beim Chaiserstock jedoch erhält die Normalroute durch den teilweise zu einer scharfen Felsschneide verengten Nordwestrücken einen besonderen alpinen Reiz. Dank der angebrachten

Talort Riemenstalden, 1030 m; AP Chäppeliberg (Seilbahn nach Gitschen, 1724 m).

Charakter Leichte Bergtour für trittsichere und schwindelfreie Geher, am Gipfel kurze Kletterei (II), fixes Seil. – Beste Zeit: Juli bis Oktober.

Gehzeit Aufstieg 3 Std.; Abstieg $1^1/_2$–2 Std.

Hütten/Gasthäuser Lidernen-H., 1727 m, SAC.

Verlauf Gitschen – Lidernen-H. – Ob. Hüttli – Chaisertor – Chaiserstock.

Varianten Ohne Seilbahnunterstützung von Chäppeliberg in 2 Std. auf die Lidernen-H. Der zweite Hauptgipfel der Chaiserstockkette, der Rossstock, läßt sich von der Lidernen-H. aus über den Nordwestrücken einfach in 2 Std. erwandern.

Karte LKS 246, Klausenpaß, 1:50000.

Drahtseilsicherungen läßt sich dieser Abschnitt aber ohne Streß und beklemmendes Expositionsgefühl genießen. Schwindelfrei sollte man allerdings schon sein, vor allem, wenn man sich den Anstieg zur wichtigen Lidernen Hütte abkürzen und die kleine Seilbahn ab Chäppeliberg benutzen will. Die Fahrt in dem offenen Holzkasten hoch über dem Abgrund ist nicht jedermanns Sache.

Man startet in Riemenstalden im gleichnamigen Tal, das via Axenstraße oder Autobahn N 2 (Abfahrt Flüelen) nicht viel mehr als eine Autostunde von Zürich oder Luzern entfernt liegt. Unabhängiger ist jedoch der, der mit der Bahn anreist und in Sisikon in den Postautobus nach Riemenstalden steigt.
Dem stehen dann – nach der Tour – ab Lidernen Hütte die schönsten Abstiege ins Schächten- bzw. ins Muotatal zur Auswahl. $1^1/_2$ Kilometer taleinwärts von Riemenstalden, in Chäppeliberg (1182 m), beginnt der Weg zur Lidernen Hütte. Er führt größtenteils durch schattigen Wald und nimmt kaum 2 Stunden in Anspruch. Mit der erwähnten Seilbahn ab Chäppeliberg geht es natürlich weit schneller, aber nicht immer erweist sich (siehe oben) der kürzeste Weg auch als der beste!

Oben an der Lidernen Hütte zeigt der Wegweiser noch 3 Stunden bis zum Chaiserstock an, eine Nachmittagstour also, wenn man zeitig dran ist. Von der Hütte leiten die Markierungssteine am Felsobelisk des Schmalstöckli vorbei südostwärts in die bucklige Welt der Liderner Alp. Bald kommt der Chaiserstock in Sicht und wirkt mit seinen Steilwänden unterm Gipfeldach zunächst völlig unnahbar. Später zieht die Wegspur nach links hinüber, und dann zeigt sich auch die schwache Stelle des Berges, nämlich die tiefe Einkerbung des Chaisertors. Sie wird über steilen Schutt erreicht. Dort hat man die schmale Schneide des Nordwestgrates unmittelbar vor sich – mit den steilen Felsabstürzen der Nordost- und Nordwestwände und dem breiten Gipfeldach ein aufregend schönes Bild.

In leichter Kletterei geht es zumeist direkt an der luftigen Gratkante empor,

Nur zu erahnen ist die Schwachstelle im Felsriegel unter dem Chaiserstock. Der zu ihr führende Weg unter der Gipfelwand ist dank des frisch gefallenen Schnees deutlich zu erkennen.

wobei ein langes Drahtseil das nötige Maß an Sicherheit gewährt. Zum Schluß gibt es noch eine massive Eisenkette am letzten Grataufschwung, ehe schließlich ein gutes Dutzend Kehren auf dem geröllbedeckten Gipfeldach zum Gipfelkreuz hinaufführt.

Hier oben stellt es sich dann heraus, ob das Tourentiming stimmt. Denn der schönste Ausblick vom Chaiserstock geht nach Süden, zu dem Eis der Glarner und Urner Hochalpen, die am besten bei Seitenlicht zur Geltung kommen, also frühmorgens oder spätnachmittags.

24 Bälmeten – Hoch Fulen

Ein stiller Aussichtsberg über dem Reusstal

Bergwanderung 1 Tag
2414 m
Mit Kindern ab 14 J.

Mit Begriffen wie »Schaukanzel«, »Aussichtsbalkon« etc. ist die Bergliteratur ziemlich übersättigt, die Häufigkeit ihrer Anwendung reduziert ihre Aussagekraft. Ein Berg, auf den diese Metaphern jedoch vollkommen zugeschnitten sind, ist der Bälmeten über dem Tal der Reuss. Der ganze Aufbau des Berges samt seinem horizontalen Gipfelgrat, steilen Felsfluchten und Schrofen drängt massiv gegen den Taleinschnitt vor und bildet von der Gotthardautobahn aus einen außergewöhnlichen Blickfang. Dabei zählt der Bälmeten bei weitem nicht zu den Großen der Urner Alpen, aber zwischen dem Reussufer und der vorspringenden Gipfelnase liegen immerhin fast 2000 Höhenmeter. Geographisch gehört dieser Bälmeten zur Hoch-Fulen-Gruppe, die als Vorwerk der Windgällenketten den Raum zwischen Schächental, Brunnital und Reuss ausfüllt.

Ihr höchster Gipfel, der Hoch Fulen, überragt den Bälmeten zwar um knapp 100 Meter, ist aber mehr nach hinten versetzt und zeigt nicht solch atemberaubende Tiefblicke. Beiden gleich ist jedoch die unmittelbare Nähe zu den gewaltigen Nordabstürzen um Chli Windgällen, Groß Windgällen und Groß Ruchen sowie die schöne Aussicht zu den Unterwaldener Alpen auf der anderen Seite der Reuss.

Talort Erstfeld, 472 m (Seilbahn nach Ob. Schwandi, 1113 m).

Charakter Einfache Bergwanderung auf meist markierten Wegen, vom Gipfel interessanter Tiefblick ins Reusstal. – Beste Zeit: Juli bis Oktober.

Gehzeit Aufstieg 4–4$^1/_2$ Std.; Abstieg 2$^1/_2$ Std.

Hütten Keine.

Verlauf Ob. Schwandi – Öfeli – Stich – Hoch Fulen – Bälmeter Grat – Bälmeten – Bälmeter Grat – Öfeli – Ob. Schwandi.

Varianten Aufstieg von Haldi, 1079 m (Seilbahn von Schattdorf) über die Nordseite, 4$^1/_2$–5$^1/_2$ Std. Für trittsichere Geher lohnend ist die Rundwanderung vom Bälmeter Grat zum Seewlisee und auf dem Zigerweg nach Öfeli.

Karten LKS 1192, Schächental, 1 : 25 000; LKS 246, Klausenpaß, 1 : 50 000.

Die Arbeitsgemeinschaft für Wanderwege hat diese Hoch-Fulen-Gruppe vortrefflich erschlossen, aus allen Himmelsrichtungen laufen die markierten Routen zwischen Bälmeten und Hoch Fulen zusammen. Am schnellsten erreicht man diese Gipfel natürlich vom Reusstal aus, zumal dort die kleine Bergbahn von Erstfeld nach Schwandibergen den Anstieg um entscheidende 700 Höhenmeter verkürzt. Damit sind beide Berge in den Bereich einer Tagestour gerückt. Empfehlenswert ist die Route Schwandibergen – Öfeli – Hoch Fulen – Grätli – Bälmeten – Öfeli.

Aber zunächst einmal muß man in Erstfeld die winzige Seilbahnstation gefunden und sich mit Hilfe des museumsreifen Kurbeltelefons mit dem Älpler oben in Verbindung gesetzt haben. Nach luftiger Gondelfahrt ist jeder froh, an der Alp Ober Schwandi wieder festen Boden unter den Füßen zu spüren.

Dann geht es in einer langen Hangquerung im Wald südostwärts zum Plattenbach und dahinter in vielen Kleinkehren hinauf zu den Hütten von Ronen. Hier sollte man kurz verweilen, den schönen Anblick des Bristen genießen und Kraft für die folgende Etappe sammeln. Die ist nämlich ziemlich steil, und die Sonne kann den Kessel des Öfeli gehörig aufheizen. Nur Frühaufsteher steigen hier im Schatten auf.

Bei der nächsten Wegabzweigung hält man sich links und gelangt über Weideböden und Geröll in den großen Schuttkessel südwestlich unter dem Hoch Fulen. Dort leiten Pfadspuren rechts gegen den Einschnitt des Stich empor. Schließlich geht es ohne Schwierigkeiten in nördlicher Richtung am P. 2362 vorbei auf das geräumige Gipfeldach des Hoch Fulen. Weiche Graspolster und eine hübsche Rundsicht laden zum Verweilen ein, aber noch steht ja der Bälmeten aus.

Es ist deshalb ratsam, den Gipfelsteinmann beizeiten zu verlassen und sich auf den Weg durch die schuttbedeckte Südwestflanke zum Fuß des Chli Fulen bzw. zum Bälmeter Grätli zu machen. Hier finden sich Wegspuren, die an der Südseite des Bälmeten-Ostgrates bis auf das große Gipfelplateau führen. An dessen westlichem Rand öffnen sich neben dem Gipfelkreuz überraschende Tiefblicke ins Reusstal und zum Urner See.

Zurück ins Öfeli wandern kann man über das Bälmeter Grätli, Lang Biel und den grünen Boden von Bälmeten. Für trittsichere und ausdauernde Wanderer bietet sich ab Stich jedoch die großarti-

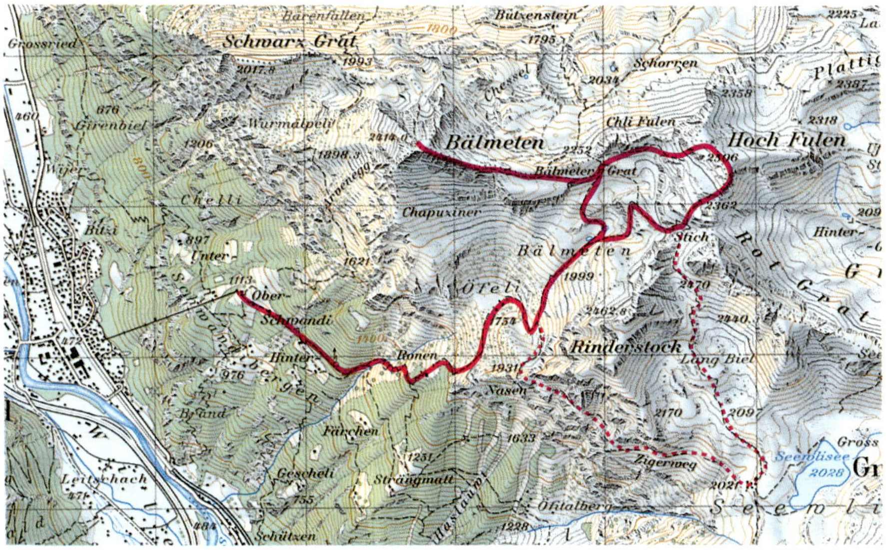

ge Umrundung des Rinderstocks an. Das bedeutet den Abstieg zum Seewli am Sockel des Groß Windgällen und den Rückmarsch auf dem exponierten, teilweise verfallenen Zigerweg ins Öfeli. Von dieser landschaftlich sehr eindrucksvollen Route ist allerdings bei Nässe entschieden abzuraten.

Vom Talboden des Reusstals bis zum Gipfel des Bälmeten sind es über 2000 Höhenmeter. Eine Seilbahn von Erstfeld auf die Alp Ober Schwandi verkürzt allerdings den Höhenunterschied.

25 Huetstock

Hoher Lohn für eine strenge Bergtour

Bergtour 1 Tag
2676 m
Mit Kindern ab 16 J.

Die 20 Kilometer lange Bergkette zwischen Melchtal und Engelberger Tal, die mit dem Stanserhorn über dem Alpnacher See beginnt und am Jochpaß vor dem Titlis endet, zählt ungeachtet der verschiedenen Skilifte und Seilbahnen noch immer zu den stillen Wanderrevieren der Zentralschweiz. Einmal abgesehen vom Stanserhorn, verkörpert dieses Gebiet eher das touristische Hinterland der Fremdenverkehrsmetropole Engelberg.

Der nördliche Teil des Kammzuges bietet Gelegenheit zu beschaulichen Höhenwanderungen wie der großartigen Überschreitung vom Stanserhorn zum Storegg, im südlichen Teil dagegen nehmen die Besteigungen wegen der strengeren Gipfelformen und der größeren Höhe bereits den Charakter leichter Bergtouren an – so zum Beispiel am Huetstock, dem zweithöchsten, aber alpinsten und bedeutendsten Gipfel dieser Kette. Während der Huetstock nordostseitig durch seinen schaufelförmigen Aufbau und die eingelagerten Firnfelder beeindruckt, imponiert er aus anderer Perspektive als charakteristisch geschichteter Felsklotz mit scharfen Gratlinien. Hier verliert sich der Unterschied zwischen Vorbergen und Hochgebirge.

Obwohl die Normalroute über den Juchlipaß bis zum Gipfelkreuz gut markiert ist, sollte sie nicht unterschätzt werden. Trittsicherheit bleibt Grundbedingung, außerdem erfordern die 1700 Höhenmeter ab Engelberg einen langen Atem. Alles in allem ist die Besteigung des Huetstocks also eine Sache für den erfahrenen, ausdauernden Bergwanderer. Der allerdings wird dabei voll auf seine Kosten kommen. Der Huetstock ist nämlich nicht nur ein ansehnlicher Berg, sondern auch ein prächtiger Aussichtspunkt. Der Einblick in den Talkessel von Engelberg samt der berühmten Gipfelumrahmung läßt keine Wünsche offen, und als Zugabe stehen zur anderen Seite im Südwesten die hohen Eisburgen der Berner Alpen aufgereiht.

Talort Engelberg, 1004 m; AP Niederberg (992 m) oder Wang-H. (1340 m, Privatstraße von Engelberg).

Charakter Lange Bergtour, für trittsichere und schwindelfreie Berggeher ohne Schwierigkeiten. Das benachbarte Nünalphorn ist auch für Bergwanderer geeignet. – Beste Zeit: Juli bis Oktober.

Gehzeit Aufstieg 5–6 Std.; Abstieg 3–4 Std.

Hütten Keine.

Verlauf Niederberg – Wang-H. – Stafel – Juchli – Zahm Geissberg – Wild Geissberg (Huetstock).

Varianten Kürzer und einfacher ist die Route vom Juchli auf das benachbarte Nünalphorn (2385 m, 1 Std.). Ein steiler Abstieg führt vom Juchli westlich nach Melchtal (890 m) hinab, $2^1/_2$ Std.

Karten LKS 1190, Melchtal, 1 : 25 000; LKS 245, Stans, 1 : 50 000.

Gewöhnlich besteigt man den Huetstock in einem Zug von Engelberg aus. Nur Outdoor-Spezialisten, die ihre neue Ausrüstung testen wollen, verteilen die Tour auf zwei Tage und biwakieren am Juchli oder bei der Nünalp kurz unterhalb der Paßhöhe. Vom Bahnhof Engelberg orientiert man sich an den gelben Wegtafeln und folgt der Wanderroute Richtung Juchli zum südlichen Ortsausgang bis in die enge Schlucht des Arnilochs. Weiter oben verläßt der Weg das Arniloch durch den Wangtobel und führt an den letzten schattenspendenden Bäumen vorbei zum Gasthaus Arniwang (Wanghütte in der Landeskarte).

Etwas weniger anstrengend ist der Zugang von der Station Gerschinalp über Unter Trübsee, und manch einer kann sicher der Versuchung nicht widerstehen, bis Arniwang mit dem Auto zu fahren. Oberhalb Arniwang leiten die Markierungssteine allmählich hinüber zum Juchligraben, der geradewegs in den Einschnitt des Juchli zwischen Huetstock und Nünalphorn emporzieht. Die letzten 300 Höhenmeter in diesem Geröllschlauch sind trotz Pfadspuren kraftraubend und monoton, die Paßhöhe wirkt da wie eine Befreiung.

Über die breite Terrasse des Schärpfi und ein leichtes Felsband geht es jetzt südwärts zum Vorstegg. Hier zeigt ein roter Pfeil mit den Huetstock-Initialen nach links. Das bedeutet, daß man nun den Markierungen über den Rücken des Zahm Geissberg zu folgen hat. Von diesem Vorgipfel leitet schließlich ein Pfad dicht unterhalb des Verbindungsgrates hinüber gegen den schön geformten Hauptgipfel, dessen höchster Punkt

Gegensätze: Der blendendweiße Titlisgletscher bildet einen auffälligen Kontrast zum Grün der Almen und dem abweisend wirkenden Huetstock.

schließlich über einige Felsstufen erstiegen wird.

Wer sich nach dem langen Juchligraben diesen Huetstock nicht mehr zutraut oder wer an einem Gipfel nicht genug hat, der wähle ab Juchlipaß den kurzen, harmlosen Anstieg nach rechts aufs Nünalphorn. Die Aussicht von dort ist auch nicht zu verachten, und besonders der Huetstock nebenan kommt dabei prächtig zur Geltung.

Für all jene, die in den Bergen noch nicht Sklave ihres Autos geworden sind, bietet sich vom Juchlipaß der interessante Abstieg ins und nach Melchtal an. Dabei besteht die Möglichkeit, vor der Alp Stock rechts zur Bergstation der kleinen Rütialp-Seilbahn abzuzweigen. Das erspart 500 Höhenmeter und lädt zu einem gemütlichen Tourenabschluß in der kleinen Bergwirtschaft ein.

26 Hochstollen – Glogghüs

Leichte Bergtour über dem Melchsee

Bergwanderung 1 Tag
2481 m bzw. 2481 m
Mit Kindern ab 12 J.

Obwaldens beliebteste Ausflugsregion für Skifahrer und Wanderer ist neben Engelberg das große, grüne Alpinparkett Melchsee-Frutt. Der Wanderer schätzt diese Hochalp mit ihren wunderschönen Seen vor allem als Ausgangspunkt für den reizvollen Übergang via Engstlenalp und Jochpaß nach Engelberg.

Neben dieser klassischen Paßwanderung bieten sich rund um Melchsee-Frutt natürlich eine Reihe lohnender Gipfelziele an, die mit ihren felsigen Kulissen das Hochplateau wie ein Amphitheater einfassen. Hier interessieren vor allem die beiden auffälligsten Erhebungen über dem Melchsee, der Hochstollen und Glogghüs.

Der Hochstollen schiebt dabei seinen breiten Felsbug weit gegen den Melchsee vor, während der höhere Glogghüs mit seinem langgestreckten Felskamm mehr auf Distanz bleibt. Beide Gipfel sind überraschend aussichtsreich, wobei der Hochstollen wegen seiner günstigeren Position jedoch die schöneren Einzelbilder zeigt. Den nachhaltigsten Eindruck hinterläßt das Titlismassiv genau über der Achse Melchsee – Tannensee – Engstlensee, aber auch der freie Blick zum Brienzer See und gegen den großen Kranz der Berner Alpen ist von fesselnder Eindringlichkeit.

Für den routinierten, trittsicheren Bergwanderer kommt natürlich nur die Überschreitung beider Gipfel in Betracht, für den Familienausflug mit Kindern sollte man es dagegen beim leichteren Hochstollen belassen. Ausgangspunkt bleibt in jedem Fall die Station Melchsee-Frutt, die durch ein schmales Sträßchen und eine leistungsfähige Kabinenbahn mit der Stöckalp am Ende des Melchtales verbunden ist. Die Benutzung der Bergbahn-Sessellift-Kombination von Wasserwendi (Hasliberg) über Käserstatt zur Hohgsträss spart zwar – bei längerer Anfahrt – von Zürich etliche Höhenmeter ein, aber das Erlebnis ist nicht das gleiche.

Talort Melchtal, 890 m; AP Melchsee-Frutt, 1902 m (Straße von Melchtal oder Seilbahn von Stöckalp im Melchtal).

Charakter Bergwanderung zum Hochstollen, die im weiteren Verlauf beim Übergang zum Glogghüs zu einer leichten Bergtour wird. Der Gipfelanstieg zum Glogghüs erfordert völlige Schwindelfreiheit und Trittsicherheit. Auf beiden Bergen genießt man eine herrliche Aussicht zu den Berner Alpen und zu den Gipfeln rund um den Titlis. – Beste Zeit: Juli bis Oktober.

Gehzeit Aufstieg zum Hochstollen 1½–2 Std.; Übergang zum Glogghüs 1 Std.; Abstieg 1½ Std.

Hütten/Gasthäuser Verschiedene Restaurants am Melchsee.

Verlauf Melchsee-Frutt – Blausee – Abgschütz – Hochstollen – Wit Ris – Fulenberg – Glogghüs – Fulenberg – Wit Ris – Blausee – Melchsee-Frutt.

Varianten Aus dem Haslital (Wasserwendi) führt eine Seil- und Sesselbahn bis Hohgsträss (2119 m) an der Südseite des Hochstollen, von dort noch 30–40 Min. zum Hochstollen und 1 Std. bis zum Glogghüs.

Karten LKS 1210, Innertkirchen, 1:25 000; LKS 255, Sustenpaß, 1:50 000.

Von der Station Melchsee-Frutt bummelt man also ostwärts vor der markanten Felsgestalt des Haupt entlang zum kleinen Blausee und gelangt schließlich in allmählich steiler werdendem Gelände auf gutem Weg in die Einsattelung des Abgschütz an der Nordseite des Hochstollen. An der Westseite des Nordgrates geht es nun problemlos Richtung Gipfel, wobei man einen anregenden Einblick in die Schichtung der Hochstollen-Nordostwand erhält.

Die meisten machen es sich oben am Gipfel auf den weichen Graspolstern bequem, und nur wenige ziehen vom Hochstollen weiter über das waagerechte Gratstück des Fulenberges hinweg Richtung Glogghüs. Letzterer steilt sich beim Näherkommen mehr und mehr zu einer schmalen Schneide auf. Hinter einem kleinen Sattel beginnt dann der eigentliche Gipfelanstieg, der besonders beim ersten steilen Grataufschwung trotz Pfadspuren absolute Trittsicherheit verlangt und bei nassem Gras sehr heikel sein kann.

Oben am Gipfelsteinmann darf man sich dafür mit Stolz ins Gipfelbuch eintragen, das wesentlich dünner ausfällt als am Hochstollen nebenan.

Wer leichte Kletterei nicht scheut, kann jetzt vom Glogghüs über den Südostgrat, die Metzgerchälen und das Rothorn direkt zum Melchsee absteigen. Nichtkletterer hingegen kehren zum Hochstollen zurück, verlassen jedoch – bei trockenem Wetter – bereits am Wit Ris die Kammhöhe und folgen dem Pfad im Zickzack durch die steile Geröllschlucht direkt hinab zum kleinen Blausee.

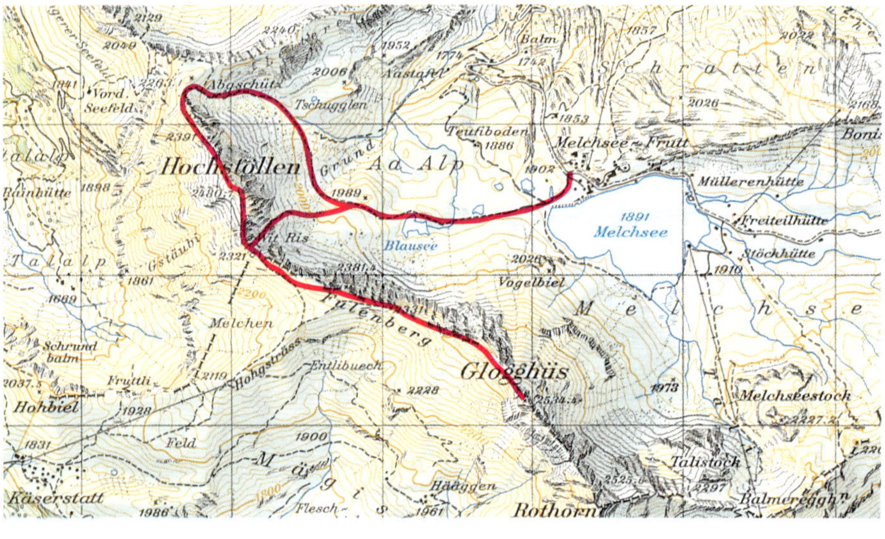

Ideales Wandergelände ist das Gebiet rund um den Melchsee. Rechts oberhalb des Sees, mit dem Schneefleck unter dem Gipfel, der Glogghüs.

27 Brienzer Rothorn

Beliebte Gratwanderung hoch über dem Brienzer See

Bergwanderung 1 Tag
2350 m
Mit Kindern ab 12 J.

Talorte Brienz, 566 m; Zahnradbahn zum Brienzer Rothorn; Sörenberg, 1159 m; Seilbahn zum Brienzer Rothorn. – Brünigen, EP Brünigpaß, 1002 m.

Charakter Bekannte und beliebte Höhenwanderung, die überwiegend bergab führt, an der Nahtstelle von Zentralschweiz und Berner Oberland. Die Wege sind gut markiert und bestens angelegt. Bei drohender Wetterverschlechterung zahlreiche Möglichkeiten zu vorzeitigen Abstiegen ins Tal. – Beste Zeit: Juni bis Ende Oktober.

Gehzeit Abstieg 4 Std.

Hütten/Gasthäuser Auf der Kammlinie keine, ein kleiner Umweg führt jedoch zum Bergrestaurant Schönbüel, 2011 m.

Verlauf Brienzer Rothorn – Arnihaaggen – Höch Gumme – Scheidegg – Wilerhorn – Wiler Alp – Brünigpaß.

Varianten Das Brienzer Rothorn kann auch ab Brienz oder Sörenberg leicht zu Fuß erstiegen werden, zusätzliche Anstiegszeit 3–4 Std. In der umgekehrten Richtung, also vom Brünigpaß zum Brienzer Rothorn, dauert die Wanderung etwa 6 Std.

Karten LKS 1189, Sörenberg und LKS 1209, Brienz, 1 : 25 000.

Freunde der Dampfloknostalgie kennen das Brienzer Rothorn sicher, und manch einer erinnert sich dabei vielleicht an eine Schulreise aus vergangenen Tagen – und an die Schulweisheit, daß nicht der Pilatus, sondern das entlegene Brienzer Rothorn der höchste Berg im Kanton Luzern ist.

An klaren Herbsttagen ist die Kammwanderung vom Gipfel des Brienzer Rothorns bis zum Brünigpaß wegen der herrlichen Tiefblicke zum Brienzer See sogar dem berühmten Gegenstück Schyniger Platte–Faulhorn–First vorzuziehen. Natürlich darf man die Tour auch in umgekehrter Richtung ablaufen, was aber wegen des weit ungünstigeren Höhenprofils kaum gemacht wird.

Die Frage des Ausgangspunktes beantwortet sich für Dampflokfreunde von selbst, aber auch für Autofahrer liegt Brienz günstiger, weil man vom Bünigpaß schneller wieder zum Wagen zurückgelangt. Außerdem – die Zahnradbahn ist länger unterwegs als die Seilbahn von Sörenberg – man sieht und bekommt mehr geboten für sein Geld.

Natürlich läßt sich das Brienzer Rothorn auch zu Fuß gut erreichen. Allerdings ist der direkte Aufstieg von Brienz recht monoton, zudem kostet es drei kraftraubende Stunden zusätzlich, denn vom Seespiegel bis zum Gipfel sind es 1800 Höhenmeter. Vom Bahnhof Kulm benötigt man dagegen nur 10 Minuten zum höchsten Punkt und hat dort oben genügend Zeit, die wahrhaft bezaubernde Aussicht richtig zu würdigen.

Doch das eigentliche Ziel des Tages ist ja nicht der Gipfel, sondern der lange Übergang ostwärts zum Brünig, der mit reichlich 4 Stunden veranschlagt werden sollte. Der ganze Wegverlauf ist bestens markiert, an allen Verzweigungen gut beschildert und an kritischen Stellen gesichert. Die erste Etappe führt 300 Meter hinab ins Widderfeld und gleich darauf 200 Meter empor zum Doppelspitz des Arnihaaggen, der einen interessanten Rückblick zum Rothorn gestattet. Nach dem Abstieg vom Arnihaaggen folgt eine schön geschwungene, schmale, aber nicht exponierte Kammlinie, die bis unter den Gip-

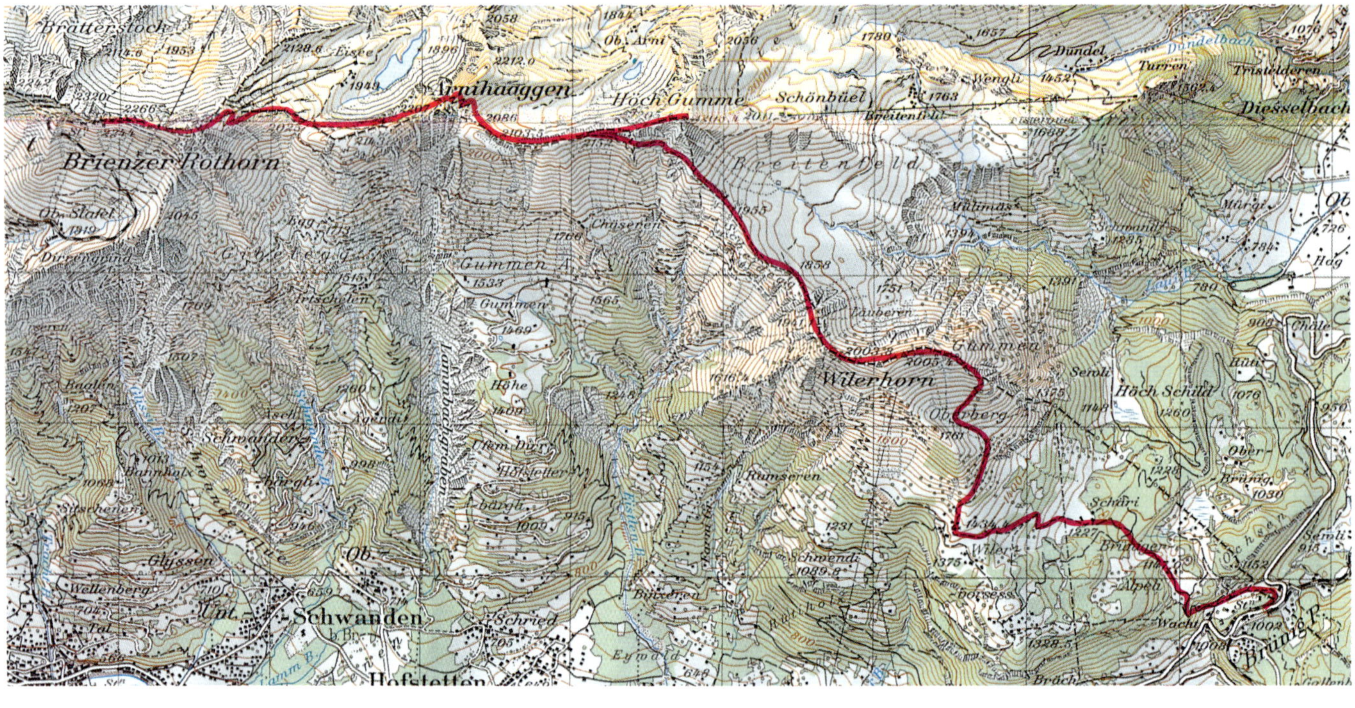

felaufbau der Höch Gumme leitet. Eine Wegabzweigung ermöglicht hier einen kurzen Abstecher auf die Höch Gumme, die wegen ihrer prächtigen Aussicht in die Zentralschweizer Bergwelt unbedingt »mitgenommen« werden sollte.

Der anfangs sanfte Übergang zum gedrungenen Wilerhorn verengt sich am Tüfengrat bzw. am Hörnli zu einer schmalen Gratschneide. Ein solides Drahtseilgeländer bannt aber alle Schwindelgefühle und Ängste. Das breitgelagerte Wilerhorn ist der letzte Gipfel des Tages. Von nun an geht es nur noch bergab, zuerst an Lawinenverbauungen vorbei in die Südostflanke, dann über die Wiler Alp zur Siedlung Totzweg und schließlich im Wald zum nahen Brünigpaß.

Kaum eine Wanderung in der Schweiz bietet einen größeren Schaugenuß als die Kammwanderung hoch über dem Brienzer See vom Brienzer Rothorn zum Brünigpaß.

28 Schrattenflue

Im Labyrinth der Karrenfelder

Bergwanderung 1 Tag
2092 m
Mit Kindern ab 12 J.

Talort Sörenberg, 1159 m; AP Berggasthaus Schlund, 1477 m (Straße von Südel 2 km nordwestlich von Sörenberg).

Charakter Anspruchsvolle Bergwanderung in alpinem Gelände. Die einzelnen Wegabschnitte sind gut markiert, bei Nebel können jedoch in den unübersichtlichen Karrenfeldern Orientierungsprobleme auftreten. – Beste Zeit: Mitte Juni bis Ende Oktober.

Gehzeit Aufstieg 3–3$^1/_2$ Std.; Abstieg 2–2$^1/_2$ Std.

Hütten Keine.

Verlauf Berggasthaus Schlund – Chlus – Schibengütsch – Hengst – Heidenloch – Hächlen – Heidenloch – Silwängen – Berggasthaus Schlund.

Karten LKS 1189, Sörenberg, 1 : 25 000; LKS 244, Escholzmatt, 1 : 50 000.

Die Schrattenflue ist die geologisch interessanteste und auffälligste Erhebung zwischen Entlebuch und Brienzer See. Von Osten wirkt dieser Berg wie eine riesige, schräg gestellte Kalkplatte, die inmitten grüner Voralpengipfel besonders ins Auge sticht. Hier hat sich ein ausgedehntes Karrenfeld gebildet, eine typische Errosionsform des Kalk, die durch langsame Auswaschung durch kohlensäurearmes Regenwasser entsteht. Zurück bleibt eine öde, trockene Felsfläche mit Rillen und furchenartigen Karren, die wegen ihrer tiefen Klüfte und messerscharfen Kanten nur mühsam zu begehen ist.

Die alten Sagen des Entlebuch geben für das Naturwunder der Schrattenflue allerdings eine ganz andere Erklärung. Danach lag hier einst die schönste Alp der ganzen Gegend. Aufgrund eines bösen Fluches erschien jedoch eines Tages der Teufel, zerriß die prächtige Weide und kratzte alle Erde weg. Die Spuren dieser teuflischen Krallen sind heute noch in dem nackten, geriffelten Fels zu sehen. Auch um die Höhlen der Schrattenflue, insbesondere das Schibeloch am Schibengütsch, ranken sich zahlreiche Mythen und Legenden.

Das Gebiet der Schrattenflue steht unter Naturschutz und gilt als Landschaft von nationaler Bedeutung. Die Karrenfelder der Schrattenflue kulminieren in einem 10 Kilometer langen Gipfelkamm, der im Süden mit dem Schibengütsch am Kemmeriboden beginnt und mit dem Tällen über dem Tal der Waldemme endet. Die beiden höchsten Erhebungen sind der Hengst und der knapp einen Meter niedrigere Hächlen. Beide Gipfelpunkte bieten eine hervorragende Aussicht zur langen Kette der Berner Alpen und auf die tief gestaffelte Berglandschaft rings um den Vierwaldstätter See.

Ostwärts reicht der Blick bis zum Glärnisch, und ganz weit im Westen ist zwischen Wildstrubel und Wildhorn vom Hächlen aus sogar der Montblanc zu erkennen. Falls kein Neuschnee die Karrenfelder bedeckt oder Nebel die

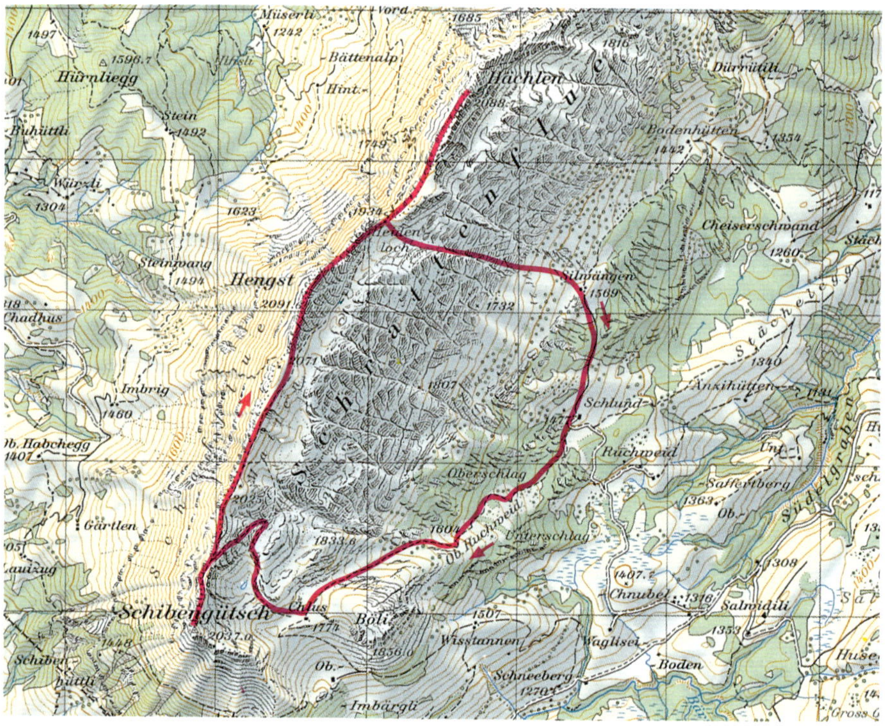

Orientierung erschwert, lassen sich der Schibengütsch, der Hengst oder der Hächlen von Osten her leicht ersteigen. Die Wanderrouten sind gut markiert, Wegweiser stehen an allen wichtigen Knotenpunkten, und die Schweizer Landeskarte gibt das Gelände sehr plastisch wieder.

Von Südelhöchi, kurz vor Sörenberg im Tal der Waldemme gelegen, benötigt man zu den drei genannten Gipfelpunkten jeweils 3 bis 4 Stunden. Wer indes einen der höher gelegenen Ausgangspunkte anfährt, zum Beispiel das Kurhaus Salwidili oder noch besser das Berggasthaus Schlund, der kann die Überschreitung aller drei Aussichtspunkte gut an einem Tage schaffen – und zwar am besten in der Reihenfolge Schibengütsch – Hengst – Hächlen.

Die Straße zum Gasthaus Schlund ist gut ausgebaut, im Spätherbst allerdings droht die Anwesenheit des Militärs, die Tourenpläne und die Ruhe empfindlich zu stören. Von Schlund führt ein guter Weg über die Ober Ruchweid und an der Kuppe des Böli vorbei nach Chlus. Den Markierungen folgend, geht es nun nordwestwärts zu einem winzigen Bergsee, später auf Karrenfeldern zur Höhe des Nordgrates und schließlich links hinüber zum Schibengütsch, der markanten Südschulter der Schattenflue. Von hier sieht man bei klarem Wetter das Häusermeer von Bern.

Der Übergang zum Hengst ist gut markiert und gestaltet sich einfach. Das Türstenhäuptli wird dabei rechts umgangen, dann folgen ein horizontales, begrüntes Kammstück, ein kurzer Abstieg zum Sattel P. 2052 und die Überschreitung von fünf harmlosen, kleinen Grathöckern, denen man aber auch an der Ostseite ausweichen kann. Vom Gipfelkreuz des Hengst leitet ein markierter Steig über Karstflächen hinab ins grüne Heidenloch und führt anschließend auf der Scheitelhöhe des Südwestgrates ganz ohne zeitraubende Klettereinlagen weiter zum Hächlen.

Zurück am Heidenloch benutzt man im Rückweg die ausgeschilderte Route mitten durch die große, graue Karrenlandschaft bis zur Alp Silwängen. Hier empfängt den Wanderer wieder üppiges Grün, und durch den Wald geht es schließlich hinab zum Berggasthaus Schlund.

Blick von Nordosten auf die frisch verschneiten weiten Karrenfelder der Schrattenflue, in Bildmitte links der Scharte des Hengst.

29 Hohgant

Verschiedene Wege zum Furggengütsch

Bergwanderung 1 Tag
2197 m
Mit Kindern ab 14 J.

Talorte Schangnau, 930 m; AP Brücke über die Emme (P. 913) bzw. Hinter Hübeli (1092 m, ab Kemmeriboden Bad mautpflichtig) an der Straße ins Bumbachtal. – Habkern, 1055 m; AP Speicher, 1675 m, Zufahrt von Habkern, ab Schwendi gebührenpflichtig.

Charakter (B) und (C) unschwierige Bergwanderungen vor eindrucksvollen Voralpenkulissen, bei (A) absolute Trittsicherheit erforderlich, die Route (C) führt durch eine freundliche, offene Landschaft. – Beste Zeit: Mitte Juni bis Oktober, (B) und (C) bereits Anfang Juni.

Gehzeit (A) und (B) Aufstieg $3-3\frac{1}{2}$ Std.; Abstieg $2-2\frac{1}{2}$ Std. – (C) Aufstieg 2 Std.; Abstieg 1 Std.

Hütten/Gasthäuser Private SAC-Hütte der Sekt. Emmental für Selbstversorger am P. 1805 an der Südseite des Furggengütsch.

Verlauf (A) P. 913 – Sänggenmattschwand – Luterschwändi – Furggengütsch. – (B) Hinter Hübeli – Schärpfenberg – Hohlaub – Furggengütsch. – (C) Speicher – Allgäuli – Hohlaub – Furggengütsch.

Variante Wer 2 Tage Zeit hat, der verbinde den Zugang zum Hochgant mit der Überschreitung des ungemein aussichtsreichen Augstmatthorns. Ausgangspunkt hierfür ist entweder Niederried am Brienzer See oder die Seilbahnstation Harderkulm oberhalb von Interlaken.

Karten LKS 244, Escholzmatt und LKS 254, Interlaken, 1 : 50 000.

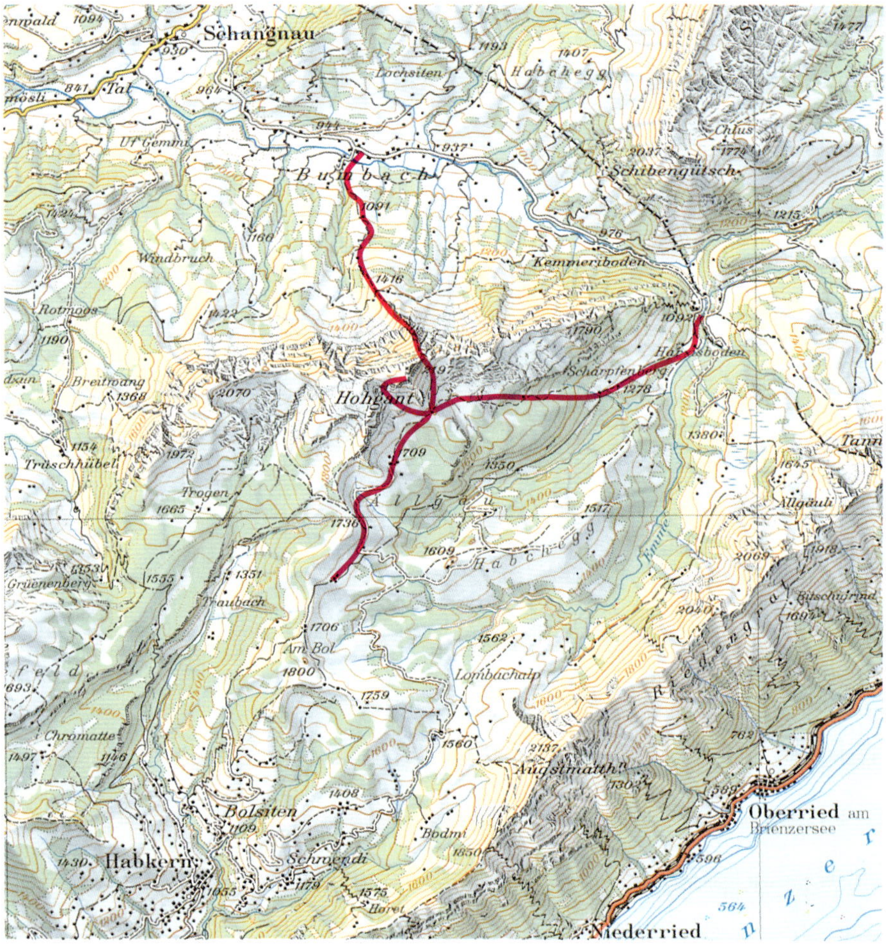

Pilatus, Schrattenflue, Brienzer Rothorn und Hohgant sind die vier bedeutendsten Bergstöcke zwischen dem Entlebuch und dem Brienzer See. Aus diesem Gipfelquartett ist der Name Hohgant nur einem kleinen Kreis von Kennern ein Begriff, steht der Berg doch, nach außen abgeschirmt, ganz im Inneren der sogenannten Emmentaler Alpen. Gleich einem mächtigen Querriegel beherrscht der Hohgant dort das Quellgebiet der Emme, die an seiner Südostseite entspringt und sich in der wildromantischen Bockenschlucht bei Kemmeriboden den Weg um den Berg herum nach Nordosten sucht.

Der Bergwanderer findet hier eine faszinierende Landschaft vor, die auf engstem Raum das Unnahbare und das Liebliche miteinander vereint. Markierte Wege umspannen das ganze Massiv, und der höchste Punkt, der Furggengütsch, läßt sich von Süden wie von Norden auf bezeichneten Routen, die nur ein bißchen Trittsicherheit verlangen, leicht ersteigen.

Wer von Zürich kommt, dem liegt – was die Anreisekilometer betrifft – zunächst einmal die alpinere Nordseite des Hohgant näher. Aus dem Entlebuch führt eine Straße bis Kemmeriboden im Bumbachtal. Sie darf bei Bedarf und gegen Gebühr auch bis zur Mürenbachbrücken befahren werden. Das Postauto verkehrt allerdings nur bis Kemmeriboden Bad, gut 1200 Höhenmeter unter dem Gipfel.

Wer schwindelfrei ist, darf sich den direkten Anstieg von Norden zutrauen. Er zieht als steiler und exponierter Pfad in großartiger Umgebung über den Sporn der Luterschwändiegg zum Nordostgrat und um diesen herum durch die Ost- bzw. Südflanke zum Gipfel. Das kostet ab Bad Kemmeriboden bzw. von der Brücke (913 m) im Bumbachtal gut $3\frac{1}{2}$ Stunden. Diesen Anstieg sollte man allerdings nur bei trockenem Wetter wählen.

Sicherer ist dagegen die Umgehung des Berges an der Ostseite. Dazu folgt man ab Kemmeriboden dem Sträßchen bzw. dem Verlauf der Emme taleinwärts bis Hinter Hübeli, orientiert sich dort an

den Wegweisern und gelangt über Schärpfenberg auf schönen Waldwegen bis unter die südseitige Felsbarriere des Fürggengütsch. Diese wird an einer Stelle durch einen breiten, couloirartigen Einschnitt unterbrochen. Darin zieht der Pfad inmitten einer herrlichen Felslandschaft, vorbei an bizarren Türmen und Wänden, im Zickzack gegen den Sattel (P. 2117) empor. Zuletzt geht es nach rechts am Vorgipfel vorbei zum höchsten Punkt, der mit einer Ansammlung stattlicher Steinmänner aufwartet.

Dieser Südanstieg ist natürlich auch von Habkern im Berner Oberland aus zugänglich. Ein Alpsträßchen führt – ab Schwendi taxpflichtig – am vorgelagerten Bolberg hinan bis Speicher (1675 m). Hier trifft man auf den von Habkern emporziehenden Wanderweg, der über die Grünmatten des Allgäu zum Einstieg in das schon erwähnte, breite Couloir der Südflanke leitet. Auf diese Weise benötigt man vom Auto aus 2 Stunden, ab Habkern dagegen 4 Stunden bis zum Gipfel.

Nach dem Anstieg in der Westflanke besteht die Möglichkeit, entweder nach Bolsiten zu wandern und in der kleinen privaten SAC-Hütte der Sektion Interlaken zu nächtigen oder gegen die Südseite des Hohgant anzusteigen und die Blockhütte Hohgant direkt am Bergfuß (P. 1805) aufzusuchen. Den Schlüssel für die Hütte in Bolsiten gibt es gleich nebenan im Bauernhaus. Was das Blockhaus Hohgant betrifft, so erkundige man sich vor der Tour bei der SAC-Sektion Emmental. Zur Not tut es allerdings auch eine komfortable Übernachtung im Kur- und Sporthotel Habkern . . .

Bilderbuchschweiz unter den schroffen Westabstürzen des Hohgant: Hier vereinigt sich das Liebliche mit dem Unnahbaren.

30 Fürstein

»Stiller« Aussichtsberg zwischen Glaubenberg und Waldemme

Bergwanderung 1 Tag
2040 m
Mit Kindern ab 10 J.

Die Berge südlich des Entlebuch beiderseits der Waldemme stehen touristisch gesehen alle ein wenig im Schatten des Pilatus oder des Brienzer Rothorns. Sie zeigen von weitem keine respektheischenden Formen, und es führen keine Bergbahnen zu ihren Gipfeln. Man muß um dieses stille Bergrevier wissen, sonst fährt man als erholungssuchender Großstädter aus Zürich oder Bern ein Leben lang ahnungslos daran vorüber. Wer diese lieblich-herbe Voralpenlandschaft jedoch erst einmal kennengelernt hat, der kommt immer wieder, bis auch der letzte Winkel erwandert und der entlegenste Gipfel erstiegen ist.

Den Gegensatz von lieblich und herb, von sanft und schroff vermitteln vor allem die Gipfelformen. Einer weich modulierten, begrünten Südostseite steht meist ein steiler Felsabbruch an der Stirnseite gegenüber. Diese charakteristischen, teilweise kilometerlangen Fluren prägen das ganze Gebiet. Ein typischer Vertreter solcher Pultdächer ist der Fürstein, höchste Erhebung zwischen Waldemme und Glaubenbergpaß. Von Pilatus und Brienzer Rothorn

Talorte Entlebuch, 725 m, bzw. Sarnen, 471 m; AP Paßhöhe der Glaubenbergstraße, 1543 m. – Flühli, 883 m; AP Bergrestaurant Stäldili, 1373 m.

Charakter Einfache Bergwanderung in freundlich grüner Voralpenlandschaft, weites Gipfelpanorama. – Beste Zeit: Juni bis Ende Oktober.

Gehzeit (A) Aufstieg $2^1/_2$ Std.; Abstieg $1^1/_2$ Std. – (B) Aufstieg 2–$2^1/_2$ Std.; Abstieg $1^1/_2$ Std.

Hütten Keine.

Verlauf (A) Glaubenbergpaß – Schnabel – Sewenegg – Ob. Sewen – Fürstein. – (B) Bergrestaurant Stäldili – Alp Fürstein – Ob. Sewen – Fürstein.

Variante Der direkte Anstieg von Flühli via Chragen, Guggenen, Grön und Wasserfallenegg über die Nordwestflanke ist interessant, aber auch anspruchsvoller als die Normalroute von Süden.

Karte LKS 244, Escholzmatt, 1:50 000.

etwa gleich weit entfernt, bietet der Fürstein eine bemerkenswert ausgedehnte Rundsicht. Sie reicht vom Säntis in der Ostschweiz bis zu den Waadtländer Alpen. Vor allem Blumenfreunde kommen am Fürstein auf ihre Kosten, finden sich doch an der Südostabdachung seltene Pflanzen.

Autofahrer beurteilen die Berge allerdings mehr nach ihrer Infrastruktur, und auch da schneidet der Fürstein nicht schlecht ab. Der Glaubenbergpaß im Osten oder die Straße von Flühli zum Restaurant Stäldili im Süden gestatten eine rasche Anfahrt bis zum Fuß des Berges. Von beiden Ausgangspunkten läßt sich der Gipfel bequem an einem Vormittag erwandern. Für die meisten Fürsteinbesucher beginnt die Tour beim großen Parkplatz auf der Scheitelhöhe des Glaubenbergpasses. Speziell im Herbst sind hier allerdings unter der Woche Schießanzeigen zu beachten, an Wochenenden überläßt das Militär stets den Wanderern das Terrain.

Über den Weg zum Fürstein gibt es nicht viele Worte zu verlieren. Ein Alpsträßchen führt südwestwärts nach Schnabel und steigt dann in einer großen Kurve zum Ausläufer des Sewenegg empor. Alles weitere sieht man jetzt auf einen Blick: das hübsche Sewenseeli, die weite Sewenalp und die sanfte Südostabdachung des Fürsteins.

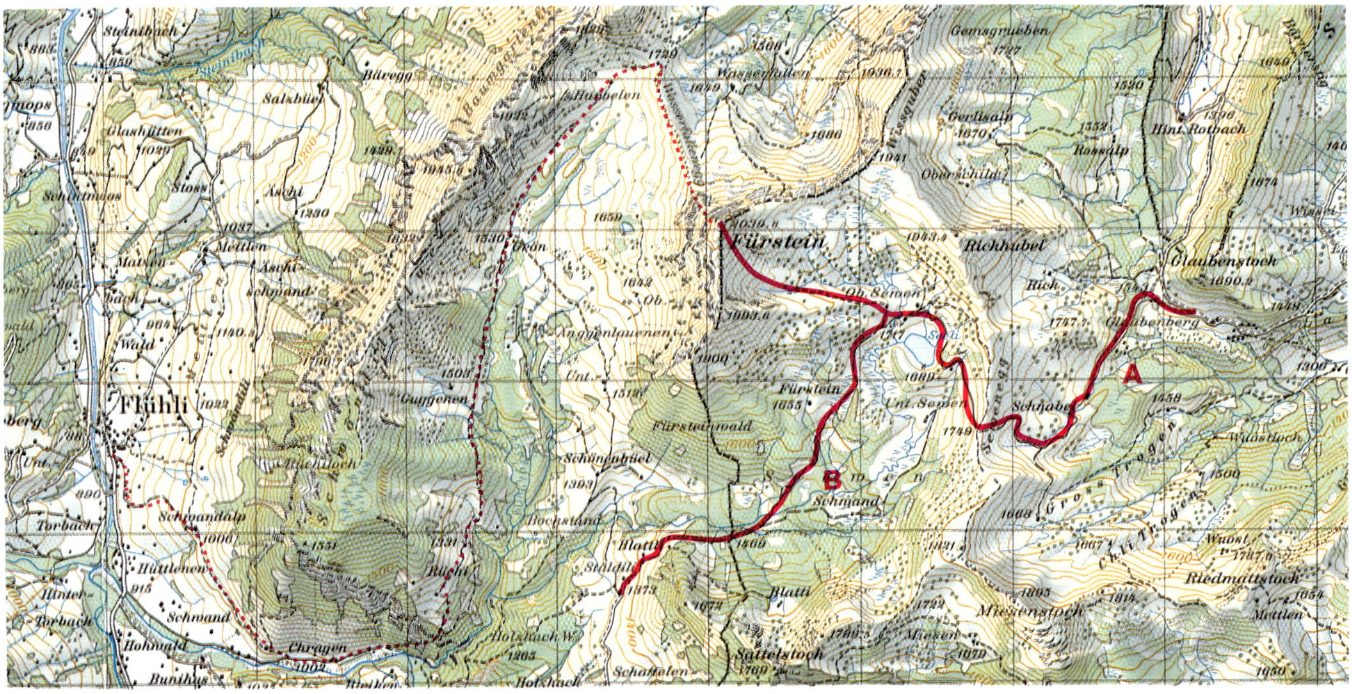

Die Route quert oberhalb des ovalen Bergsees zur kleinen Alpkapelle und trifft bei der Alp Ober Sewen mit dem vom Stäldili heraufziehenden Weg zusammen. Nun geht es entweder durch die große Mulde zwischen dem Fürstein und dem P. 1994 aufwärts zum höchsten Punkt oder am ausgeprägten Kammrücken empor zum Vorgipfel P. 1994 und weiter über den leichten Verbindungskamm hinüber zum Hauptgipfel. Beide Varianten sind markiert und gänzlich unschwierig.

Vom Restaurant Stäldili erreicht man Ober Sewen auf schönen Waldwegen an der wasserreichen Südseite des Fürsteins. Dabei ist das letzte Stück im sumpfigen Gelände nur dank eines Knüppeldammes trockenen Fußes zu bewältigen. Wer es am Fürstein etwas alpiner mag, der benutze den Anstieg vom Wasserfallenegg durch die steile Nordwestflanke. Mit Wasserfallenegg wird die Einsattelung zwischen Schafmatt und Fürstein bezeichnet, die von Flühli auf einem sehr interessant angelegten Wanderweg längs der Schwändiliflue und über die Schlucht des Chessilochs via Hinter Rüchi und Grön erreicht wird.

In einem weiten Bogen zieht sich die Abbruchkante der schräggestellten Kalkscholle durch das Bild. Der Anstieg auf den Fürstein (Bildmitte) führt vom Gasthaus Stäldili über offene Almlandschaft auf den Gipfel. Im Hintergrund der Pilatus.

Der Gipfelanstieg erfolgt dann auf einem schmalen, begrünten Rücken, der sich zuletzt in einem felsdurchsetzten Steilhang verliert. Hier ist Trittsicherheit oberstes Gebot, auch wenn Pfadspuren das Emporkommen erleichtern: bei Nässe oder Neuschnee meiden!

31 Napf

Im Schnittpunkt zahlreicher Waldrücken

Bergwanderung 1 Tag
1408 m
Mit Kindern ab 6 J.

Talorte Menzberg, 1016 m, Postauto von Menznau. – Romoos, 791 m, Postauto von Wolhusen.

Charakter Beschauliche Familienwanderung zum höchsten Gipfel des Mittellandes zwischen Luzern und Bern. Auf der Gipfelkuppe phänomenale Ausblicke zur Alpenkette und übers Mittelland gegen Jura und Schwarzwald. –
Beste Zeit: Frühjahr und Herbst.

Gehzeit (A) Aufstieg 3–3½ Std.; Abstieg 1½–2 Std. – (B) Aufstieg 3½–4 Std.; Abstieg 2–2½ Std.

Hütten/Gasthäuser Gipfelgasthaus Napf, 1408 m, priv.

Verlauf (A) Menzberg – Oberlehn – Ob. Waldegg – Gmeinalp – Hengst – Napf. – (B) Romoos – Holzwegen – Mettenberg-egg – Stächelegg – Napf.

Varianten Der Napf läßt sich aus allen Himmelsrichtungen erwandern. Dabei lassen sich zahlreiche Überquerungen kombinieren. Einzelheiten dazu zeigen die unten genannten Wanderkarten.

Karten LKS 234, Willisau, 1 : 50 000; Kümmerly & Frey Wanderkarte Luzern und Emmental/Oberaargau, jeweils 1 : 60 000.

Das Napfgebiet nördlich von Emmental und Entlebuch zählt zu den waldreichsten Regionen des Schweizer Mittellandes. Tief eingeschnittene Seitentäler, hier Gräben genannt, und schön gewellte, sternförmig auseinanderstrebende Höhenzüge charakterisieren diese Landschaft. Im Zentrum dominiert der kahlköpfige Napf, der als höchster Punkt zwischen Jura und Alpenkette eine wirklich einzigartige Rundsicht beschert.

Die Wanderer finden hier ein vortrefflich beschildertes Wegenetz, das die Täler und Höhen nach allen Richtungen hin überspannt. Die Anmarschrouten und Anstiege zum Napf selbst führen zumeist über die Kammrücken, weil die Gräben zum Zentrum hin immer enger und schluchtartiger werden und nicht selten vor steilen Nagelfluhbänken enden.

Das kleine, malerische und gut 1000 Meter hoch gelegene Menzberg ist einer der schönsten Ausgangspunkte für Napfwanderungen. Man steigt hier an der Nordseite des Napfgebietes nämlich Schritt für Schritt aus der Ebene empor und spart sich den überraschenden Anblick der Alpenkette bis ganz zuletzt auf. Und weil die Bahnverbindung von Zürich über Luzern, Wolhusen und Menznau zum Postauto nach Menzberg so gut klappt, sollte der eigene Wagen dieses Mal zu Hause bleiben.

Von Menzberg bzw. von der letzten Haltestelle vor dem Dorf (Parkplatz) geht es den gelben Wegtafeln folgend nach Oberlehn und zur Scheitelhöhe des großen, vom Hengst nordostwärts

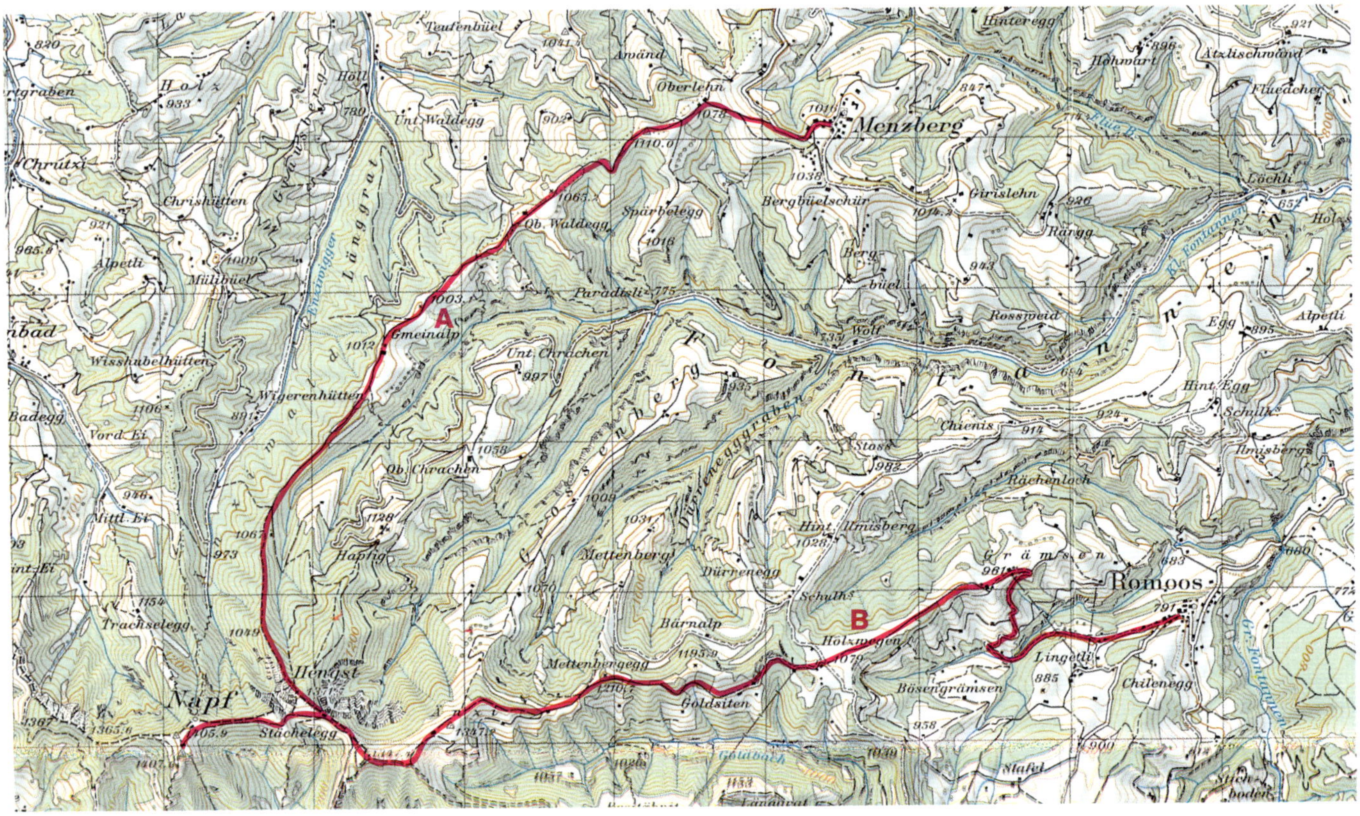

ziehenden Seitenkammes. Man wandert zunächst über freies Weidegelände und freut sich über das Formenspiel der grünen Kuppen ringsum. Erst hinter dem Gitzichnubel verschwindet der Weg im Wald und steilt sich gegen den Hengst allmählich stärker auf.

Vor dessen Gipfelaufschwung wird das Gelände so abschüssig, daß die Wanderroute nach links ausweicht und im Bogen um dem Hengst herum zum Wegknotenpunkt Stächelegg leitet. Nur Bergerfahrene mit solidem Schuhwerk dürfen den Hengst auf schmalem Pfad dicht an den Nagelfluhklippen vorbei direkt überschreiten.

Vom Stächelegg ist es dann noch $^1/_4$ Stunde bis zur kahlen Gipfelkuppe des Napf. Wer sich sattgesehen hat an der langen Alpenmauer im Süden, an der Jurakette und den Schwarzwaldhöhen im Norden und dem sanft gewellten Mittelland davor, der kann anschließend im Napf-Gasthaus für sein leibliches Wohl sorgen.

Für den Benutzer öffentlicher Verkehrsmittel zeigt die große Wanderkarte neben dem Gasthaus eine Reihe vortrefflicher Abstiegsmöglichkeiten. Beliebt sind vor allem die Wege über den Langgrat nach Entlebuch, über den Chrüzboden nach Escholzmatt oder über Hochänzi und Geissgratflue zur Lüderenalp bzw. nach Langnau im Emmental. Alle Routen sehen auf der Karte verlockend aus, und sie halten, was ihre klangvollen Namen versprechen!

Sommerlicher Morgendunst modelliert die Strukturen des Waldkammes. Der Gipfel des Napf in der Mitte wird von einem Haus gekrönt.

32 Rophaien

Hoch über dem Urner See

Bergwanderung 1 Tag
2078 m
Mit Kindern ab 12 J.

Mit dem Rophaien endet die vielgipfelige Chaiserstockkette westwärts jäh über dem Urner See. Sichtbares Zeichen dieser exponierten Randlage ist das riesige Gipfelkreuz, das im Sonnenlicht bis weit auf den See hinausblinkt und zwischen Erstfeld und Flüelen jedem heimreisenden Zürcher Autofahrer vor Augen steht. Exponiert und steil wirkt dieser Rophaien allerdings nur von Westen und Süden, wo er mit dichtem Waldpelz, Fluhen und breiten Felsgürteln Sisikon und Flüelen überragt. Nach Norden hingegen zeigt der Berg die für alle Gipfel der Chaiserstockkette charakteristische pultförmige Abdachung.

Ob seiner herrlichen Aussichtslage ist der Rophaien natürlich das Ziel mehrerer Wanderrouten, die in Flüelen, in Sisikon oder im Riemenstaldener Tal ihren Ausgang nehmen. Als bequemster und vielleicht schönster Anstieg darf der aus dem stillen Riemenstaldener Tal gelten, das via Axenstraße vom Ostufer des Urner Sees oder der SBB-Station Sisikon gut zu erreichen ist.

Man starte im Dörfli Riemenstalden, beim Restaurant Chaiserstock, und lasse sich nicht aus Bequemlichkeit dazu verleiten, die für den Privatverkehr gesperrte Alpstraße nach Alplen zu benutzen.

Am südseitigen Talhang geht es auf den ersten 300 Metern im schattigen Bergwald kräftig bergan bis zu den Hütten und Höfen von Alplen. Hier lockert der Wald auf, und auf den nächsten 200 Höhenmetern führt der beschilderte Weg durch den Wiesenkessel von Alplen zu dem malerisch unter dem Holzerstock gelegenen Alpler See. Seine Wasserfläche vermag gerade das Spiegelbild des schroffen Holzerstocks einzufangen, bildet aber gleichwohl eine Perle der Landschaft – und einen willkommenen Rastplatz.

Talort Sisikon, 446 m; AP Riemenstalden im gleichnamigen Tal, 1030 m.

Charakter Bergwanderung auf spärlich markierten und im Gipfelbereich steilen Pfaden. Bei Nässe ist am obersten Nordwestgrat Vorsicht geboten. – Beste Zeit: Mitte Juni bis Ende Oktober.

Gehzeit Aufstieg 3–3 1/2 Std.; Abstieg 2 Std.

Hütten Keine.

Verlauf Riemenstalden – Alplen – Alpler See – Rophaien.

Varianten Von Riedberg im Riemenstaldner Tal kann man versuchen, durch die Benutzung der Älplerbergbahn zur Alp Butzen den Aufstieg um 1 Std. zu verkürzen. Ein großartiger und stellenweise anspruchsvoller, 5stündiger Aufstieg führt von Flüelen am Urner See durch die steile Südwestflanke zum Gipfel. Eine schöne Fortsetzung der Tour bietet die lohnende Gratwanderung zum Diepen (2222 m), 1 Std.

Karten LKS 1172, Muotatal, 1 : 25 000; LKS 5008, Vierwaldstätter See, 1 : 50 000.

Weiter steigt der stellenweise unterbrochene Pfad durch Gebüsch und Geröll am Sockel des Holzerstocks eine dritte Hangstufe empor zur Alp Stock, wo endlich der Rophaien selbst in Sicht kommt. In seiner begrünten Nordwestflanke verläuft nun der Rest des Anstiegs, der Gipfel wird zum Schluß über den Rücken des Nordwestgrates erreicht. Und oben ist die Überraschung perfekt, steht man doch plötzlich 1600 Meter über dem Wasserspiegel des Urner Sees.

Trotz ihrer einseitigen Ausrichtung vermag die Aussicht vom Rophaien an klaren Tagen jeden zu begeistern. Man überblickt souverän den Kanton Uri, verfolgt den Schiffsverkehr auf dem buchtenreichen Vierwaldstätter See und ist bezaubert vom Firnglanz der Uri-Rotstock-Gruppe vis-à-vis.

Wer für den Rückweg alpinere Akzente setzen will, der folge vom Rophaien dem Verbindungsgrat ostwärts hinüber zum Diepen. Diese Gratwanderung über den Roten Chopf und das Äbneter Stückli hinweg erfordert nur an einer Stelle etwas Vorsicht, ansonsten gelangt man leicht in den Sattel beim P. 2028 vor dem Aufschwung des Diepen. Hier ist es eine Frage der bergsteigerischen Ambitionen, diesen Gipfel noch »mitzunehmen« oder gleich durch die große Mulde der Äbnet-Alp nach Alplen abzusteigen.

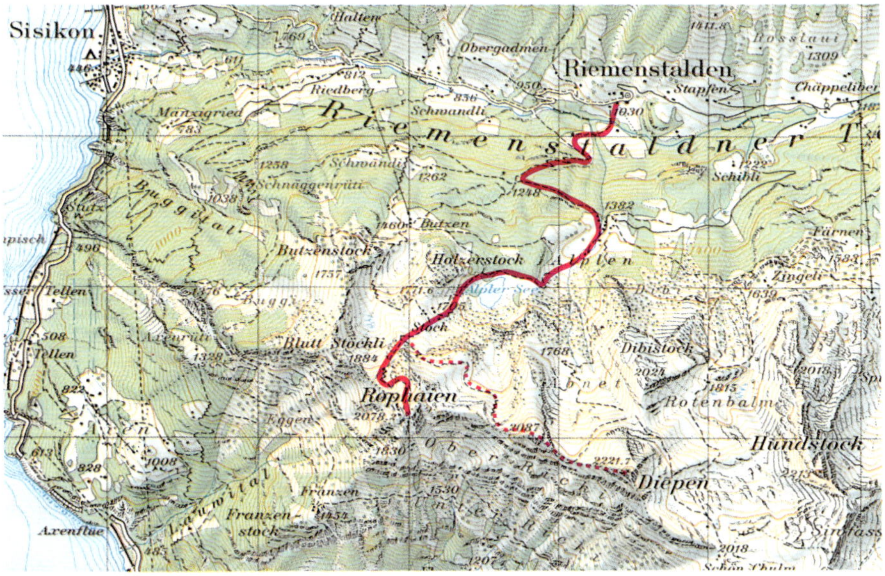

Hoch überragt der Rophaien den idyllischen Ort Flüelen am Vierwaldstätter See und präsentiert seine Südwestflanke. Der Anstieg auf den aussichtsreichen Gipfel führt durch die abgewandte Nordseite.

33 Spitzmeilen

Vom Zigerbödeli auf den schwarzen Zuckerhut

Leichte Bergtour 1 Tag
2501 m
Mit Kindern ab 12 J.

Ein kleiner Gipfel mit großer Ausstrahlung ist der Spitzmeilen, der als kecker Zuckerhut über dem Flumserberg thront. Dieser Zuckerhut entpuppt sich beim Näherkommen als verwitterte Ruine auf einem breiten Kegel, aber das schmälert die Faszination des Anblicks keineswegs. Der 20 Meter höhere Magerrain nebenan bildet im Gegensatz dazu mit seiner breiten Gestalt keinen markanten Gipfel, keinen Blickfang und auch keinen Touristenmagneten. Alles, was in der Flumserbergbahn zum Maschgenkamm hinaufgeschwebt ist, besitzt in der Tat nur Augen für den Spitzmeilen, denn zu dieser eigenartigen Silhouette gibt es weithin nichts Vergleichbares hier.

Wäre da nicht auf den letzten 80 Höhenmetern die leichte Kletterei am Gipfelturm, ginge es oben auf dem Bergfirst womöglich drunter und drüber. So jedoch hat die Natur eine gewisse Vorauswahl getroffen. Nur-Bergwanderer sollten sich deshalb besser mit dem benachbarten Weissmeilen (Wissmilen) begnügen. Von dort präsentiert sich der Spitzmeilen übrigens von seiner besten Seite – nicht zuletzt deshalb ist der Rundblick vom Wissmeilen dem vom Spitzmeilen vorzuziehen. Denn der zeigt wegen der umliegenden Hochflächen viel »leeres« Gelände.

Talort Flums, 453 m; AP Tannenbodenalp (Seilbahn bis kurz unter den Ziger, 2000 m).

Charakter Bis zum Gipfelaufbau leichte Bergwanderung, am Gipfel kurze und leichte Kletterei, Trittsicherheit erforderlich. – Beste Zeit: Juli bis Oktober.

Gehzeit Aufstieg 3 1/2–4 Std.; Abstieg 2 1/2 Std.

Hütten/Gasthäuser Spitzmeilen-H., 2087 m, SAC.

Verlauf Ziger – Fursch – Spitzmeilen-H. – Schönegg – Spitzmeilen.

Varianten Die Spitzmeilen-H. läßt sich auch ohne Seilbahn-Unterstützung erreichen, 2 1/2 Std. aus dem Schilstal. – Als Abstieg eignet sich auch folgende Route: Den Spitzmeilen nördlich oder südlich einfach queren und auf den Wissmilen (2483 m), Abstieg noröstlich über steilen Schutt zur Spitzmeilen-H., 1 1/2–2 Std.

Karten LKS 1154, Spitzmeilen, 1:25000; LKS 237, Walenstadt, 1:50000.

Den günstigsten Ausgangspunkt für beide Ziele bildet die Spitzmeilenhütte am nördlichen Plateaurand des Mad, doch seit die Flumserbergbahn bzw. die Straße ins Schilstal den Hüttenzugang auf 2 bis 3 Stunden verkürzt haben, kehrt man dort nur noch selten zur Nacht, sondern eher für eine Zwischenmahlzeit ein.

Trotzdem bedeuten zwei Tage für den Spitzmeilen keineswegs eine Zeitverschwendung, denn wegen der zentralen Lage der Hütte bieten sich verschiedene Möglichkeiten, das Spitzmeilengebiet auf markierten Wegen von einem Talsystem ins andere zu durchqueren und dabei mehr kennenzulernen als bloß den Allerweltsweg von der Seilbahnstation Maschgenkamm zum Gipfel.

So verbindet zum Beispiel das Türli die Spitzmeilenhütte mit dem Murgtal, das Mülibachfurggle mit dem Mülibach- bzw. dem Sernftal, die Schönbüelfurggel mit dem Chrauchtal, die Fansfurggla mit dem Weisstannental und die Zigerfurgglen mit dem Walensee. Die Auswahl ist groß, die Kombinationsmöglichkeiten sind mannigfaltig.

Aber nun zum Spitzmeilen selbst. Von der Spitzmeilenhütte bzw. der Madhochfläche folgt man dem markierten Pfad südwärts zum Schönegg, dem östlichen der drei ausgeprägten Gratrücken, die in ihrem Schnittpunkt den wuchtigen Gipfelturm tragen. Nach weiteren 200 Höhenmetern endet der Wanderweg dann am Ostfuß der ringsum steil aufragenden Kalkmauern. Eine Steigspur leitet jetzt zu einer breiten Rinne in der Ostwand.

In diesem Couloir klettert man anschließend in teilweise glattgetretenem und abgegriffenem Gestein möglichst gerade empor, wobei der gut gestufte Fels das Hinaufkommen ungemein erleichtert. Wer die ersten 10 Meter geschafft hat, darf sich auch ruhig den Rest zutrauen. Bei einem markanten Absatz hält man sich links und gelangt so am Rande der Rinne sicher hinauf zum höchsten Punkt.

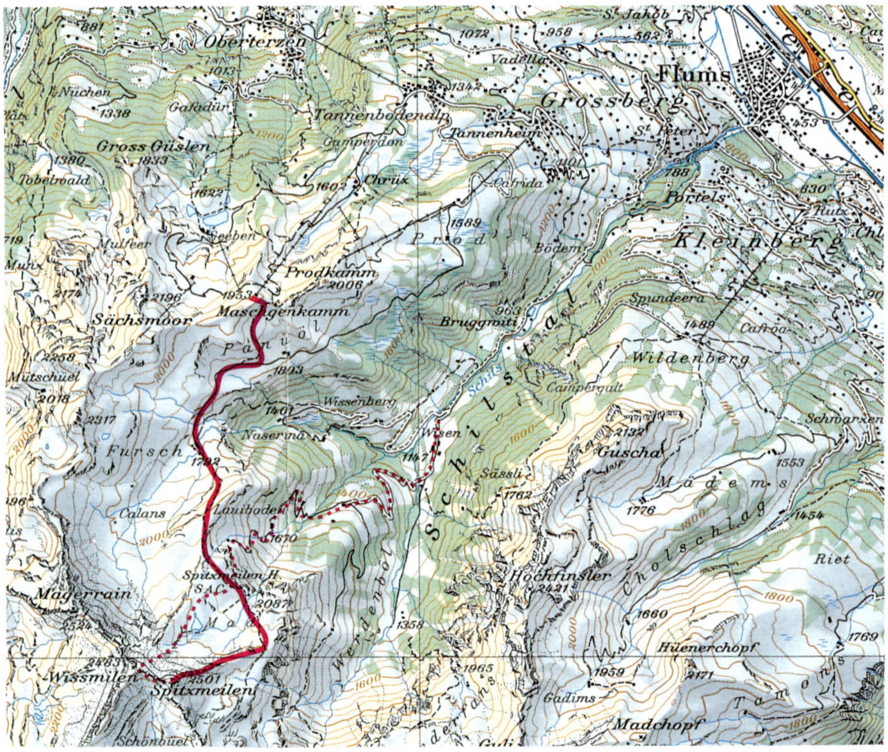

Bei gutem Wetter kann es am engen Gipfel mitunter etwas Gedränge geben. Dann sollte man dort oben nicht unnötig lange verweilen, sondern die verdiente Gipfelrast auf den geräumigen Wissmeilen nebenan verlegen. Vom Wandfuß ist dieser nur mehr $^1/_2$ Wanderstunde entfernt.

Der Spitzmeilen erhebt sich über dem sanften Almgelände bei der Spitzmeilen-Hütte. Seine Besteigung erfordert am Gipfelturm leichte Kletterei.

34 Pizol

Abstieg als Fünf-Seen-Wanderung

Hochtour 1 Tag
2844 m
Mit Kindern ab 14 J.

Talorte Bad Ragaz, 516 m (Seilbahn auf die Laufböden, 2226 m); Wangs, 500 m (Seilbahn nach Gaffia, 1823 m).

Charakter Landschaftlich schöne Bergtour auf teilweise schlecht erkennbaren Steigen, Orientierungssinn erforderlich. Hervorragende Aussicht. – Beste Zeit: Juli bis Oktober.

Gehzeit Aufstieg $2\frac{1}{2}$–3 Std.; Abstieg 3–$3\frac{1}{2}$ Std.

Hütten/Gasthäuser Pizol H., 2227 m, priv. (ÜN).

Verlauf Laufböden – Pizol-H. – Wildseeluggen – Wildsee – Pizol – Wildsee – Schottensee – Schwarzsee – Baseggla – Gaffia.

Karten LKS 5012, Flumser Berge, 1 : 50 000; LKS 237, Walenstadt und LKS 247, Sardona, 1 : 50 000.

Es macht normalerweise keinen Spaß, eine Bergtour in Seilbahnnähe zu unternehmen, wenn man sich dann seinen Weg durch die Scharen »Bergbegeisterter« im engen Umkreis der Bergstation bahnen muß. Wenn man aber den Pizol – in aller Welt als idealer Pistenberg bekannt – als Tagestour machen will, muß man sich mit diesem kleinen Manko arrangieren. Natürlich wird man bei der erstbesten Möglichkeit entfliehen, und zwar bei der Pizolhütte auf 2227 m Höhe. Die Hütte gehörte einst dem SAC, wurde dann aber nach der Bahnerschließung als »zweckentfremdet« abgestoßen. In dieser Hinsicht sind die Regeln im SAC – richtigerweise – sehr streng.

Jedenfalls nützen Tagesausflügler und Gipfelanwärter des Pizol die bequemen Aufstieghilfen und fahren ab Wangs oder Bad Ragaz bis unter diese Hütte hinauf. Dann steigt man die wenigen Minuten zu ihr empor und verläßt sie gleich wieder. Richtung Westen läßt man den Trubel hinter sich und verschwindet alsbald zwischen einer Rundhöckerlandschaft mit deutlich sichtbaren Gletscherschliffen. Man steuert jetzt südwestlich die Wildseeluggen (2493 m) an. An der Wildseelücke kommt man endgültig in eine andere Welt. Unterhalb liegt der kleine Wildsee (2438 m) in einem Schuttkessel, darüber das Schnee- und Eisfeld des Pizolgletschers. Man darf den kleinen Gletscher nicht unterschätzen. Bei der Traverse in Südrichtung sollte man nicht, von falscher Spur verleitet, am Rande der Felsen rechts steigen, sondern immer nur links, also am Ostrand. Denn drüben unter dem Pizol warten neben Rand- auch diverse Querspalten.

Aus der riesigen Hohlkehle unter der Skischarte, wo sich bei scharfem Wind so fein rasten läßt, kann man von Süden her zum Gipfel (2844 m) ansteigen. Der Weg ist für trittsichere Geher kein Problem.

Doch nicht dieser Gipfelabstecher ist diesmal das Hauptziel. Die Runde über vier Seen zur Liftstation Gaffia ist der Hauptgenuß, eine Bergwanderung durch eine wilde, fast düstere, aber faszinierende Steinwelt, die nur langsam und zögernd in das Grün der tieferen Lagen übergeht.

Von der Wildseeluggen wandert man auf einem Steig am Wildsee entlang. Der Wildseeabfluß am Nordende des Sees drängt dann in eine Art Schlucht, weshalb der Weg rechts oberhalb in der Westflanke des Schottenseehorns (in der Karte: Sichler) quert und über Schrofen und Schutt zum Schottensee (2335 m) führt. Der See mit seinem milchig-blaugrünen Wasser liegt in einer wilden, beeindruckenden Umgebung, und spätestens hier ist der Trubel des Seilbahnbetriebs vergessen. Hier ist Stille das einzige wahrnehmbare Geräusch.

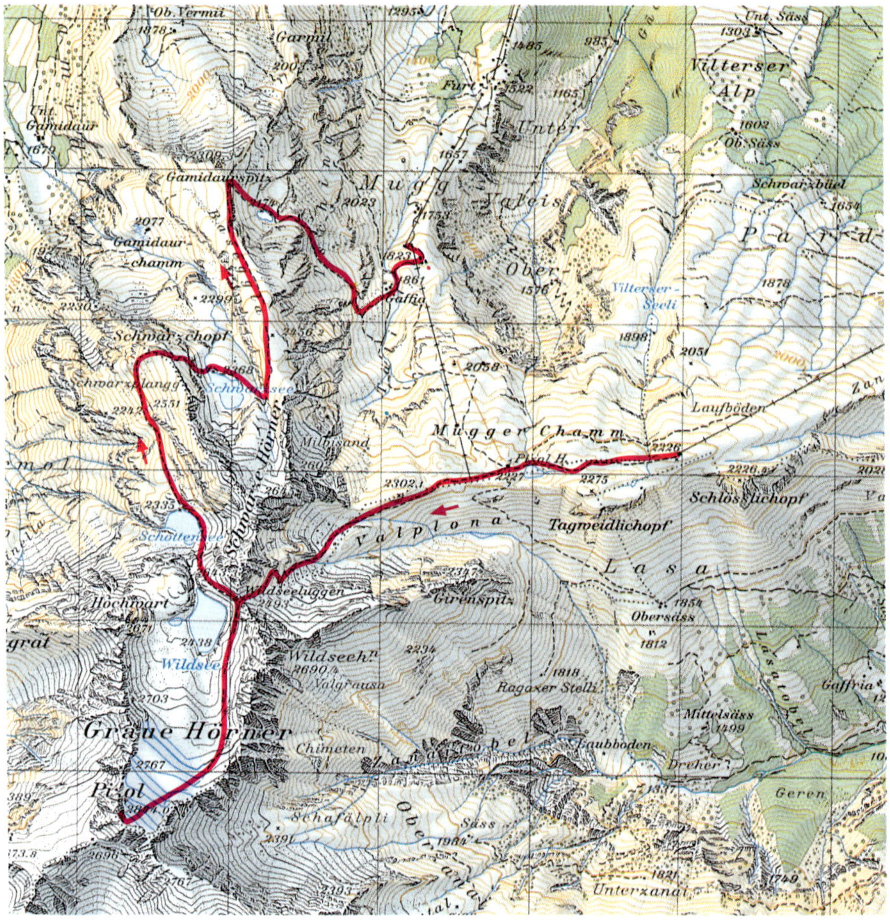

Vom Schottensee wandert man dann streng nordwärts, steigt in der Südwest-

flanke über karge Weiden und Schieferschutt zum Schwarzplangg an und gelangt über den Schwarzplangg-Grat ostwärts steil hinab zum kleinen Schwarzsee: 2368 m hoch gelegen, einsam, blauschwarzes Wasser und zu Recht mit einer alten Weisstanner Sage behaftet.

Von diesem Seeauge quert man nordwärts auf den Baseggla-Kamm, um von diesem, nordostwärts immer den Weg entlang, das Baschalva-Seelein zu erreichen, 2174 m hoch gelegen – unentschieden zwischen lieblicher Idylle und heroischem Chaos. Von hier weiter abwärts sollte man keinesfalls vom Weg abweichen. Felsabbrüche und unübersichtliche Landschaft machen Exkursionen ins Gelände zu einem gefährlichen Unternehmen – obwohl keine 600 Meter entfernt Sessellifte durch die Landschaft schaukeln.

Dort, bei den Liften, liegt auch unser Ziel: die Liftstation Gaffia oder die Gondelbahn bei Furt. Nun wird man kaum mehr Groll gegen die Aufstiegshilfen hegen und die Annehmlichkeit einer bequemen Rückkehr ins Tal zu schätzen wissen.

Nach einem frühen Wintereinbruch ist der Pizol bereits verschneit, der Wildsee unterhalb fast zugefroren. Deutlich erkennbar ist der Abstieg vom Wildsee durch die schattige Felsstufe zum tiefer liegenden Schottensee.

35 Speer

Klassischer Vorberg über Zürichsee und Oberland

Bergwanderung 1 Tag
1950 m
Mit Kindern ab 10 J.

Talort Amden, 908 m; Sesselbahn nach Niderschlag, 1285 m.

Charakter Unschwierige, aber längere Wanderung in geologisch interessanter Landschaft. Gutes Schuhwerk erforderlich. Hervorragende Aussicht. – Beste Zeit: Juni bis Ende Oktober.

Gehzeit Aufstieg 3 Std.; Abstieg 3 Std.

Hütten/Gasthäuser Berggasthaus Oberchäseren, 1649 m, priv.

Verlauf Niderschlag – Strichboden – Hint. Höhi – Oberchäseren – Speer – Oberchäseren – Unt. Chäseren – Hasenboden – Durschlegi – Amden.

Karten LKS 1134, Walensee, 1 : 25 000; LKS 237, Walenstedt, 1 : 50 000.

Wenn man den Speer aus dem Toggenburg erblickt oder vom Ufer des Zürichsees bei Rapperswil, erscheint der Name nicht schlecht gewählt. Tatsächlich reckt sich der Berg da als formschöne Kalkspitze über grüne Alpmatten empor. Kurioserweise sieht ihm seine ganze Nachbarschaft irgendwie ähnlich. Viele Zürcher glauben deshalb, ihren Speer schon vom Auto aus gut zu erkennen. Doch was bei der Fahrt zum Walensee so »speertypisch« dreinschaut, ist in Wahrheit die vorgelagerte Federispitz mit dem schroffen Schäniserberg. Der Speer selbst steht etwas zurückgezogen im Schnittpunkt mehrerer Seitentäler und läßt sich nur auf rauhen Wegen erreichen. Das schützt ihn vor den Heerscharen der Sonntagsausflügler, aber auch so mancher Zürcher Bergfreund läßt den Gipfel zeitlebens links liegen. In den Toggenburger Alpen locken mit Säntis, Churfirsten oder Alvier namhaftere Ziele, die 1950 Meter Gipfelhöhe des Speer wirken dagegen eher bescheiden.

Man muß erst auf die Landeskarte schauen, um zu wissen, warum der Berg trotzdem in dieses Buch gehört. Der Speer und seine Nachbarn stehen nämlich quasi als Vorposten der Toggenburger Alpen weit gegen Westen vorgeschoben direkt über der Linthebene. Das bedeutet einen ungehinderten Ausblick über den langgestreckten Zürichsee, einen interessanten Einblick in das tief eingeschnittene Linthtal samt hochragender Gipfelumrahmung sowie einen aufregenden Rückblick zum Säntisgebirge und zu den streng ausgerichteten Pultdächern der Churfirsten. All das läßt sich am geräumigen Gipfeldach auf bequemen Holzbänken in aller Stille genießen. Daß der Gipfel selbst nicht gar so bequem zu erwandern ist, sollte niemanden abschrecken. Dies spürt man erst ganz zum Schluß. Und davor gibt es ja noch eine kleine, aber feine Bergwirtschaft.

Zum Auftakt fährt man von Weesen am Walensee die neue Galeriestraße hinauf zur Sonnenterrasse von Amden. Hier oben, 400 Meter über dem blauen Seespiegel, könnte man bereits losmarschieren. Doch die meisten pilgern zunächst nur die paar Schritte vom Parkplatz bis zum Sessellift und lassen sich weitere 350 Höhenmeter bis zur Station Niderschlag emportragen. Auf einem breiten Pfad geht es nun erst einmal weitausholend um die Ostschulter des Mattstocks herum und dann an dessen Nordseite wieder Richtung Westen zurück bis zur Wegegabelung beim P. 1412.

Durch ein Gewirr von Kalkblöcken, Mulden und Latschen windet sich die Wanderroute nun wie durch einen Irrgarten hinauf zum breiten Alpsattel Oberchäseren zwischen Mattstock und Speer. Das kleine Gasthaus lädt zum Znüni ein, andererseits ist der Gipfel für schnelle Geher jetzt nur noch $^1/_2$ Stunde entfernt. Das letzte Wegstück hat es freilich in sich. Ein steiler Kehrenschinder zieht durch die begraste Gipfelflanke auf steinigem und zuweilen auch rutschigem Untergrund bergan. Dafür darf

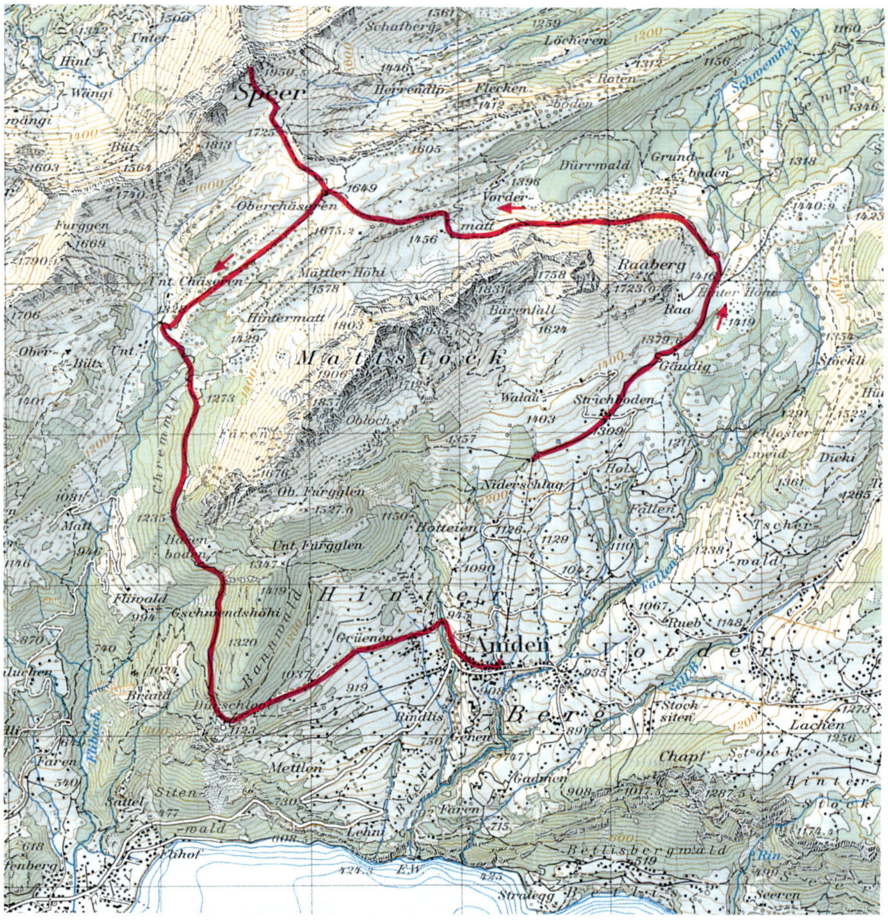

man es sich dann oben auf den breiten Bänken bequem machen und ein wahrhaft klassisches Voralpenpanorama genießen.

Für den Rückweg empfiehlt es sich, ab Oberchäseren die Umrundung des Mattstocks fortzusetzen und den breiten Alpweg über Unter Chäseren und Brunnenegg bis Durschlegi zu benutzen. Man wandert zwar zumeist im Wald, doch tun sich wiederholt zauberhafte Tiefblicke zur Wasserfläche des Walensees oder zur brettebenen Linthebene auf. Zum Schluß geht es dann auf einem Sträßchen hinab zum Autoparkplatz oder zur Postbushaltestelle in Amden.

Blick von Südwesten auf die schräggestellten Felsschichten des Speer. Der Anstieg über die steile Gipfelflanke ist deutlich erkennbar. Im Hintergrund das Säntismassiv.

36 Leistchamm

Der Walensee von oben

Bergwanderung 1 Tag
2101 m
Mit Kindern ab 10 J.

Vom Kartenbild her könnte man den Berg für den Wurmfortsatz der Churfirsten halten, aber wer den Leistchamm einmal mit Bergsteigeraugen auf der Fahrt von Zürich ins Bündener Land gesehen hat, behält ihn zeitlebens als eigenständigen Gipfel in Erinnerung. Gleich einer riesigen, schräg gestellten Kalktafel beherrscht er den Westteil des Walensees und fesselt den Betrachter durch seine elegante Gratlinie. Wie die benachbarten Churfirsten zeigt der Leistchamm südseitig mächtige Felsabbrüche, und genau genommen beginnt am Leistchamm bereits jene kilometerlange Wandflucht, die sich über dem Nordufer des Walensees mit den Churfirsten bis zum Alvier fortsetzt. Der Leistchamm ist also nichts anderes als der westliche Eckpunkt dieser imposanten Felsgalerie. Ein Berg mit solchen »Eckdaten« gewährt naturgemäß höchst interesssante Einsichten in die Landschaftsstruktur der Umgebung.

Am eindrucksvollsten ist dabei der Tiefblick zum Walensee, der in seiner ganzen Ausdehnung von Weesen bis Walenstadt zu Füßen des Betrachters liegt. Für den Leistchamm spricht ferner die kurze Anreise von Zürich. Mit der Bahn bis zur Station Welsen und weiter per Bus nach Amden ist keine Affäre. Noch besser hat es diesmal der Autobenutzer. Der kann nämlich noch weiter hinauf bis Arvenbüel fahren, das spart 300 Höhenmeter oder aber 40 Minuten Fußweg.

Talort Amden, 908 m, AP Arvenbüel, 1273 m.

Charakter Einfache Bergwanderung auf den westlichen Vorposten der Churfirstenkette. Achtung: das Gipfeldach des Leistchamm bricht nach Süden senkrecht zum Walensee ab! – Beste Zeit: Juni bis Ende Oktober.

Gehzeit Aufsteig $2^1/_2$–3 Std.; Abstieg $1^1/_2$ Std.

Hütten Keine.

Verlauf Arvenbüel – Egg – Looch – Leistchamm.

Variante Im Abstieg kann man noch als kurzen Abstecher die vorgelagerte Flügenspitz (1703 m) »mitnehmen«.

Karten LKS 1134, Walensee, 1 : 25 000; LKS 237, Walenstadt, 1 : 50 000.

Zentraler Ausgangspunkt ist dann der vielarmige Wegweiser vor dem Restaurant Arvenbüel. Der zeigt 3 Stunden für den Leistchamm an, wobei es eilige Geher auch in weniger als 2 Stunden schaffen können. Mit einem Abstecher zur vorgelagerten Flügenspitz wird dennoch ein ausgefülltes Tagesprogramm daraus. Der gewöhnliche Weg zum Leistchamm führt über den aussichtsreichen Kammrücken des Egg. Den kann man sich allerdings für den Rückweg aufsparen und für den Aufstieg die Route über die schönen Waldwiesen des Leibodens wählen. Dabei hat man Gelegenheit, über so manchen unrentablen Skischlepplift in den Voralpen nachzudenken.

Später nimmt die Geländeneigung zu, aber man gelangt ohne große Mühe an der Nordwestseite des Leistchamms aufwärts bis zum First. Hier wird der Anstieg eine Spur alpiner – und steiler. An bleichen Felsmauern vorbei windet sich der gut angelegte Pfad nun südwärts Kehre um Kehre zum langgezogenen, grasbewachsenen Kammrücken des Nordgrates. Auf diesem geht es dann mit interessanten Einblicken in die steilen Abbrüche der Ostflanke geradewegs gegen den Gipfel empor. Oben am Gipfelkreuz läßt es sich herrlich rasten, und auf den weichen Grasmatten finden Kinder und Hunde ungestörten Auslauf. Nur der Steilabbruch zum Walensee hin ist gefährlich.

Wenn die Zeit reicht, sollte man auf dem Rückweg unbedingt noch die Flügenspitz mit ihrer fein gezogenen Kammlinie aufsuchen. Das kostet ab First kaum 100 Höhenmeter. Von der Flügenspitz steigt man später zur Alp Looch ab und kehrt auf dem freien Rücken des Egg mit vielen reizvollen Fotomotiven vor Augen nach Arvenbüel bzw. Amden zurück.

Geruhsam läßt es sich auf dem westlichsten Eckpfeiler der Churfirsten rasten, um von hier den – im Bild nicht sichtbaren – Walensee und die ihn begrenzenden Churfirsten zu betrachten.

37 Hinterrugg

Ein Hufeisen zwischen zwei Churfirsten

Bergwanderung 1 Tag
2306 m bzw. 2262 m
Mit Kindern ab 12 J.

Talorte Unterwasser, 906 m; AP Stofel, 1259 m (Straße von Unterwasser) bzw. Iltios, 1342 m (Bergstation der Seilbahn von Unterwasser). – Alt St. Johann, 890 m; AP Sellamatt, 1390 m (Seilbahn von Alt St. Johann).

Charakter Lange und zuweilen anstrengende Bergwanderung auf überwiegend guten und meist markierten Wegen ohne Schwierigkeiten. Sehr viel begangen. – Beste Zeit: Anfang Juli bis Ende Oktober.

Gehzeit Aufstieg 3–3$^1/_2$ Std.; Abstieg 2 Std.

Hütten Keine.

Verlauf Stofel bzw. Iltios bzw. Sellamatt – Ob. Ruestel – Hinterrugg – Chäserrugg – Espel – Iltios.

Variante Für trittsichere und schwindelfreie Geher ist der Abstieg durch die steile Südflanke des Chäserrugg nach Walenstadt eine interessante Alternative, Vorsicht bei Nässe!

Besonderer Hinweis Vom Chäserrugg nach Iltios knieschonender Abstieg mit der Luftseilbahn.

Karten LKS 1134, Walensee und LKS 1135, Buchs, 1 : 25 000; LKS 237, Walenstadt, 1 : 50 000.

Beim Anblick der Churfirsten von Norden kann man sich eines Lächelns nicht erwehren: Sieben sanft geneigte Pultdächer stehen in strenger Ausrichtung von Ost nach West wie eine Schweizer Ehrengarde. Weit weniger komisch wirken diese Churfirsten dagegen von Süden, wo sie allesamt in mehr oder minder steilen Felswänden zum Walensee abbrechen. Was da wie eine Kapriole der Natur erscheint, ist in Wahrheit geologisch ein ganz einfacher Sachverhalt. Bei den Pultdächern handelt es sich nämlich um die Reste alter Meeresböden, die im Laufe der Erdgeschichte ausgetrocknet, schräggestellt und irgendwann südseitig abgebrochen sind. Heute sind diese Meeresböden zumeist sanft begrünt und dienen als Weideland wie am Selum oder zuweilen auch als Skipiste wie am Chäserrugg.

Die Churfirsten bilden sehr interessante Aussichtskanzeln, nicht nur wegen der obligaten Tiefblicke zum Walensee. Die beste Rundschau genießt man natürlich vom höchsten Dach der Churfirsten, vom Hinterrugg, der als einziger die 2300-Meter Grenze übersteigt. Dank des breiten Verbindungskammes zum seilbahnerschlossenen Chäserrugg kann dieser Hinterrugg als bequemer Nachmittagsbummel aufgefaßt und ohne große Mühe auch im Winter besucht werden.

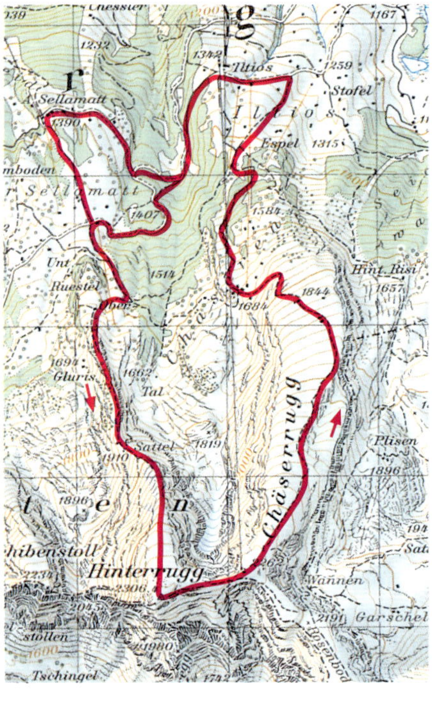

Dabei lernt man jedoch allenfalls den Gipfel, nicht jedoch den Berg kennen. Der will erwandert werden, und zwar vom Tal aus. Da bietet sich eine Überschreitung des hufeisenförmig zusammengeschlossenen Gipfelpaares Hinterrugg-Chäserrugg geradezu an.

Der breite, etwas eintönige Chäserrugg kommt in so einem Fall schon wegen der Seilbahnnähe nur als Abstiegsroute in Frage. Der Aufstieg sollte hingegen über den Nordsporn und das Gipfeldach des Hinterrugg erfolgen. Diese markierte Route wird oft gegangen und vermittelt über weite Strecken fesselnde Einblicke in das nach Norden offene Hufeisen des Gipfelpaares, dessen weltverlorene Abgründe mit ihrem ewigen Schatten auch im Hochsommer noch Altschnee zeigen.

Ausgangspunkte für die große Churfirsten-Wanderung sind Alt St. Johann oder Unterwasser im Toggenburg, beide etwa 900 Meter hoch gelegen. Die 1400 Meter Höhendifferenz sind dabei in 4 Stunden gut zu schaffen, sprengen also nicht den Rahmen einer Tagestour.

Wer es bequemer haben will, benutzt entweder die Seilbahn Alt St. Johann – Sellamatt oder die Bergbahn Unterwasser – Iltios, beides erspart etwa 400 Höhenmeter. Alternativ bietet sich für Autofahrer noch die Fahrstraße von Unterwasser zur Alp Stofel an. Alle Wege führen dann bei der Alp Oberruestel zusammen, knapp oberhalb der Baumgrenze, am Ansatz des markanten Hinterrugg-Nordsporns.

Auf dem folgenden Wegstück bis zum Sattel schaut man immerzu in das mächtige Hufeisen mit seiner markanten Felsstruktur und seinen Firnböden hinein. Der weitere Anstieg über das sich zunächst kräftig aufbuckelnde, später flacher werdende Pultdach verlangt Ausdauer. Das letzte Stück bis zum höchsten Punkt will dann kein Ende nehmen. Dafür darf man sich oben ausgiebig der Aussicht widmen oder gedankenverloren in weichen Graspolstern rasten.

Für den Übergang zum Chäserrugg ist kaum $^1/_4$ Stunde erforderlich, und wer sich im Gipfelrestaurant erfrischt hat, steht vor der Wahl: mit der Seilbahn ins Tal zu schweben oder am langen, breiten Rücken auf sommerlicher Skipiste bergab zu traben. Dem in jeder Hinsicht trittsicheren und schwindelfreien Bergwanderer bleibt allerdings noch eine andere Alternative, nämlich der steile Abstieg zwischen den Felswänden der Südflanke hinab nach Walenstadt am Ufer des Walensees. Diese Route sollte trotz durchgehender Pfadspur nur bei Trockenheit und niemals nach Neuschnee begangen werden.

Gewaltige, schräggestellte Schichtpakete prägen die Gestalt der Churfirsten. Der breite, grasbewachsene Gipfelrücken des Hinterrugg, über den der Anstieg führt, verdeckt aus dieser Perspektive den Gipfel des Chäserrugg.

38 Kronberg

Wie man in aller Stille einer Seilbahn ausweicht

Bergwanderung 1 Tag
1663 m
Mit Kindern ab 8 J.

Talort Urnäsch, 832 m; AP Grüenau, 836 m.

Charakter Voralpine, unschwierige Kammwanderung mit eindrucksvollen Blicken auf Säntis und nördliche Alpsteinkette. – Beste Zeit: Mai bis November.

Gehzeit Aufstieg 3–3$^1/_2$ Std.; Abstieg 2–2$^1/_2$ Std.

Hütten/Gasthäuser Berggasthaus Kronberg, 1663 m, priv.

Verlauf Grüenau – Spitzli – Dorwees – Kronberg - Betten – Herrendürren – Grüenau.

Varianten Kürzer ist der Anstieg von der Schwägalp (1352 m, Talstation der Säntis-Seilbahn), vorbei an der Chammhalden-H., 2 Std. Eine ideale Höhenwanderung bietet der vom Kronberg in nordöstlicher Richtung ziehende Bergkamm zum Berggasthof Scheidegg, hier entweder Abstieg nach Gonten oder weiter nach Appenzell.

Karten LKS 1114, Nesslau und LKS 1115, Säntis, 1:25000; LKS 227, Alpenzell, 1:50000.

Sucht man den Kronberg auf der Schweizer Landeskarte, findet man ihn am südwestlichen Ende jener Gebirgswelle, die exakt den Felssträngen des Säntismassivs im Norden vorgelagert ist. Man erkennt sofort, daß hier die selben gebirgsbildenden Kräfte am Werk waren. Der Unterschied zwischen den Gebirgskämmen des Alpstein-Massivs und dem Kronberg mit dem anschließenden Wartegg ist, daß hier die Gesteinspakete nicht mehr bloßliegen, sondern unter einem dichten Wald- und Wiesenpelz verborgen sind. Dem Kronberg fehlen die Felswände und -grate, es fehlen die Steilflanken und Wandabstürze. Damit ist der Kronberg auch schon beschrieben: als grüne Vorgebirgswelle und aussichtsreiches Wanderziel vor der mächtigen Kulisse des Säntis.

Der Kronberg ist mit einer Seilbahn erschlossen, die Gehfaule, Aussichtssüchtige und Gleitschirmpiloten in Minutenschnelle zum Gipfel transportiert. Wer also an klaren oder thermikreichen Tagen hier oben eine Oase der Ruhe erwartet, ist hoffnungslos naiv.

Für den Zürcher Bergpuristen mag dies Grund genug sein, den Kronberg mit Verachtung zu strafen, doch das Urteil sollte nicht zu hart ausfallen. Denn wie so viele Brennpunkte des Tourismus, gibt es auch am Kronberg ganz einsame Zustiege. Man muß nur wissen, wo.

Um ganz sicher zu sein, daß man weitgehend allein unterwegs ist, startet man diese Vorgebirgswanderung in Grüenau. Der Ort liegt im Urnäschtal westlich des Kronberges und damit weit genug entfernt von jeder Seilbahnversuchung. Aus dem sanften Talgrund steigt der Weg durch Appenzeller Grün in die Höhe: durch helle Weiden und Wiesen, durch dunkles Grün, wenn der Weg durch schattigen Wald führt.

Schon bald orientiert sich die Route nach Süden und folgt dem Kamm bis

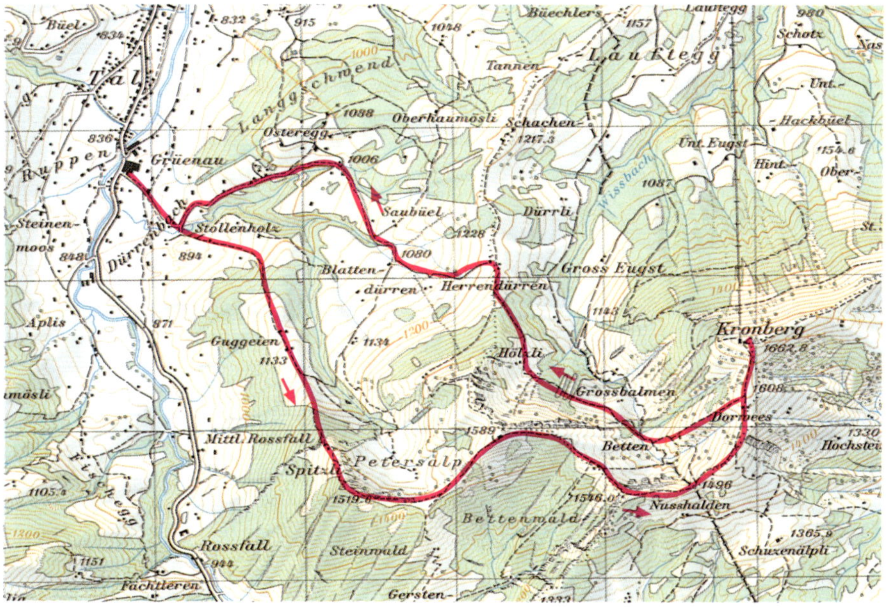

zum sogenannten Spitzli (1520 m). Schon hier ist der Blick zur alles beherrschenden Felsbastion des Säntis beeindruckend. Dieses Bild »verfolgt« den Wanderer weiter auf seinem Schlingerkurs Richtung Kronberg. Immer am Kamm auf ausgezeichneten Wanderwegen promeniert man in weiten Kurven dahin, selten in der Aussicht durch Wald behindert. Die Gegenanstiege der weichen Kuppen schaffen angenehme Abwechslung und lenken nie vom Augenerlebnis ab.

Ohne Zweifel wird dieser stille Wandergenuß wie Seelenbalsam wirken, so daß die Menschenansammlung am Kronberggipfel nur als geringe Störung des Bergerlebnisses wahrgenommen wird. Es ist sicher ein guter Tip, Restaurant und Bergstation hinter sich zu lassen und noch ein paar Meter weiter zum Startplatz der Gleitschirmflieger zu gehen. Auch das gehört nämlich zum Erlebnis Kronberg: zu beobachten, wie sich die knallbunten Schirme mit Luft füllen und zusammen mit ihrer menschlichen Fracht in die weiche, grüne Hügelwelt von Appenzell hinausschweben. Und wenn man davon genug hat, dreht man sich einfach um und sieht sich an den Felsbergen des Alpsteins satt.

Vom Fahrzeug unabhängige Bergwanderer können den Kamm übrigens weiter verfolgen und über Scheidegg nach Appenzell hinauswandern oder – etwas kürzer – nach Gonten absteigen. Beide Orte liegen an der Appenzellbahn. Für die Rückfahrt in die Stadt ist also gesorgt.

Wer sein Auto in Grüenau geparkt hat, wandert zum Gipfel des Kronberges durch den Fleckenteppich aus Wald und Wiesen zurück zum Ausgangsort. Die Etappenorte heißen Betten und Herrendürren, der Weg verspricht stillen Wandergenuß.

Die grüne Vorgebirgswelle des Kronbergs ist ein idealer Startplatz für Gleitschirmpiloten, die mit ihren bunten Fluggeräten über das Appenzeller Vorland hinausschweben.

39 Säntis

Säntis-Überschreitung im Uhrzeigersinn

Leichte Bergtour 1–2 Tag
2503 m
Mit Kindern ab 14 J.

Talort Wasserauen, 868 m; EP Ebenalp, 1591 m (Seilbahn von Wasserauen).

Charakter Relativ lange, aber leichte Bergtour auf gut bezeichneten Pfaden. Trittsicherheit und Schwindelfreiheit erforderlich, an exponierten Stellen Sicherungen. Landschaftlich schönste Tour im Säntismassiv. – Beste Zeit: Anfang Juli bis Mitte Oktober.

Gehzeit Aufstieg $5^1/_2$–6 Std.; Abstieg 4 Std.

Hütten/Gasthäuser Meglisalp, 1517 m, priv. (ÜN); Rotsteinpaß-H., 2120 m, priv.; Säntishotel, 2503 m, priv. (ÜN); Berggasthof Schäfler, 1924 m, priv.; Ebenalp, 1640 m, priv.

Verlauf Wasserauen – Seealpsee – Meglisalp – Rotsteinalp – Lisengrat – Säntis – Blau Schnee – Öhrlisattel – Lötzlisalpsattel – Schäfler – Ebenalp.

Variante Die Rundtour kann beliebig verkürzt werden. Im Rotsteinpaß besteht die Möglichkeit zu einem Abstecher auf den Altmann (leichte, etwas ausgesetzte Kletterei im Gipfelbereich).

Karten LKS 1115, Säntis, 1 : 25 000; LKS 227, Appenzell, 1 : 50 000.

In die idyllisch grüne Hügellandschaft des Appenzeller Landes reist der Bergfreund in erster Linie wegen des in der Nordostschweiz allgegenwärtigen Säntis, der sich hier von seiner besten Seite zeigt und auf einer Reihe herrlicher Weganlagen zu erwandern ist. Wer sich angesichts des total verbauten Säntisgipfels fragt, ob dort oben für den Wanderer überhaupt noch Platz sei, kann beruhigt werden. Trotz Seilbahnstation, PTT-Sendemast, Wetterwarte und Restaurant wird man zu Fuß (noch) über eine steinerne Freitreppe zur Aussichtsplattform vorgelassen. Bis der Gipfel einmal ganz für Fußgänger gesperrt sein könnte, haben in Appenzell längst die Frauen das Sagen.

Über die zahlreichen Anstiegsmöglichkeiten informieren erschöpfend die Landeskarte und der Wanderführer Säntis – Toggenburg. Hier sei nur eine Variante näher beleuchtet, die außer dem Säntis zusätzlich noch den Altmann und den Schäfler berührt, zwei weitere respektable Gipfelgrößen im Alpsteinmassiv.

Ausgangs- und Endpunkt dieser Rundwanderung ist Wasserauen, Endstation der Appenzellbahn. Wer mit Anstiegsmetern geizt, benutzt ab Wasserauen die Seilbahn zur Ebenalp und vollzieht die Rundtour in der Reihenfolge Schäfler – Säntis – Lisengrat - Altmann – Meglisalp – Seealpsee – Wasserauen. Die umgekehrte Richtung verspricht allerdings eine wesentlich interessantere Steigerung der landschaftlichen Eindrücke.

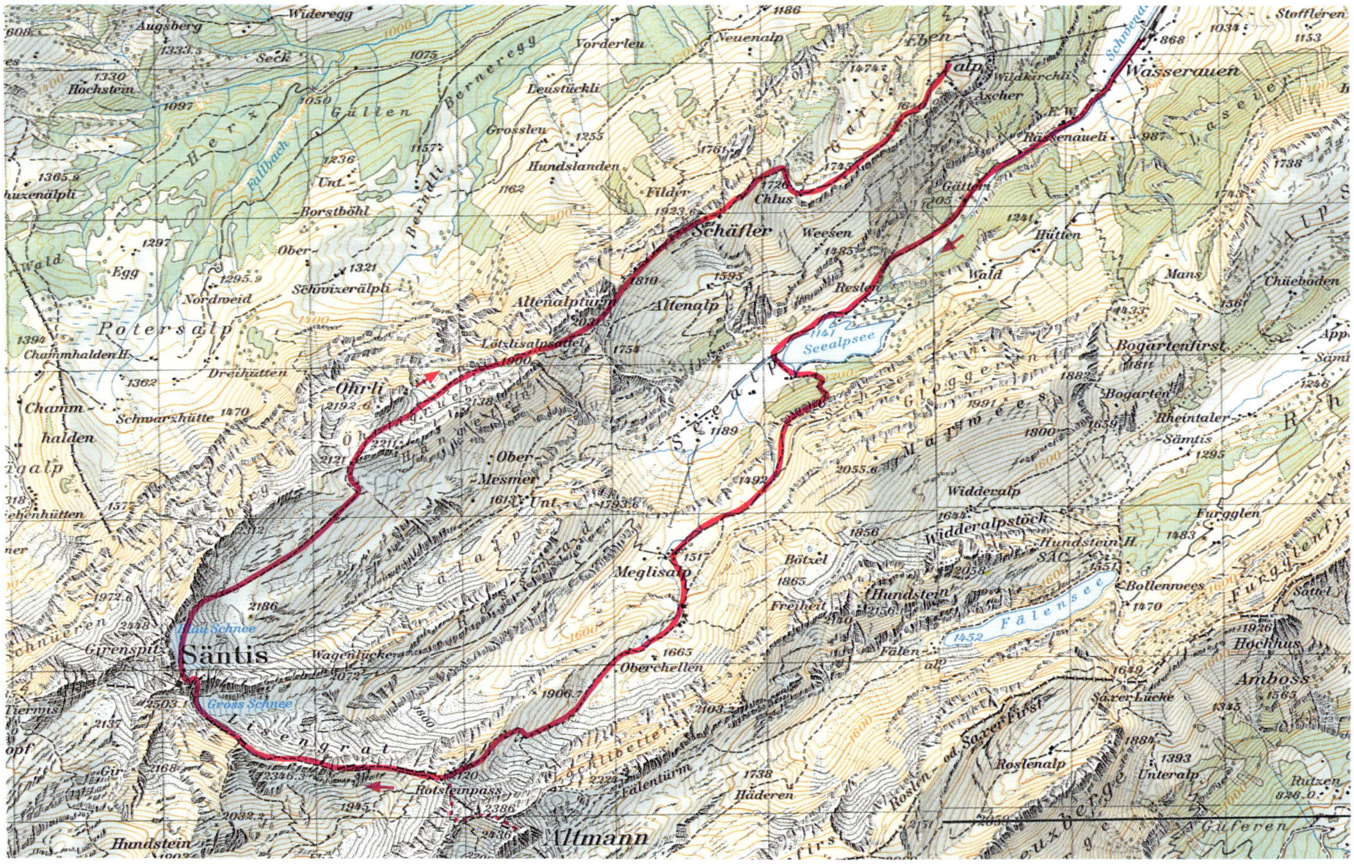

Von Wasserauen geht es zunächst zum wunderschön gelegenen Seealpsee, von dort weiter auf luftigen Felsbändern durch die Marweeswand zur Meglisalp und schließlich in langer Steigung empor zum Rotsteinpaß (2120 m, Gasthaus). Hier sollte man den kurzen Abstecher zum Altmann (gesicherter Steig durch die Fliswand in den Altmannsattel und zuletzt in leichter Kletterei zum Gipfel) nicht verschmähen. Auf der zweithöchsten Erhebung im Alpstein rastet es sich nämlich noch genauso still und ungestört wie vor hundert Jahren.

Ab Rotsteinpaß leitet dann der durch Drahtseile und Treppen bestens präparierte Lisengrat dem Säntis entgegen, der mit dem riesigen Sendemast innerhalb des Alpsteins unverkennbar ist. Auf den letzten Metern zum Gipfel kann es eng werden, aber ganz oben nimmt man von seinen Mitmenschen kaum mehr Notiz, sondern hat nur noch Augen für die Rundsicht, für das Gipfelmeer im Süden und die sanften Wogen der Hügelketten im Norden.

Absteigend geht es vom Säntis in den Girensattel und über den Blau Schnee in den Höch Nideri bzw. in den Öhrlisattel. Die weiteren Stationen auf dem stellenweise exponierten, aber gut gesicherten Weg zur Ebenalp heißen Öhrligrueben, Lötzlisalpsattel, Filderbettersattel und Schäfler (Berggasthaus). Letzterer bietet einen weiten Ausblick über das Appenzeller Land, während die Schaukanzel Chlus kurz vor der Ebenalp mit einem bezaubernden Tiefblick zum Seealpsee überrascht. Von der Ebenalp darf man sich schließlich nach langer Wanderung ungeniert eine Talfahrt in der Gondel gönnen.

Der mit Sendemast, Hotel und Seilbahnstation bewehrte Säntis ist eine hervorragende Aussichtswarte. Links des Gipfels, im Bildmittelgrund, die Churfirsten, dahinter die Glarner Alpen mit dem Tödi.

40 Stauberen

Kammwanderung in der südlichen Alpsteinkette

Bergwanderung 1 Tag
1926 m
Mit Kindern ab 12 J.

Talort Brülisau, 922 m (Seilbahn auf den Hohen Kasten, 1795 m).

Charakter Sehr bekannte und beliebte Höhenwanderung auf dem 1971 errichteten geologischen Wanderweg, hervorragende Einblicke in das Alpsteinmassiv.

Gehzeit Gesamt 5–5$^1/_2$ Std.

Hütten/Gasthäuser Stauberen, 1750 m, priv. (ÜN); Bollenwees, 1470 m, priv. (ÜN); Hundstein-H., 1551 m, SAC; Plattenbödeli, 1279 m, priv. (ÜN).

Verlauf Hoher Kasten – Stauberen – Stauberenchanzlen – Hochhus – Saxer Lücke – Ghs. Bollenwees – Sämtisersee – Brülisau.

Variante Empfehlenswert ist der Fußweg auf den Hohen Kasten an der Ruhsitz-Hütte (1368 m), 2 Std.

Karten LKS 1115, Säntis, 1:25 000; LKS 227, Appentell, 1:50 000.

Im Alpstein kann jedermann in ein Lehrbuch der Geologie blicken, das die Natur hier aufgeschlagen hat, wenn er nur wandertauglich ist und offen für die Schönheiten und Kuriositäten einer großartigen Natur. Dann nämlich werden sich die Geheimnisse der Entstehung der Kalkalpen auch ohne mehrjähriges Studium enthüllen – auf einer Höhenwanderung, die nicht nur mit den notwendigen Markierungen, sondern auch mit einer Reihe von geologischen Schautafeln versehen ist.

Auftakt der Tour ist ein schneller Seilbahnaufstieg von Brülisau auf den Hohen Kasten (1795 m). Hier beginnt der 1971 eingerichtete »1. geologische Wanderweg der Schweiz«, der immer dem Kamm der südlichen Alpsteinkette folgt. Hoch über dem Rheintal flaniert man von einem geologischen Schaustück zum anderen; 14 geologische und drei Panoramatafeln erklären unterwegs den aufregenden Aufbau des Gebirges näher.

Der bestens ausgebaute Weg bleibt stets am langen Grat des Stauberen bis zum würfelförmigen Klotz der Stauberenchanzlen, weicht dort nordwestseitig aus und bleibt dann erst einmal in der Flanke des Furgglenfirst (1926 m). Erst nach dem Hochhus gewinnt der Weg wieder die grasbewachsene Kammhöhe, senkt sich aber schließlich in Serpentinen zur Saxer Lücke hinunter.

Nach diesem Einschnitt setzt sich der Kamm deutlich schroffer fort: Die senkrecht gestellten Schichtplatten der Kreuzberge machen deutlich, daß Berg-

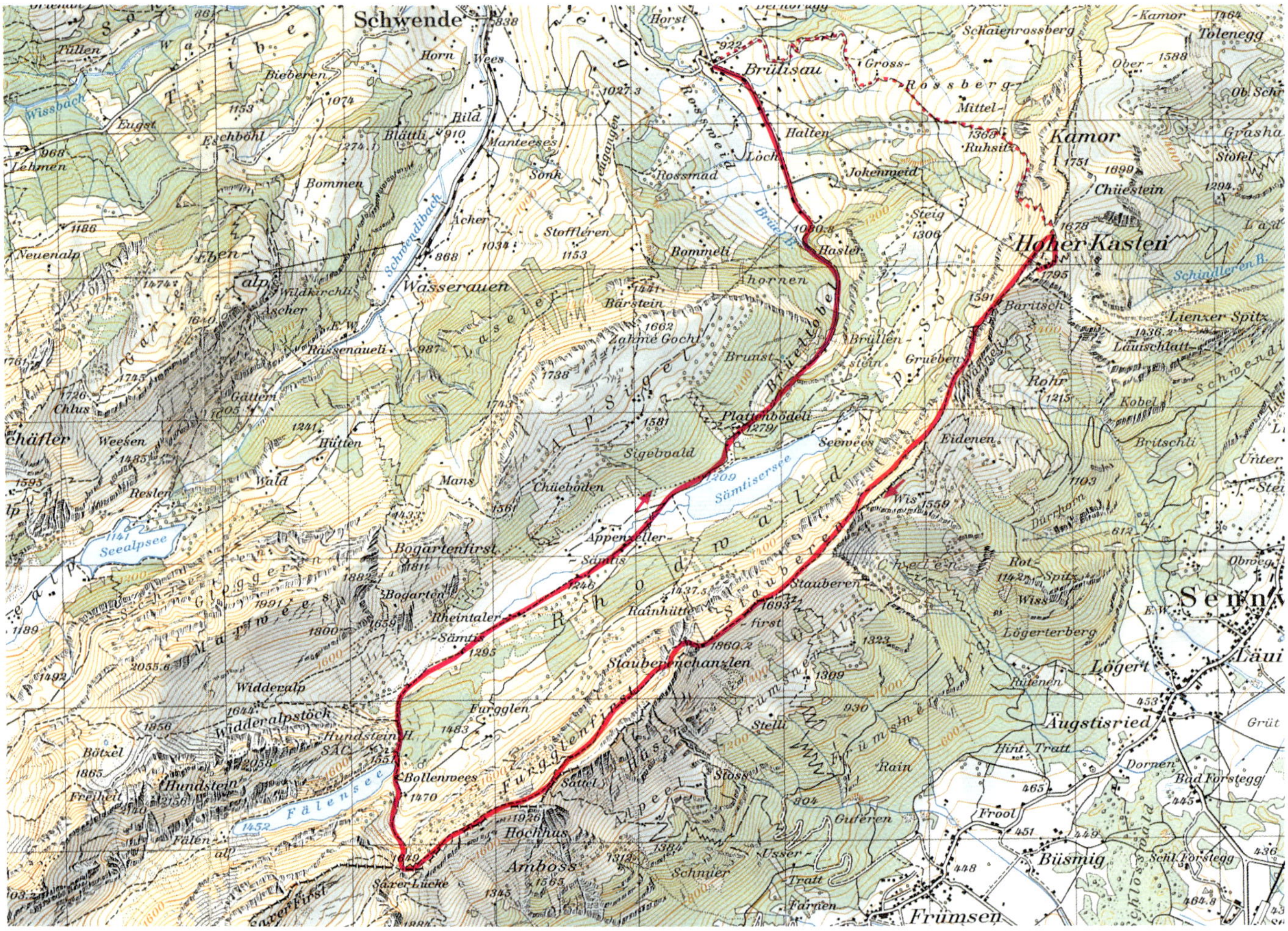

wanderer fehl am Platz sind. Den Grat hier zu verlassen fällt nicht schwer, wartet doch nur $^{1}/_{4}$ Stunde entfernt das gemütliche Gasthaus Bollenwees am Westende des zwischen hohen Felswänden eingezwängten Fälensees.

Eindeutig geht es von Bollenwees wieder talauswärts: zunächst einige Kehren in ein weites Wiesental hinunter, durch das man zum zweiten See dieser Rundtour, dem Sämtisersee, gelangt. Beide Seen haben keinen Abfluß, sondern entwässern unterirdisch durch ein Karstwassersystem. Ihr Wasser tritt als Mühlbachquelle bei Sennwald im Rheintal wieder ans Tageslicht! Vom Sämtisersee laufen die Beine dann wie ferngesteuert zurück zur Talstation.

Schaustück von der Saxer Lücke aus sind die Kreuzberge, deren senkrecht gestellte Kalkplatten einen idealen »Klettergarten« abgeben.

41 Gäbris

Vorgebirgswanderung im Angesicht des Säntis

Wanderung 1 Tag
1252 m
Mit Kindern ab 8 J.

Im Winkel zwischen Bodensee und Rheintal steigt das Appenzeller Land in sanften grünen Wellen gemächlich bis zur schroffen Kalkbastion des Alpstein-Massivs an. Diese Bilderbuch-Voralpenlandschaft aus weichen Hügeln, Wäldern und Matten mit den typischen Streuhofsiedlungen ist ureigenes Wanderland. In schönen alten Gasthöfen kommt das leibliche Wohl nicht zu kurz, und so mancher unscheinbare Hügel entpuppt sich als grandioser Aussichtsgipfel. So werden auch Bergsteiger, die hier die alpine Dramatik vermissen und denen es schwerfällt, bei den Erhebungen im Appenzeller Vorland von Bergen zu sprechen, zwar sehnsüchtig zu den hohen Gipfeln blicken, aber diese Sehnsucht ist dann nur Ausdruck eines Glücksgefühls.

Eine dieser eher unscheinbaren Erhebungen ist der Gäbris, der mit seinen

Talorte AP Heiden, 807 m; EP Gais, 938 m

Charakter Einfache Bergwanderung durch wunderschöne Hügellandschaft. – Beste Zeit: Frühjahr und Herbst.

Gehzeit Gesamt $4^1/_2$–5 Std.

Hütten/Gasthäuser Gasthaus Gäbris, 1247 m, priv.; div. Restaurants am Weg.

Verlauf Heiden – P. 1121 – Kaien – Tanne – St. Anton – Landmark – Ruesitz – Gäbris – Gais.

Karten LKS 217, Arbon und LKS 227, Appenzell, 1 : 50 000.

1252 Metern das Rotbachtal und die Ortschaft Gais überragt. Ausgangspunkt der Wanderung durch die Appenzeller Hügelwelt ist allerdings die Ortschaft Heiden nordöstlich des Gäbris.

Als erstes Zwischenziel steht der 1114 Meter hohe Kaien am Weg, ein bis zur Spitze hinauf bewaldeter Hügel. Auch die Tanne (1101 m), das nächste Etappenziel direkt gegenüber, ist – nomen est omen! – mit einem dichten Waldpelz bewachsen. Man sollte jetzt allerdings daraus nicht schließen, daß der Weg ausschließlich im Dunkel des Waldes verläuft. Immer wieder unterbrechen Matten die Wälder, und gerade der Wechsel zwischen Wiesen und Wäldern, zwischen Höhen und Tiefen macht den Reiz dieser Voralpenexkursion aus.

Ohne Höhenverlust zieht sich der Höhenweg jetzt hinüber nach St. Anton. Hier schlägt der Weiterweg eine ganz andere Richtung ein. Direkt nach Südwest wandert man nun auf den Gäbris zu und erreicht an einem Sattel das Gasthaus Landmark, wo die Kantone St. Gallen, Appenzell Innerrhoden und Außerrhoden zusammenstoßen. Über den Sattel verläuft die Straßenverbindung von Altstätten im Rheintal nach Trogen.

Hat man diese Straße überquert, beginnt der Anstieg auf den Gäbris, den Kenner zu den schönsten Appenzeller Aussichtspunkten zählen. Von hier oben schweift der Blick hindernisfrei über die grünen Vorbergewellen hinaus zum Bodensee, als Kontrast erheben sich im Süden die Felsberge des Alpsteins.

Auf dem Gipfel des Gäbris steht ein Gasthaus, um das man keineswegs einen Bogen machen muß: Immerhin hat man sich eine Stärkung ehrlich verdient! 230 Höhenmeter und die kurze Distanz hinunter nach Gais machen

Auf dem Weg zum Gäbris bildet das Säntismassiv einen imposanten Hintergrund.

den Abstecher angenehm leicht und fordern zu einer Verlängerung der Gipfelpause geradezu heraus.

Niemand sollte sich daran stören, daß die Überschreitung des Gäbris nicht in einer Rundtour »verpackt« ist. Heiden ist von Rorschach aus mit der Bahn zu erreichen, und von Gais fährt die schöne St. Gallen-Appenzell (SGA)-Schmalspurbahn direkt nach St. Gallen. Beide Talorte liegen an der Bahnstrecke Zürich – St. Margrethen – Chur. Ausreden werden also nicht akzeptiert, das Auto kann diesmal wirklich in der Garage bleiben!

42 Gonzen

Felsbänke über Schloß Sargans

Bergwanderung 1 Tag
1830 m
Mit Kindern ab 10 J.

Mit bescheidenen 1830 Metern ist der Gonzen der kleinste, aber gleichwohl der topographisch wichtigste Gipfel der Alviergruppe. Wie ein riesiger Felsbug steht dieser markante Eckberg über dem großen Winkel der Einmündung vom Seeztal in das Rheintal, hoch über einem der geographisch bedeutsamsten Verkehrsknotenpunkte der Alpen. In weniger friedvollen Zeiten markierte der Gonzen freilich auch einen strategisch wichtigen Eckpfeiler der Schweizer Landesverteidigung. Die Festung Sargans zu Füßen des Berges bildete zusammen mit dem Festungswerk St. Maurice im Unterwallis und der Zentralfeste Gotthard den Kern von General Guisans Reduitkonzeption der Jahre 1940–1944. Die Geschichte hat Guisans Reduitstrategie – dem Rückzug der Armee im Kriegsfall in den inneren Alpenbereich zur Verteidigung der wichtigen Nord-/Südverbindungen – nachträglich Recht gegeben. Namhafte Schweizer Militärkritiker behaupten jedoch, damit habe die Armee sich seinerzeit nur selbst in Sicherheit bringen und das Volk im Stich lassen wollen.

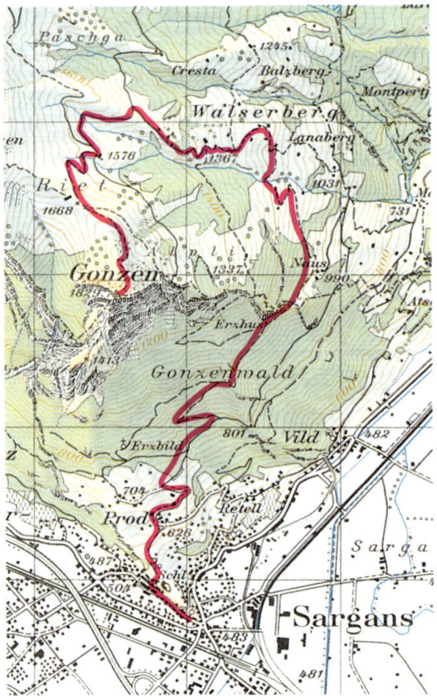

Talort Sargans, 483 m.

Charakter Schöne und unschwierige Bergwanderung. Vorsicht am Gipfel, da der Gonzen nach Südosten mit senkrechter Wand abbricht! – Beste Zeit: Juni bis November.

Gehzeit Aufstieg 4 Std.; Abstieg $2^1/_2$ Std.

Hütten/Gasthäuser Kurhaus Gonzen, 1460 m.

Verlauf Sargans – Schloß Sargans – Höhenweg Sargans/Wildhaus – Lanaberg – Kurhaus Gonzen – Gonzen.

Variante Kürzer, aber landschaftlich weit weniger eindrucksvoll ist der Anstieg vom Kurhaus Alvier (975 m, Straße von Oberschan).

Karte LKS 237, Walenstadt, 1 : 50 000.

Dieser alte Streitpunkt zwischen Armeegegnern und -befürwortern steht für den Gonzen-Wanderer allerdings kaum im Mittelpunkt des Interesses, zumal alle Festungsanlagen im Berg verborgen liegen. Wichtiger ist die Frage, wie man diesen nach Süden so markant aufgesteilten, gegen Norden hingegen um so sanfter abstreichenden Gonzen angehen soll. Die Bequemen haben es an diesem Berg leicht: Mit dem Auto bzw. der Seilbahn von Oberschan kann man bis zum Kurhaus Alvier oder gar zum Kurhaus Palfris fahren und den Gonzen quasi von hinten hinaufbummeln. Dabei wird man den Gipfel freilich kaum wiedererkennen und sich fragen, was an dem Wald- und Wiesenweg eigentlich so interessant sein soll.

Das richtige Gonzen-Erlebnis stellt sich nämlich erst ein, wenn man ganz unten in Sargans aufbricht, wo das Tagesziel seine unverwechselbare Silhouette zeigt und mit nackten Felswänden über dichtem Waldpelz imponiert. Wie dann langsam aus dieser Kalkbastion eine liebliche Wiesenkuppe wird, das macht den eigentlichen Reiz der Wanderung aus.

Ein weiteres Argument für die vollen 1400 Anstiegsmeter: Man darf sein Auto daheim lassen und kann direkt bis zum ersten Wegweiser mit der SSB fahren.

Natürlich führt die Wanderung zunächst zum Schloß Sargans empor, dem einstigen Sitz der Grafen Werdenberg aus dem 13. Jahrhundert. Das Schloß thront malerisch über der Stadt auf einem riesigen Felsblock. Hier nimmt der Höhenweg Sargans–Wildhaus seinen Ausgangspunkt. Er führt zunächst an Rebhängen und den Resten der Stadtmauern vorbei nach Prod und taucht weiter oben im schattigen Gonzenwald unter. Dort gewinnt man moderat an Höhe. Wer es steiler mag, kann sich an der nächsten Abzweigung für die anspruchsvollere Route über Leitern entscheiden.

Sind Kinder mit von der Partie, bleibe man dem Höhenweg bis Maienberg treu. Hinter dem kleinen Lutenbach-Wasserfall geht es dann links zur Skihütte Lanaberg und anschließend über die vielfach eingezäunte Weidelandschaft des Walserberges empor bis zum Kurhaus Gonzen. Dort findet sich wieder ein guter Weg, der durch die Parklandschaft der Rieteralp sanft zur flachen Kammsenke zwischen Tschuggen und Gonzen emporleitet. Letzterer hat sich längst zur zahmen Grünkuppe gewandelt, die zuletzt durch schütteren Bergwald am wenig ausgeprägten Nordwestrücken erwandert wird.

Ganz oben ist dann Vorsicht geboten, denn wenige Meter neben dem Gipfelkreuz beginnt der jähe Steilabbruch nach Süden. Schwindelfreie können hier atemberaubende Tiefblicke genießen zu den Verkehrsadern rund um Sargans, zum Häuserteppich von Mels und zum langgezogenen Flußbett des Rhein. In die andere Richtung nimmt sich die Fernsicht bescheidener aus, aber die Gipfelhöhe reicht noch, um den Piz Linard zu erkennen, die ferne Bernina oder die Churfirsten.

Gar nicht wie ein Wandergipfel wirkt der Gonzen von Sargans aus. Der leichte Wanderanstieg führt dann auch über die harmlose Rückseite zum Gipfel.

43 Alvier

Stolzer Gipfel zwischen Walensee und Rheintal

Bergwanderung 1 Tag bzw. 2 Tage
2343 m
Mit Kindern ab 12 J.

Talorte (A) Buchs, 447 m; AP Berghaus Malbun, 1369 m (Straße von Buchs). – (B) Trübbach, 479 m; AP Oberschan (668 m) bzw. Kurhaus Alvier (975 m, mit Pkw oder Seilbahn von Oberschan). – EP Heiligkreuz, 485 m.

Charakter Einfache, aber lange Bergwanderung auf markierten Wegen. Für den Abstieg nach Vord. Palfris Trittsicherheit erforderlich. – Beste Zeit: Ende Juni bis Ende Oktober.

Gehzeit (A) Aufstieg 3–3$^1/_2$ Std.; Abstieg 2 Std. – (B) Aufstieg 3–4 Std.; Abstieg 3 Std.

Hütten/Gasthäuser Berghaus Alvier, 2342 m, priv. (ÜN); Kurhaus Palvris, 1688 m.

Verlauf (A) Berghaus Malbun – Unt. Säss – Barbiel – Alvier. – (B) Oberschan bzw. Kurhaus Alvier – Stofel – Schaner Alp – Alvier – Vord. Palfris – Hint. Spina – Heiligkreuz.

Karte LKS 237, Walenstadt, 1 : 50 000.

Nach Gamsberg und Faulfirst ist der Alvier nur die dritthöchste Erhebung der nach ihm benannten Gebirgskette im Winkel von Rheintal und Seeztal. Gleichwohl verkörpert der Alvier den wichtigsten Vertreter dieser Gipfelschar. Er ist als einziger leicht zu ersteigen, trägt auf seinem Gipfeldach eine kleine Bergwirtschaft und beeindruckt aus dem nahen Rheintal mit seinen ungewöhnlich schön geschwungenen Gratlinien.

Wegen drei verschieden markierter Anstiegswege und mehrerer weit hinaufreichender Straßen steht der Alvier im Ruf, für Fußgänger und Autofahrer gleich gut erschlossen zu sein. Man sollte die Rolle des Autofahrers dabei nicht überziehen und beispielsweise von Oberschan das 1700 Meter hoch gelegene Kurhaus Palfris ansteuern, was den eigentlichen Gipfelanstieg dann auf lächerliche 1$^1/_2$ Stunden reduziert.

Solche Schmalspurerlebnisse sind dem Alvier eigentlich nicht angemessen. Mehr vom Alvier hat derjenige, der von Buchs zum Berghaus Malbun hinauffährt, die herrliche Malschüelalp überquert und schließlich am begrasten Nordostgrat zum Gipfelgasthaus emporsteigt. Am eindrucksvollsten ist natürlich eine Überschreitung des Berges, mit Aufstieg über den sanften Nordostgrat und Abstieg durch die steile Südflanke. Dazu bieten sich zwei Lösungen an: eine kleine als Rundtour vom Kurhaus Alvier aus und eine große mit Start im Rheintal und Rückkehr ins Seeztal.

Letztere ist allerdings nur von Konditionsprotzen an einem Tag zu schaffen. Normalsterbliche planen besser eine Übernachtung im Gipfelgasthaus ein, was mit etwas Glück den Zauber eines Sonnenunter- und Sonnenaufgangs einschließt.

5 Stunden veranschlagt der Wegweiser am Bahnhof in Trübbach am Rheinufer für den Alvier, die aber gestalten sich sehr kurzweilig. Zunächst geht es im Waldschatten hinauf zum Kurhaus Alvier (975 m), das durch eine Straße und eine kleine Seilbahn mit Oberschan verbunden ist. Hier muß man zunächst ein Stück dem Sträßchen nach Palfris folgen, ehe rechts der Türlweg abzweigt, der bald als schmaler Steig um die Felsbarriere der Flidaköpfe herum zur Schaner Alp leitet.

Weite Grünhänge ziehen nun gegen den Sattel am Beginn des Nordostgrates empor, dessen steiler Aufschwung vor dem gut angelegten Pfad in zahlreichen Kehren bezwungen wird. Oben angekommen, bestaunt man zunächst den

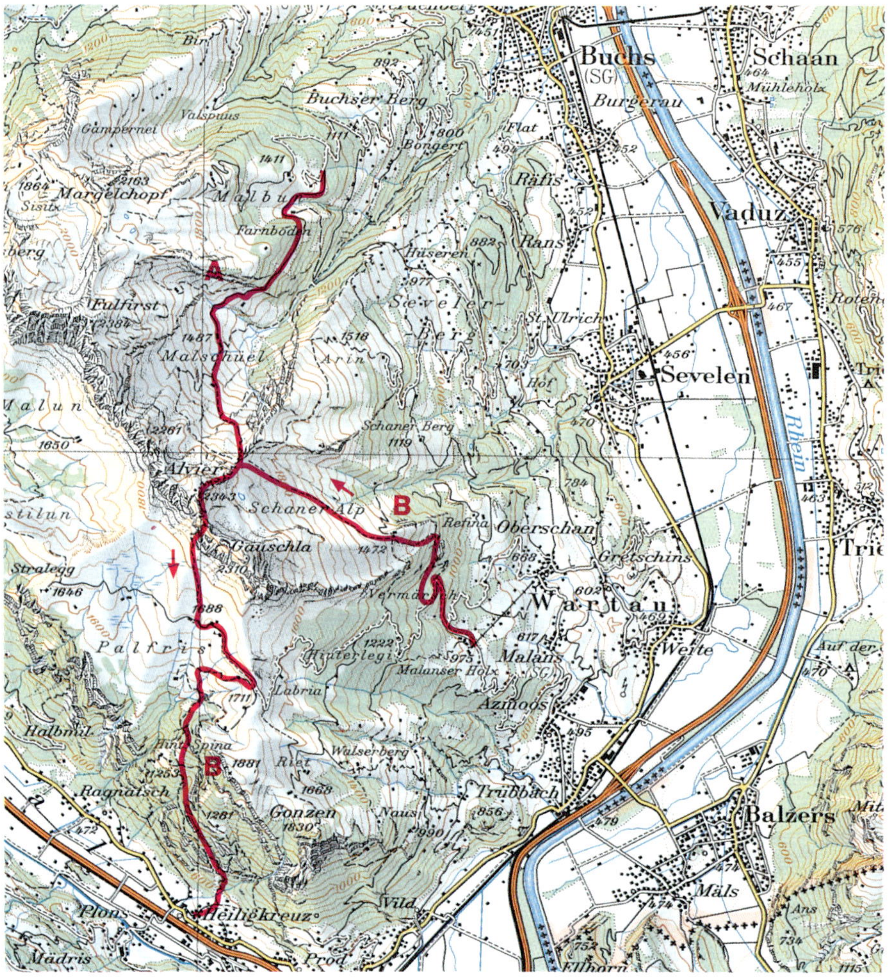

fjordartig eingeschnittenen Walensee, den Bodensee weit draußen, das Rheintal tief unten und dann die schier unübersehbare Gipfelschau bis hin zur Bernina, zum Tödi und zu den fernen Berner Alpen.

Vom Gipfel gelangt man anschließend über den Südgrat in den Sattel vor dem Gauschla und folgt dort dem gesicherten Weglein in vielen Zickzacks über Felsstufen und Leitern durch den sogenannten »Kamin« in der Südflanke hinunter zum Kurhaus Palfris. Wanderer mit Auto am Kurhaus Alvier kehren jetzt via Alp Labria gemütlich zum Ausgangspunkt zurück. Alle anderen überqueren die weite Rütiguetalp und marschieren südwärts in dichtem Laubwald zwischen den Felsriegeln der Tschuggen ins Tal hinunter.

Die Schauseite des Alvier blickt nach Südwesten, die Aufstiegsroute meidet die schroffen Felsabstürze.

Mit weichen Knien erreicht man schließlich den ebenen Seeztalboden bei Heiligkreuz. Hier sind es nur noch wenige Minuten zum Bahnhof Mels, aber auch die Schnellzugstation Sargans ist bloß $^1/_2$ Stunde entfernt.

44 Falknis

Von Maienfeld über die Enderlinhütte

Bergwanderung $1^{1}/_{2}$ Tag
2562 m
Nichts für Kinder

Talort Maienfeld, 518 m; AP Luziensteig, 713 m.
Charakter Lange Bergwanderung durch die steile Südflanke des Falknis, gut angelegter und markierter Weg, jedoch stellenweise Trittsicherheit und Schwindelfreiheit erforderlich. – Beste Zeit: Juli bis Oktober.
Gehzeit Aufstieg 5–$5^{1}/_{2}$ Std.; Abstieg $3^{1}/_{2}$–4 Std.
Hütten/Gasthäuser Enderlin-H., 1501 m, SAC.
Verlauf Luziensteig – Enderlin-H. – Fläscher Fürggli – Falknis.
Besonderer Hinweis Für den langen Anstieg in der trockenen Südflanke ausreichend Flüssigkeit mitnehmen!
Variante Abstieg zum Mazorakopf (2451 m), weiter über den Nordwestgrat (Guschagrat) nach Unt. Meren und Guscha (1115 m), in südl. Richtung zurück nach Luziensteig, 4–$4^{1}/_{2}$ Std.
Karten LKS 5012, Flumser Berge – Prättigau. 1 : 50 000; LKS 237, Walenstadt und LKS 238, Montafon, 1 : 50 000.

Als Westschulter des Rätikon steht an der Nahtstelle von Ost- und Westalpen der Falknis 2100 Meter über dem Rheintal. Mit seinen hohen, westseitigen Wandfluchten bietet der Berg einen herrlichen Blickfang über der Rheinebene, der besonders in der Abendglut zusammen mit dem vorgelagerten Gleckhorn ein großartiges Landschaftsgemälde abgibt.

Was man von unten nicht sieht: Hinter dem Falknis reihen sich ostwärts weitere imposante Kalkmauern aneinander, von der Schesaplana bis zur Drusen- und Sulzfluh. Am Falknisgipfel steht man dieser geballten Kalkmasse unmittelbar gegenüber, aber das allein kann noch keinen Zürcher auf diesen fernen Grenzberg locken.

Das Besondere am Falknis ist der Rheintalblick. Nirgendwo sonst läßt sich dieser Flußlauf so ungehindert und so schön von Chur bis hinaus zum Bodensee einsehen. Zudem liegen auch das Seeztal und der Walensee offen im Blickfeld. Weil der Falknis vom hohen Knotenpunkt des Rätikon etwas abgesetzt steht, genießt man von seinem Gipfelkreuz außerdem eine weitreichende Rundsicht, die fast die gesamten Bündener Alpen einschließt und bis zur Eiskappe des Tödi reicht.

Zum Glück für alle Zürcher Bergfreunde ist der Falknis von der Schweizer Seite aus auf einem gut angelegten Steig verhältnismäßig leicht zu bezwingen, allerdings muß eine enorme Höhendifferenz bewältigt werden. So sind es knapp 2100 Höhenmeter von der SBB-Station Maienfeld bzw. fast 1900 Meter vom Parkplatz am Luziensteig. Dank der stets offenen Enderlin-

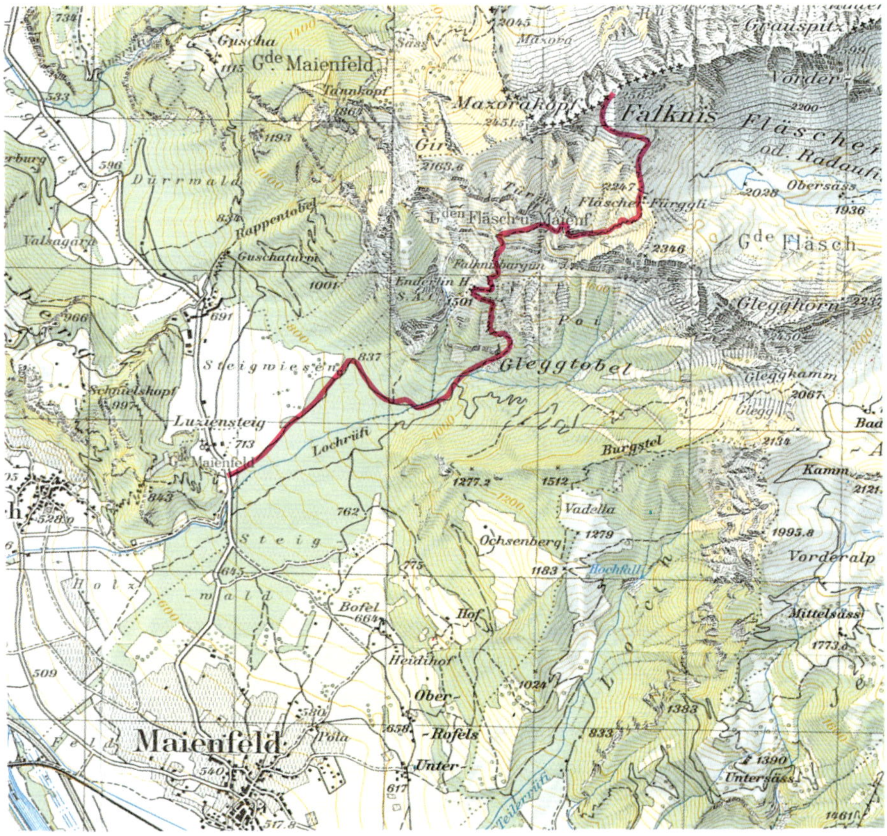

hütte des SAC läßt sich dieses enorme Anstiegspensum aber gut auf zwei Tage verteilen.

Von dem hübsch zwischen Obsthainen und Rebfeldern versteckten Städtchen Maienfeld bummelt der Bahnreisende zunächst eine Weile zwischen Weinfeldern hindurch zum schattigen Steigwald, in dem am Beginn des Glecktobels der für Autofahrer wichtige Parkplatz an der Luziensteigstraße verborgen liegt.

Nun geht es zunächst ein Stück in den wildromantischen, vom Schwarzhorn überragten Gleggtobel hinein, ehe der Weg links abzweigt und am steilen, bewaldeten Falknissockel unerbittlich Kehre um Kehre zur Enderlinhütte emporzieht. Die liegt genau auf halber Höhe zwischen Talboden und Gipfel und gewährt bereits schöne Rückblicke in die Rheinebene und zur Calanda. Ob man hier gleich weitergeht oder auf einen der knapp 30 Schlafplätze hofft, ist Charaktersache bzw. eine Frage des Tourentimings.

In der Nachmittagssonne kann das folgende Wegstück durch die steile Südflanke des Falknis recht schweißtreibend werden. Ein schmaler Pfad gewinnt in zahlreichen Serpentinen rasch an Höhe und passiert längs eines grünen Bandes aufregend exponiert die Felsbarriere der Falknistürme. Dahinter erreicht man bald die wichtige Einsattelung der Fläscher Fürggli, wo auch die Anstiege von Älplibahn via Fläscher-Alp bzw. von der Pfälzer Hütte (Vorarlberg) einmünden.

Der Rest des Anstiegs verläuft nun stets am leichten Südgrat, der sich zum Gipfel hin mehr und mehr zu einer Schutt- und Geröllflanke verbreitert. Das Gelände wird etwas unübersichtlich, aber dank der rot-weißen Markierungen findet man schließlich unfehlbar empor zum zuckerhutartig aufgewölbten, kreuzgeschmückten Gipfel.

Bei Nässe ist dieser Falknis-Zugang allerdings nicht ungefährlich. Das gilt in noch stärkerem Maße für die eventuelle Abstiegsvariante über Mazorakopf und Guschagrat hinab nach Guscha und Luziensteig.

1850 Höhenmeter liegen zwischen den Weingärten des Rheintals und dem leicht angezuckerten Gipfel des Falknis. In Fallinie unter dem Gipfel, noch in der Wald- und Latschenregion, ist die Enderlin-Hütte zu erkennen.

45 Calanda

Stille Wandertage über Chur

Berwanderung $1^1/_2$ Tage
2806 m
Mit Kindern ab 14 J.

Als östliche Schulter der Glarner Alpen bildet der mächtige, 17 Kilometer lange Querriegel des Calanda eine phantastische Aussichtskanzel 2300 Meter hoch über dem westlichen Rheinufer bei Chur. Bis vor 20 Millionen Jahren stand der Calanda allerdings noch auf der anderen Rheinseite und hatte mit den Glarner Alpen nichts zu tun. In der Zwischenzeit sind zwar keine Berge versetzt worden, aber der Rhein hat sich ein neues Bett gegraben. Der Urrhein entwässerte sich nämlich vormals durch das Kunkels- bzw. Taminatal und fand erst später den Weg ostwärts um den Calandastock herum. Deshalb steht dieser Calanda heute so auffällig isoliert wie ein eigenständiger Gebirgszug da, der durch das tief eingeschnittene Taminatal entschieden vom Rest der Glarner Alpen abgetrennt wird.

Die beiden Rheinläufe haben den Calanda völlig unterschiedlich modelliert. Der Urrhein hat eine schroffe und von zahlreichen Tobeln durchfurchte Steilflanke hinterlassen, während die heutige Rheintalseite sanfte, gleichförmige Hänge zeigt, die bis weit hinauf bewaldet sind und erst ganz oben mächtige Felsgürtel freigeben.

Talort Haldenstein, 572 m.

Charakter Lange und großartige Bergwanderung auf meist guten Wegen, vom Gipfel hervorragende Rundschau, 2250 m über dem Talboden! – Beste Zeit: Ende Juni bis Ende Oktober.

Gehzeit Aufstieg 6–7 Std.; Abstieg 4 Std.

Hütten/Gasthäuser Calanda H., 2073 m, SAC.

Verlauf Haldenstein – Arella – Funtanolja – Bärenhag – Calanda-H. – Calandaseite – Haldensteiner Calanda.

Variante Nur noch $1^1/_2$ Std. beträgt der Anstieg zur Calanda-H. von der Vazer Alp (1751 m), die von Untervaz (564 m) auf gebührenpflichtiger Straße zu erreichen ist.

Karte LKS 247, Sardona, 1 : 50 000.

Natürlich wird der Bergstock aufgrund dieser Struktur vorwiegend über die Ostseite besucht, wobei die meisten Besteigungen dem höchsten Gipfel, dem Haldensteiner Calanda, gelten. Lohnend sind zwar auch die anderen »Calandas«, der Taminser, der Felsberger oder der Berger Calanda, aber nur der Haldensteiner Calanda wird bis zum Gipfelkreuz von einem Wanderweg erschlossen.

Als Tagestour wäre dieser Aufstieg direkt vom Rheinufer aus eine arge Zumutung, aber mit der komfortablen Calandahütte in 2000 Meter Höhe läßt sich ein feines Bergwanderwochenende daraus machen. Es sei jedoch nicht verschwiegen, daß der 3stündige Fußmarsch vom schmucken Rheindorf Haldenstein zur Calandahütte streckenweise auf asphaltierten Alpsträßchen verläuft, wo wochentags mit allerlei Wirtschaftsverkehr zu rechnen ist. Manch einer zieht es deshalb vor, gegen eine Gebühr von wenigen Franken wider den Anflug schlechten Gewissens und vielleicht gegen besseres ökologisches Wissen mit dem eigenen Auto von Untervaz zur Vazer Alp hinaufzufahren. Das verkürzt den Zugang zur Calandahütte natürlich erheblich, nämlich auf knapp $1^1/_2$ Stunden, und rückt damit den Haldensteiner Calanda selbst in den Bereich eines Tagesausfluges – allerdings geht dies auf Kosten der Erlebnisqualität.

Wer die sucht, der wähle am besten den langen Höhenweg vom Kunkelspaß her oder den etwas mühsamen Zustieg von Vättis im Westen durch das wildromantische Schäftäli. Ab Calandahütte folgen dann alle demselben Wegweiser, der nordwestwärts über Weideböden ins Parzams zeigt. Aus diesem karg begrünten Hochtälchen geht es rechts durch eine markante Felsbarriere auf die schräge Abdachung der Calandaseite. Hier leitet ein steiler Schuttpfad in vielen Kehren zum Gipfelgrat empor. Man bleibt nun immer auf der Grathöhe, umgeht sämtliche Grathöcker gefahrlos auf der Westseite und erreicht endlich in gespannter Erwartung das Gipfelkreuz.

Die anschließende Gipfelstunde ist bei klarem Wetter ein Hochgenuß, vor allem dann, wenn man sich in der Alpengeographie auskennt oder die alte Panoramazeichnung von Professor Jenny zur Hand hat. Das Rheintal und die vergletscherte Silvretta im Osten, das Häusermeer von Chur mit den bis zu den Firnbergen der Bernina aufgestaffelten Bündener Alpen dahinter und der fjordartig eingeschnittene Gigerwaldstausee im Westen zu Füßen von Ringelspitz und Sardona, das sind die packendsten Bilder dieser großartigen Rundsicht.

Über den markanten breiten Ostrücken führt der Anstieg auf den Calanda, die wuchtig das Rheintal überragt.

46 Drei Schwestern

Aufstieg über den Fürstensteig, Abstieg am Drei-Schwestern-Steig

Bergwanderung 1 Tag
2123 m
Mit Kindern ab 14 J.

Der Name der Drei Schwestern steht nicht für eine Ordensgemeinschaft, sondern für den nordwestlichen Kammzug des Rätikon, der sich als Grenzgrat zwischen Liechtenstein und Österreich auf einer Länge von 10 Kilometern parallel zum Rheintal erstreckt. Nicht die absolute Höhe der Gipfel ist hier von Belang, sondern ihr Formenreichtum und der unmittelbare Kontrast zum 1500 Meter tieferen, großartigen Rheingraben.

Die höchste Erhebung dieser Kette heißt Kuhgrat und bringt es auf bescheidene 2123 Meter, das markante Dreigestirn der Drei Schwestern mißt nur 2050 Meter. Trotzdem gewähren diese Gipfel eine hervorragende Aussicht. Am meisten fasziniert dabei der stets freie Blick in die Kulturlandschaft der Rheinebene, kaum weniger interessant sind daneben das liebliche Walgau und die dunklen Waldgründe des Saminatales. Darüber faltet sich der komplette Bregenzer Wald auf, dazu das Lechquellengebirge, die Allgäuer Alpen und natürlich das nahe Säntismassiv.

Talort Schaan, 450 m; AP letzte Straßenkehre vor dem Tunnel nach Steg (ca. 1200 m, Postautohaltestelle); EP Planken, 786 m.

Charakter Ungemein aussichtsreicher Höhenweg auf luftigen Graten, sowohl der Firsten- wie der Drei-Schwestern-Steig sind gut ausgebaut, Trittsicherheit und ein gewisses Maß an Schwindelfreiheit bleiben dennoch unerläßlich. – Beste Zeit: Anfang Juli bis Mitte Oktober.

Gehzeit Aufstieg 3–3$^1/_2$ Std.; Abstieg 2$^1/_2$–3 Std.

Hütten Keine.

Verlauf Postauto-Haltestelle – Silum – Fürstensteig – Kuhgrat – Garsellakopf – Drei Schwestern – Drei-Schwestern-Steig – Saroyasattel – Gafadura – Planken.

Variante Fortsetzung des Drei-Schwestern-Steiges bis zum Feldkirchner Hs. mit Abstieg nach Feldkirch.

Karten LKS 237, Walenstadt; LKS 238, Montafon, jeweils 1 : 50 000.

Wer einen klaren Tag erwischt, dem blinkt sogar von weit im Süden das hohe Eis der Glarner und Bündner Alpen entgegen. Und das schönste an diesem Gebirgszug: Die Gipfel können trotz der teilweise schroffen Formen auf solider Weganlage in luftiger Höhe gefahrlos überschritten werden.

Die Kombination von Fürstensteig und Drei-Schwestern-Steig ergibt dabei den schönsten Höhenweg, der sich als Tagestour von Zürich aus denken läßt.

Weil Ausgangs- und Endpunkt der Höhenwanderung weit auseinanderliegen, ist man so oder so auf öffentliche Verkehrsmittel angewiesen. Da ist es besser, gleich mit der Bahn anzureisen, auf jeden Fall aber ab Schaan den Bus zu benutzen. Mit dem Pkw bis zum Alpenhotel Gaflei hinaufzufahren bringt wenig, denn nach erfolgreicher Höhenwanderung und Ankunft in Planken steht das Auto dann natürlich am falschen Ort. Also nehme man ab Schaan bzw. Vaduz den Bus nach Steg/Malbun und beginne die Wanderung oberhalb Triesenberg an der letzten Haltestelle vor dem Straßentunnel, in gut 1200 Meter Höhe. Schon hier genießt man einen freien Rückblick ins Rheintal, ein Bild, das den Bergfreund während der gesamten Wanderung begleiten wird.

Zunächst geht es – stets auf gut beschilderten Wegen – zum altehrwürdigen Kurhaus Silum und weiter, immer nach Norden, oberhalb von Gaflei vorbei zum eigentlichen Beginn des Fürstensteiges. Der zieht kühn angelegt westseitig des Alpspitz durch die wildzerklüfteten Gipsbergwände und leitet dabei über manch schwindelnde Schluchten und Abgründe hinweg. Im Sattel nördlich des Alpspitz wird die Welt dann wieder freundlicher. Rasen und Latschenkiefer geleiten jetzt empor zum Kuhgrat, dem aussichtsreichen Scheitelpunkt dieser Wanderung.

Von hier zieht der Drei-Schwestern-Steig hinüber zur markanten Felspyramide des Garsellakopfes. Der schaut schwierig aus, ist aber über gut angelegte Treppen und mit Drahtseilhilfe einfach zu bezwingen.

Endlich rücken auch die Drei Schwestern selbst ins Blickfeld, man erreicht sie schließlich über ein langes, horizontal verlaufendes Wegstück. Das kahle Felshaupt der größeren Schwester kann von jedermann über ausgehauene Tritte erklommen werden; die beiden anderen bleiben dem Kletterer vorbehalten.

Vom Gratsattel vor der Großen Schwester führt die Steiganlage über solide Eisenleitern jäh in die Tiefe, man passiert eine bizarre Felsschlucht und gelangt durch ein Felsfenster aufregend interessant hinab in den Saroyasattel. Der Drei-Schwestern-Steig verläuft hier weiter zum Feldkirchner Haus, wer aber nicht nach Österreich, sondern zurück nach Zürich will, der nehme links den guten Weg durch Wiesen und Wald hinunter zum Postbus in Planken.

Einer der schönsten Höhenwege über dem Rheintal ist die aussichtsreiche Kammwanderung vom Kuhgrat (leicht verdeckt hinter dem Garsellakopf, Bildmitte) zu den Drei Schwestern.

47 Rautispitz

Größere, unschwierige Bergwanderung ab Obersee

Bergwanderung 1 Tag
2283 m
Mit Kindern ab 14 J.

Talort Näfels, 445 m; AP Niederseealp am Obersee, 992 m.

Charakter Unschwierige Bergwanderung in alpinem Gelände, hervorragende Aussicht. Der Übergang zum Wiggis ist nur bei guten Verhältnissen einfach. – Beste Zeit: Ende Juni bis Oktober.

Gehzeit Aufstieg $3^1/_2$–$4^1/_2$ Std.; Abstieg $2^1/_2$ Std.

Hütten Keine.

Verlauf Niderseealp – Grapplistafel – Rautialp – Rautispitz – Wiggis.

Varianten Von Obersee mit dem Auto bis zum Ende der Fahrstraße bei Sulzboden (1146 m) und dem Fahrweg folgend auf die Rautialp. Steiler Abstieg vom Wiggis nach Ob. Bützi und über die Aueren-A. hinab nach Netstal im Linthtal.

Karte LKS 236, Lachen, 1 : 50 000.

Das Felsbollwerk von Rautispitz und Wiggis beherrscht mit mächtigen Wandfluchten den Eingang ins Linthtal. Die absolute Gipfelhöhe bleibt mit knapp 2300 Metern angesichts des nahen Glärnisch bescheiden, die Wirkung dagegen ist kolossal.

Fast senkrecht steigt das Gipfelpaar über den Ufern der Linth empor, unnahbar und herausfordernd zugleich. Dieser Herausforderung darf man sich auch als Bergwanderer stellen, denn wie so oft in den Voralpen ist die schroffe Vorderseite nur Kulisse. Nach »hinten«, zum Oberseetal, zeigt der Rautispitz nämlich sanfte Rundungen und üppiges Grün. Allein der Wiggis bewahrt auch hier einen Rest alpiner Würde, aber über den hohen Verbindungssattel zum Rautispitz und die vorspringende Höchnase läßt er sich ebenfalls unschwer ersteigen.

Das Gipfelpaar, insbesondere der höhere Rautispitz, zählt zu den klassischen Zielen im Wanderwegnetz des Glarner Landes. Schon ein Blick in die Landeskarte zeigt sehr plastisch die Vorzüge dieser Bergtour, den Start am stillen, herrlich gelegenen Obersee, die Umrundung der westseitigen Felsbarriere, den Anstieg durch die Vegetationszonen der Rautialp und den großartigen Tiefblick von oben ins dichtbesiedelte Linthtal.

Mit dem Auto ist man diesmal besser dran, denn an der SBB-Station Näfels am Eingang ins Oberseetal hat man ab Zürich noch keinen Höhenmeter gewonnen, und das bedeutet 5 bis 6 Stunden Gehzeit ohne Pause! Die Straße zum Obersee verkürzt das Anstiegspensum auf angenehme 1300 Meter, und wer bis zum Sulzboden im Talschluß fährt, spart nochmals fast 200 Meter. Letzteres bedeutet allerdings einen Qualitätsverlust, denn der Tourenbeginn am Ostufer des Obersees ist ungleich schöner.

Mit dem Spiegelbild des eleganten Brünnelistocks zur Rechten geht es zunächst eben am Seeufer dahin, später taucht man im Wald unter und steigt allmählich zur Höhe der Grapplialp an. Hinter der Grapplistafel leitet der Wanderweg auf schmalem, aber solidem Felsband um die Bergkante des Tänn herum ins weite Hochtal der Rautialp. Hübsch wölbt sich die grüne Kuppe des Rautispitz über dem Seitentälchen auf, und felsig schroff steht rechts daneben der Wiggis.

Über Weidematten, Bergsturztrümmer und Geröll erreicht man schließlich in gehobener Erwartung den flachen Sattel zwischen beiden Gipfeln. Der Rautispitz ist nach einem Dutzend Wegkehren rasch erobert, der Wiggis hingegen verlangt auf dem schmalen, ausgehauenen Steig durch die glatten Felsplatten der Ostseite und um die Höchnase herum absolute Schwindelfreiheit.

Bei Nässe oder Neuschnee kann dieser Übergang gefährlich werden, dann sollte man es beim Rautispitz belassen. Unter dessen Gipfelkreuz läßt es sich vortrefflich rasten, und zu sehen gibt es

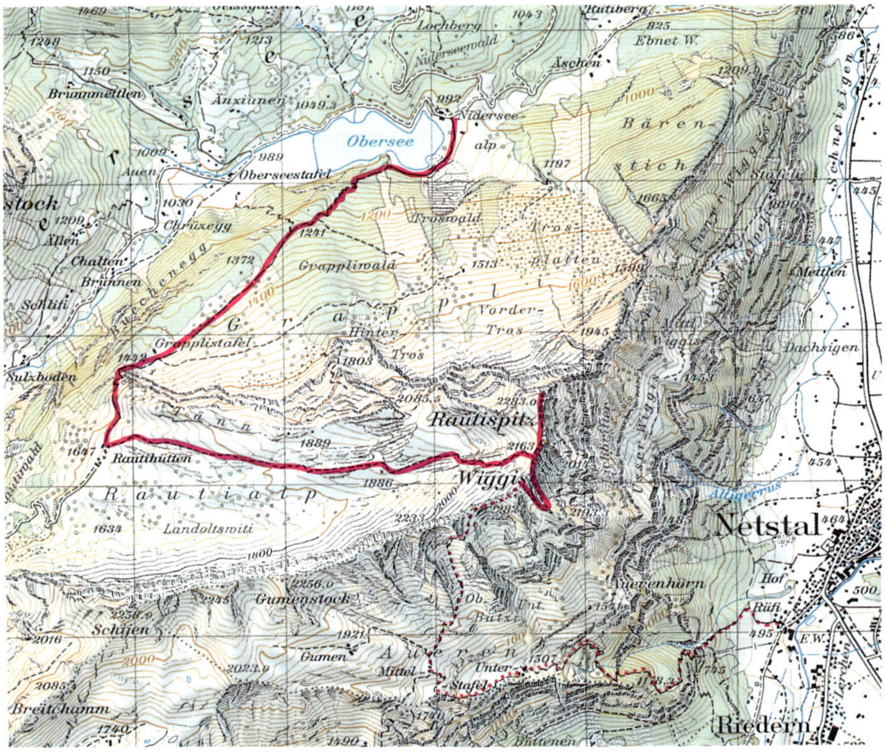

Steil ragt der Ostabbruch der Rautispitz über dem Linthtal auf, dahinter setzt das Glärnischmassiv noch alpinere Akzente zu den blühenden Obstbäumen im Vordergrund.

an klaren Tagen genug, auch wenn die Rundsicht durch die nahe Riesenmauer des Glärnisch etwas eingeschränkt wird. Am eindrucksvollsten bleibt der freie Blick ins Linthtal, und wer am Morgen ohne Autobenutzung von ganz unten angestiegen ist, hat nun die Möglichkeit, den Tag auf das Schönste abzurunden. Dazu quert man – bei trockenem Fels – aus dem Sattel wie schon erwähnt hinüber zum Wiggis und steigt von dessen Gipfelkamm vorsichtig unter dem P. 2260 auf Pfadspuren südwärts zum Ober Bützi ab. Von dort gelangt man über die verschiedenen Terrassen der Auerenalp zuletzt steil hinab zur Bahnstation Netstal am westlichen Linthufer.

48 Vorder Glärnisch

Leichte Bergtour hoch über Glarus

Bergtour 1 Tag
2327 m
Mit Kindern ab 14 J.

Talort Glarus, 489 m; AP Hint. Saggberg, 1053 m.

Charakter Leichte Bergtour in hochalpiner Umgebung mit eindrucksvollen Tief- und Ausblicken. Durchgehende Wegspur, dennoch Trittsicherheit erforderlich; stellenweise gesichert. – Beste Zeit: Ende Juni bis Oktober.

Gehzeit Aufstieg 4–4$^1/_2$ Std.; Abstieg 2$^1/_2$–3 Std.

Hütten Keine.

Verlauf Hint. Saggberg – Gleiter – Vord. Glärnisch.

Variante Abstieg am Südwestgrat ins Furggle und durch die steile Südostflanke nach Schwändi (701 m), 3–3$^1/_2$ Std. Trittsicherheit erforderlich! Anspruchsvoller als die Normalroute!

Karten LKS 1153, Klöntal, 1 : 25 000; LKS 236, Lachen, 1 : 50 000.

Der Vorder Glärnisch hockt dem Vrenelisgärtli so devot zu Füßen wie das Hündchen seinem Herrn. Dennoch hat er dem Besucher viel zu bieten, nämlich einen nicht ganz alltäglichen Normalanstieg, bezaubernde Tiefblicke ins Klöntal wie ins Linthtal sowie am wenig frequentierten Gipfel den Frieden mit sich selbst. Man rastet dort oben direkt über dem Glarner Land und schaut zu den Häusern, Straßen und Plätzen des Kantonshauptortes Glarus beinahe senkrecht hinunter. Dieses Glarus mit seiner auffälligen Baukastensymmetrie ist übrigens weitgehend am Reißbrett entworfen worden, nachdem Alt-Glarus mit all den Winkeln und Gäßlein in der Nacht vom 10. Mai 1861 abbrannte.

Um die Tour ganz unten am Linthufer zu starten, benötigt man eine gute Kondition. Der Felserker des Vorder Glärnisch überragt nämlich Glarus immerhin um 1900 Meter. Anders an der Alphochfläche Hinter Saggberg (1050 m), am Ende der Straße vom Klöntaler See. Dort sind es nur mehr humane 1300 Höhenmeter bis zum Ziel; und der Anblick der schönen Kegelgestalt, mit der der Vorder Glärnisch vom Vrenelisgärtli jetzt deutlich Abstand hält, entfacht zusätzlichen Auftrieb. Hinter Saggberg läßt sich auch ohne Auto gut erreichen, und zwar in einem $^1/_2$stündigen Waldspaziergang von der Postauto-Haltestelle Rhodannenberg am Klöntaler See.

Zu Beginn hat man zunächst die Wahl, parallel zum Bauchlauf dem direkten Weg zum großen Trichter des Gleiter zu folgen oder dem lohnenden,

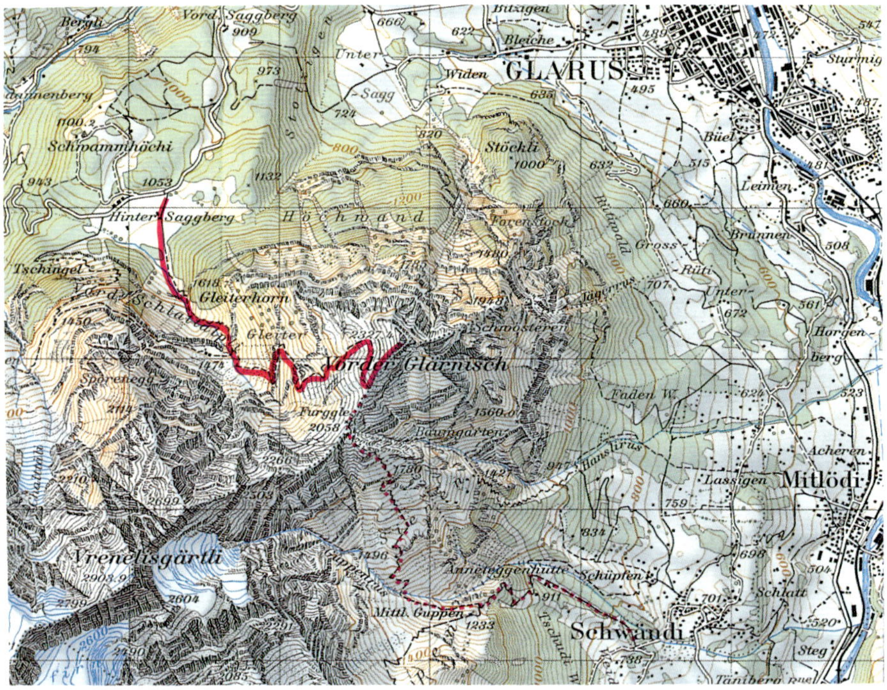

aussichtsreicheren Umweg übers Vordere Schlattalpli den Vorzug zu geben. Im Gleiter vollzieht sich dann der wesentliche und interessanteste Teil des Anstiegs, wobei begrünte und schuttige Steilrampen und kurze Wandstufen oder Felsriegel einander abwechseln. Dank der Pfadspuren und Drahtseile läßt sich auch an den exponierten Stellen sorglos in die Tiefe schauen.

Am oberen Rand des Riesentrichters findet dieses Vergnügen allerdings ein unschönes Ende, denn jetzt folgen die weiten, abschüssigen Glärnischplanggen. Schon der Name verheißt nichts Gutes, und in der Tat sind die stark geneigten, schuttigen Hänge unter der Gipfelpartie des Vorder Glärnisch trotz Steigspur nur mühsam zu begehen. Am besten hält man sich bald schräg links empor gegen den Nordwestgrat, um an dessen Südseite bzw. auf dessen Scheitelhöhe den Gipfel zu gewinnen.

Von den tischebenen Wiesen bis zum felsigen Gipfel des Vorder Glärnisch sind es fast 2 Kilometer Höhendifferenz. Kondition und Ausdauer sind deshalb für seine Besteigung ausschlaggebend.

49 Glärnisch

Leichte Gletschertour und leichte Kletterei mit Superlativen

Gletschertour $1^1/_2$ Tage
2904 m
Mit Kindern ab 16 J.

Talort Netstal, 464 m; AP Hint. Klöntal, 853 m.

Charakter Einfache Gletschertour auf einen großartigen Aussichtsgipfel. Am Gipfelaufbau leichte Kletterei, Trittsicherheit erforderlich. – Beste Zeit: Juli bis Mitte Oktober.

Gehzeit Aufstieg 6–7 Std.; Abstieg 4–5 Std.

Hütten/Gasthäuser Berggasthaus Chäseren, 1219 m, priv. (ÜN); Glärnisch-H., 1990 m, SAC.

Verlauf Hint. Klöntal – Chäseren – Glärnisch-H. – Glärnischfirn – Vrenelisgärtli.

Varianten Vom Glärnischfirn läßt sich auch der höchste Glärnischgipfel – der Bächistock (2914 m) – besteigen sowie der Ruchen (2901 m) durch die Südwestseite, jeweils 3 Std. von der Glärnisch-H. Konditionsstarke Bergsteiger können auch alle Gipfel besteigen, am besten in der Reihenfolge Bächistock – Ruchen – Vrenelisgärtli.

Führer und Karten E. Naef-Blumer: Clubführer Glarner Alpen, SAC, Bern. – LKS 1153, Klöntal, 1 : 25 000; LKS 236, Lachen, 1 : 50 000; für den Bächistock noch LKS 246, Klausenpaß, 1 : 50 000.

Ähnlich wie Säntis oder Tödi hat man die Silhouette des Glärnisch auf beinahe jeder Anhöhe der Nordschweiz vor Augen, aber den nachhaltigsten Eindruck hinterläßt dieser Bergstock aus der Nähe. Unnahbar wirkt er dort mit dem enormen Steilabfall des Ruchen zum Klöntaler See oder den sagenumwobenen Firnfeldern des Vrenelisgärtli, 2400 Meter hoch über den Ufern der Linth. Trotzdem gibt es einen relativ einfachen Anstieg dort hinauf, und zwar von Westen, wo der sanfte Glärnischfirn trogartig zwischen den drei Hauptgipfeln Bächistock, Vrenelisgärtli und Ruchen eingebettet liegt.

Von den drei Glärnischgipfeln ist der Bächistock (2914 m) der höchste, der Ruchen (2901 m) der leichteste und das vorgeschobene Vrenelisgärtli der aussichtsreichste, dem auch die weitaus meisten Besuche im Glärnischmassiv gelten.

Wer es einrichten kann, sollte den Glärnisch unter der Woche besuchen, denn die Glärnischhütte hoch über dem Talschluß des Rossmatter Tals ist am Wochenende trotz ihrer 110 Plätze oft hoffnungslos überfüllt. Der Hüttenanstieg – $3^1/_2$ Stunden ab Vorauen am Köntaler See durchs Rossmatter Tal und den Grünkessel der Wärbenalp – läßt sich mit etwas Glück auf 2 Stunden verkürzen, wenn man nämlich den Jeep zur Chäserenalp erwischt.

Bei zeitigem Aufbruch von der Glärnischhütte sind übrigens alle drei hohen Glärnischgipfel an einem Tag »drin«, wobei der engagierte Bergfotograf die Reihenfolge Bächistock – Ruchen – Vrenelisgärtli einhalten sollte. Sonst droht nämlich morgendliches Gegenlicht am Vrenelisgärtli die phänomenale Aussicht nach Osten gründlich zu verderben.

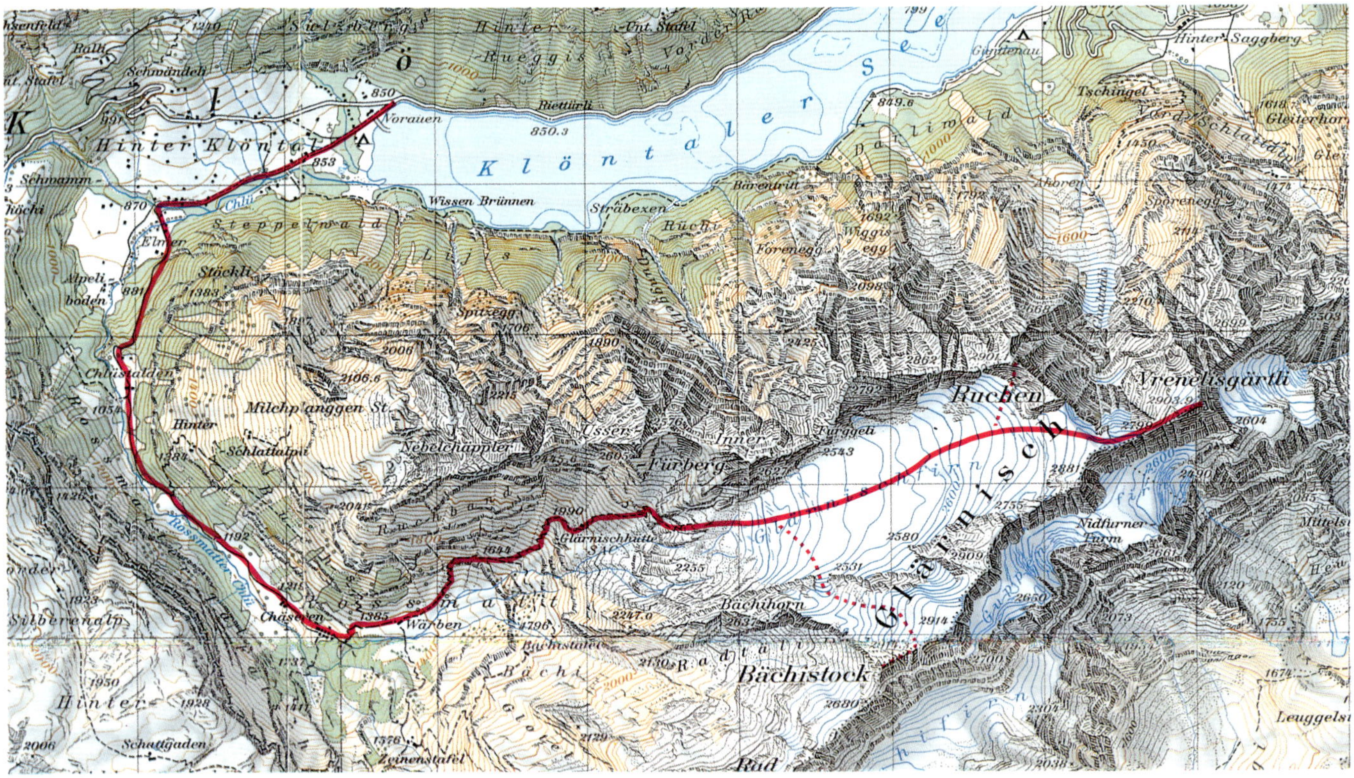

Egal, ob nun einer oder alle drei Gipfel auf dem Programm stehen – zuerst geht es von der Clubhütte ostwärts auf gutem Pfad zum Glärnischfirn. Dort folgt man dem Firnbett bis auf etwa 2500 Meter Höhe. Steht zuerst der Bächistock auf dem Programm, orientiert man sich zum südlichen Gletscherufer, steigt in dem größeren der beiden Firncouloirs empor, überquert die breite Firnkuppe P. 2914 und erreicht schließlich über den kurzen, felsigen Ostgrat den höchsten Glärnischgipfel (3 Stunden ab Glärnischhütte). Leichter gestaltet sich der Weg zum Ruchenglärnisch, der das Gletscherbecken erst in knapp 2700 Meter Höhe verläßt und über Firnhalden und Felsstufen in der Südwestflanke zum Gipfel führt.

Wer das Vrenelisgärtli zum Ziel hat, traversiert den flachen Glärnischfirn bis hinauf in den breiten Sattel am Schwander Grat. Hier steht das Vrenelisgärtli direkt gegenüber, zum Greifen nahe. Doch zunächst folgt noch die – bei ungünstigen Verhältnissen – einzige Zitterpartie der ganzen Tour: der steile, manchmal durch einen Schrund erschwerte Firnabstieg hinab auf den Verbindungsgrat. Dieser leitet schließlich mit schön geschwungener Wächtenkante und atemberaubendem Tiefblick zum Klöntaler See bis zum Fuß des Gipfelaufbaus. Der wird schließlich durch eine Geröllrinne und gut gestuften Fels leicht bezwungen.

Die Besteigung des Glärnischstocks ist eine Hochtour in den Voralpen, eine Gletscherfahrt hoch über dem Talgrund, direkt vor den Pforten der Zivilisation.

50 Bös Fulen

Verrufener Aussichtsberg über Braunwald

Bergtour $1^{1}/_{2}$ Tage
2802 m
Mit Kindern ab 16 J.

Bös Fulen, das ist ein böser, verrufener Name für einen eleganten Gipfel. Als markanter Felsklotz mit schnittigem Profil steht dieser Berg auffällig isoliert zwischen dem Glärnischmassiv und dem Ortstock. Sogar ein ansehnliches Firnfeld breitet sich an seinem Sockel aus. Dennoch bleiben die meisten Zürcher Bergfreunde diesem Gipfel fern. Für sie ist der Name Programm, denn Bös Fulen bedeutet nichts anderes als faules, brüchiges Gestein. In bezug auf den Normalweg gilt allerdings hier die Ausnahme von der Regel »nomen est omen«.

Manch einer läßt sich vielleicht umstimmen, nachdem er den Bös Fulen von anderen Gipfeln aus oder auch nur am Anmarschweg zur Glärnischhütte ausreichend gewürdigt hat. Die Vorurteile sitzen jedoch tief, und wie so oft im Leben fällt der Entschluß selbst schwerer als die spätere Ausführung.

Der höchste Berg im Kanton Schwyz wird nämlich von der Glarner Seite her erstiegen, und da gibt es zunächst einmal Seilbahnanschluß aus dem Linthtal über Braunwald bis zum Berggasthaus Gumen in 1900 Meter Höhe. Mit Trittsicherheit und einer Portion Klettergewandtheit ist man dann diesem stets etwas unnahbar wirkenden Bös Fulen durchaus gewachsen, allerdings sind für das trichterförmige Firnfeld am Einstieg frühmorgens Steigeisen angenehm.

Talort Matt, 663 m; AP Braunwald, 1256 m (Standseilbahn von Matt).

Charakter Für trittsichere und schwindelfreie Bergsteiger einfache Bergtour, am Gipfelaufbau brüchiger Fels. Für das Firnfeld unter dem Gipfelaufbau können Grödeln hilfreich sein. – Beste Zeit: Mitte Juni bis Oktober.

Gehzeit Aufstieg $4–4^{1}/_{2}$ Std.; Abstieg $2^{1}/_{2}$–3 Std.

Hütten/Gasthäuser Ortstock-Hs., 1772 m, priv. (ÜN); evtl. Berggasthaus Gumen, 1901 m, priv. (ÜN), Sesselbahn von Braunwald.

Verlauf Braunwald – Ortstock-Hs. – Bützi – Bös Fulen.

Karten LKS 1773, Linthtal, 1 : 25 000; LKS 246, Klausenpaß, 1 : 50 000.

Eilige Zeitgenossen starten direkt vom Sessellift Gumen aus, Normalsterbliche gönnen sich $1^{1}/_{2}$ Tage für diese Tour und nächtigen entweder im Berggasthaus Gumen oder in dem $^{1}/_{2}$ Wegstunde entfernten, urgemütlichen Ortstockhaus. Anderntags folgt man von der einen oder der anderen Unterkunft einem bezeichneten Weg ostwärts über spärliches Grün am Bützi vorbei zum P. 2155. Dort geht es nun rechts, Pfadspuren oder dem richtigen »Riecher« folgend, über den Oberen Boden bis in die große Geröllmulde zwischen P. 2462 und P. 2517 und weiter zum Rand des großen Firnfeldes am Südostfuß des Bös Fulen. Mit Steigeisen unter den Füßen überquert man dieses Firnfeld nach Norden, passiert den Rand eines sich zur Groß Risi ins Leere öffnenden Schneetrichters und gelangt somit zum Beginn eines schon von weitem sichtbaren, geröllbedeckten Felsbandes.

Der Übergang vom Firn zum Fels fordert besondere Vorsicht, das schräg aufwärts ziehende Band selbst läßt sich dann allerdings einfach begehen. Über Schutt ist bald die Höhe des Nordostgrates beim P. 2748 erreicht. Dessen lange Gratschneide hinüber zum Hauptgipfel wirkt im ersten Augenblick ziemlich ausgesetzt, doch bei näherer Betrachtung offenbaren sich Felsstufen, Absätze und solide Griffe, die das Vorankommen wesentlich erleichtern. Nur ein Gratzacken zu Beginn und die tiefe Scharte vor dem höhsten Gipfel verlangen mäßig schwierige Kletterei.

Am Gipfelsteinmann wird sich so mancher Zürcher Bergfreund erst neu orientieren müssen, denn einige seiner Hausberge zeigen sich aus ungewohnter Perspektive. Der Glärnisch beispielsweise ist jetzt quasi »von hinten« zu sehen, dominierend zwar, aber doch nicht mehr ganz so respektheischend wie sonst. Klein gemacht hat sich der Ortstock nebenan, über den jetzt sämtliche Glarner Hochgipfel hinwegschauen, vom Tödi bis zu den Groß Windgällen.

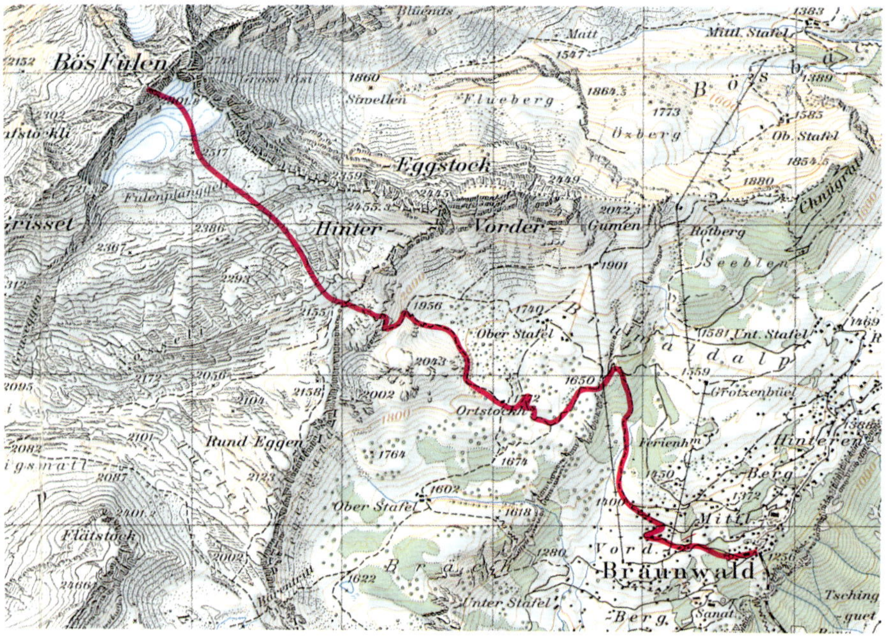

Das Flugzeug des Fotografen nähert sich von Nordwesten dem Bös Fulen (links). Die sanftere Flanke ist von dieser Seite nicht zu sehen.

51 Ortstock

Ein Berg aus Felskeilen über Braunwald

Bergtour 1 Tag
2716 m
Mit Kindern ab 12 J.

Der Ortstock im Winkel von Urnerboden und Linthtal gibt sich als ein Berg des Ausgleichs, ein Berg, der Anspruchsvolle zufriedenstellt, ohne den Anfänger abzuschrecken. Der Ortstock ist von einprägsamer Gestalt, aber nicht schroff; kein firnverbrämter Riese wie der Glärnisch, dennoch eine gewichtige Figur in den Glarner Voralpen. Man darf also von diesem Berg einiges erwarten, ohne etwas riskieren zu müssen. Wer hingegen partout klettern will, dem sei der elegante, schlanke Höchturm nebenan empfohlen, mit seinen steilen Graten und Wänden, seinem brüchigen Fels und seinen exponierten Anstiegsrouten, die umgeben sind vom Reiz des Unwägbaren.

Demgegenüber erscheint am Ortstock alles berechenbar, bis hin zu den Abfahrtszeiten der Braunwaldbahn. Vielleicht liegt es daran, daß die Besteigung des Ortstocks zu den beliebtesten Unternehmungen in den Zürcher Hausbergen zählt. Freilich muß man den richtigen Zugang wählen, denn die Westseite über dem Glattalpsee wirkt aufgrund der tristen Geröllhänge wenig einladend. Ganz anders das Bild auf der Glarner Seite im Osten, wo dem Ortstock in terrassenartiger Stufung die große Parklandschaft von Braunwald vorgelagert ist.

Auf welligen Grünmatten und zwischen dunklen Waldstreifen hat sich der einstige Alpweiler Braunwald heute zum mondänen Kurort ausgebreitet – der klassische Fall einer Landschaftszersiedelung. Allerdings gibt es hier – und das wiederum ist höchst angenehm – nach wie vor keine Straßen und keine Autos; einzig die Standseilbahn aus dem Linthtal verbindet Braunwald mit der Außenwelt. Nur mit ihrer Hilfe ist der Ortstock von Zürich und der Umgebung aus als Tagestour überhaupt zu schaffen.

Talort Matt, 663 m; AP Braunwald, 1256 m (Standseilbahn von Matt).

Charakter Leichte Bergtour, für trittsichere und schwindelfreie Geher ohne Schwierigkeiten, am Bärentritt Sicherungen. Hervorragende Aussicht. – Beste Zeit: Mitte Juni bis Oktober.

Gehzeit Aufstieg 4–5 Std.; Abstieg 3 Std.

Hütten Keine.

Verlauf Braunwald – Ob. Stafel – Bärentritt – Furggele – Ortstock.

Variante Aus dem Furggele Abstieg westwärts über Glattalpsee und Glattalp-H. ins Bisistal.

Karten LKS 1173, Linthtal, 1 : 25 000; LKS 246, Klausenpaß, 1 : 50 000.

Wer daheim zeitig losfährt, erreicht vielleicht Braunwald schon mit der ersten Bahn und hat den Tag für sich gewonnen. Von weit ausholenden Felsriegeln umlagert steht der breite, doppelgipfelige Ortstock noch 1500 Höhenmeter über dem Ausgangspunkt. Orientierungsprobleme gibt es hier nicht. Wegweiser leiten unfehlbar zwischen Restaurants, Vorgärten und Höfen hindurch ostwärts bis zur ersten Felsbarriere. Im sogenannten Bräch wird diese Barriere genommen, steil und mit vielen Kehren, aber unter schattenspendenden Bäumen.

Auf der Hangstufe der Oberstafel geht es nun fast bretteben am vermoosten, kleinen Bergetenseeli vorbei der zweiten Felsstufe entgegen, der sogenannten Legerwand. Hier hilft der gut angelegte Steig im Einschnitt des »Bärentritt« weiter, der direkt auf dem flachen Lauchboden emporführt. Ortstock und Höchturm stehen jetzt unmittelbar gegenüber, verbunden durch die weite Einsattelung des Furggele. Vom Lauchboden zieht ein Schutt- bzw. Altschneefeld dort hinauf, das zunächst ganz harmlos beginnt, nach oben aber immer steiler wird. Wenn der Schnee gut griffig oder gänzlich abgeschmolzen ist, gestaltet sich die Passage einfach. Manchmal überdauert dieses Schneefeld im schattigen Euloch jedoch den Hochsommer und setzt dann, hart gefroren, dem Wanderschuh einigen Widerstand entgegen. Kluge haben am Ortstock für solche Fälle Leichtsteigeisen im Gepäck, andere müssen sich irgendwie hinaufschwindeln.

Aus dem breiten Furggle erreicht man schließlich über einen breiten Schuttrücken – an einer Stelle einer Felsbank ausweichend – problemlos den geräumigen Ortstock-Hauptgipfel. Seiner Position als Eckberg entsprechend offenbart der Ortstock sehr schöne Einblicke ins Linthtal, zum Urner Boden und zum einsamen Glattalpsee. Am eindrucksvollsten wirkt jedoch der eisbedeckte Glarner Hauptkamm unmittelbar gegenüber.

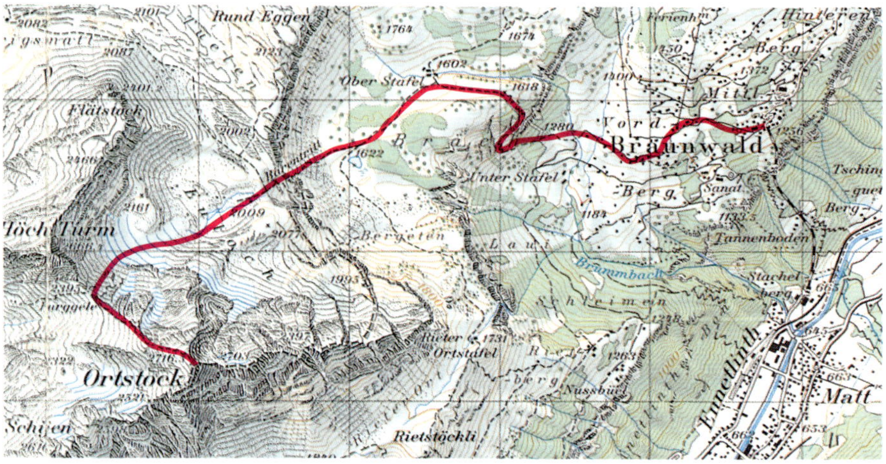

Der Ortstock von Braunwald gesehen. Der Anstieg verläuft von der Scharte am rechten Bildrand über den hier im Profil sichtbaren Nordwestkamm zum Gipfel.

Wer der Abstiegsspur im besagten Steilschneefeld nicht traut oder wer aus purer Neugier einmal die Kehrseite des Ortstocks sehen möchte, der folge ab dem Furggle dem Schuttpfad westwärts hinab zum Glattalpsee und zur Glattalphütte. 2 Stunden sind es von dieser im Sommer bewirtschafteten SAC-Hütte bis zur nächsten Bushaltestelle im Bisistal.

Wanderer mit Auto im Linthtal müssen dagegen einen 5 bis 6stündigen Rückmarsch nach Braunwald in Kauf nehmen, eine lange Flachstrecke am Rande ausgedehnter Karrenfelder.

52 Mürtschenstock

Über Talalp – Spanegg und den Südgrat, zumeist allein

Leichte Klettertour
2441 m
Nichts für Kinder

Talort Filzbach, 706 m; AP Scheidweg, 1128 m (mautpflichtige Privatstraße von Filzbach bis 500 m nördl. des Talsees).

Charakter Stille Bergtour, nur für trittsichere und schwindelfreie Berggeher. Am Südgrat leichte Kletterei (II). Festes Schuhwerk unerläßlich. – Beste Zeit: Ende Juni bis Oktober.

Gehzeit Aufstieg 4–5 Std.; Abstieg $2^1/_2$–$3^1/_2$ Std.

Hütten Keine.

Verlauf Talsee – Spaneggsee – Hummel – Ruchen.

Varianten Zugang bis Hummel auch vom Naturfreundehaus Fronalp oder von der Fischerhütte an den Murgseen.

Führer und Karte E. Naef-Blumer, Clubführer Glarner Alpen, SAC, Bern. – LKS 237, Walenstadt, 1 : 50 000.

Von allen Gipfeln der Bergwanderregion südlich des Walensees ist ausgerechnet der profilierteste, nämlich der alles überragende Mürtschenstock nur dem geübten Alpinisten zugänglich. Wer sich nicht dazurechnen darf, sollte zu diesem Berg Abstand halten und ihn von einem der umstehenden Nachbarn bewundern, dem Nüenchamm etwa, dem Fronalpstock oder dem Schilt. Dort wirkt dieser Kalkklotz mit seinen verschiedenen Gipfeln, seinen Einschartungen, seinen Rippen und Rinnen dann wie ein kompletter, selbständiger Gebirgszug; aus den umliegenden Talschaften hingegen bekommt man ihn praktisch nie richtig zu Gesicht.

Jeder, der sich für den Mürtschenstock interessiert, sollte also trittsicher, schwindelfrei und im Schrofenklettern beschlagen sein. Auch eine Portion Idealismus gehört dazu, denn der Mürtschenstock zählt nicht nur klettertechnisch zu den »Schwierigen« dieser Region. Das Gestein ist brüchig, das Gelände rauh, der Zugang gestaltet sich umständlich, und einen günstigen Stützpunkt für den Normalanstieg zum höchsten Mürtschengipfel, dem Ruchen, gibt es nicht. Da bleiben nur der Zeitdruck und Streß einer Tagestour, das Notlager in den Hütten am Talsee oder der lange Anmarsch vom Naturfreundehaus Fronalp bzw. von der Fischerhütte am Ober Murgsee.

Einfach wird's einem an diesem Berg also nicht gemacht, und deshalb ist er auch trotz der herausragenden Stellung in den Voralpen nie zum großen Touristenmagneten geworden. Andererseits sollte jeder Zürcher Bergsteiger, der etwas auf sich und seine Bergheimat hält, wenigstens einmal im Leben seinen Mürtschen besucht haben.

Günstig für ein solches Vorhaben ist ein schöner Tag im Spätsommer oder Frühherbst, dann sind die Falten des Mürtschenstocks noch schneefrei und die steilen Grasplanken trocken. Aus Zürich und Umgebung erfolgt der Zugang zum Mürtschenstock bzw. zum Ruchen-Mürtschen von Norden, vom Walensee her. Filzbach am Kerenzerberg hoch über dem südlichen Seeufer heißt der Ausgangsort, aber vielleicht läßt man sich mit der kleinen Luftseilbahn noch weiter hinaufbringen bis zum Habergschwänd (1282 m). Allerdings geht es im weiteren wieder 160 Höhenmeter hinab zum Scheidweg (1128 m), dem nördlichen Eingangstor zum Reich des Mürtschenstocks. Dort endet auch die Privatstraße von Filzbach, die gegen eine geringe Gebühr bis zum Scheidweg befahren werden darf (Parkplätze).

Die Tour beginnt hier ganz moderat, man schlendert auf breitem Weg an einer kleinen Bergwirtschaft vorbei zum Talsee hinunter, folgt dessen Ufer südwärts bis Hinter Tal und gewinnt im schattigen Bergwald die nächste höhere Talstufe mit dem hübsch gelegenen Spaneggsee (1425 m). Bis zur Alp Hummel bleibt der Weg gut, dann geht es auf holprigem Pfad im Chuetal hinauf, wo man links über eine mächtige Geröllhalde westlich unterhalb des Ruchen gegen eine lange Schuttrunse ansteigt. Auf spärlichen Steigspuren gewinnt man im feinen Schutt mehr oder weniger mühsam an Höhe und erreicht schließlich eine große Rinne, die genau

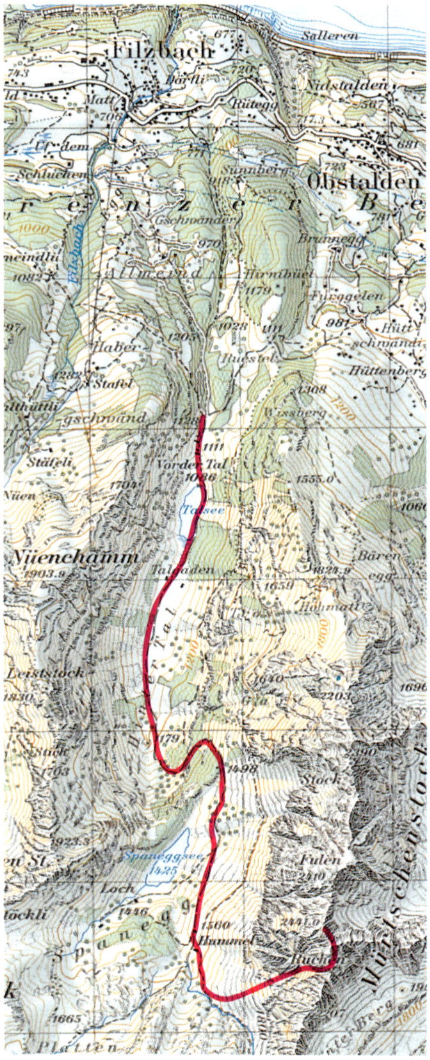

Die wuchtige Felsgestalt des Mürtschenstocks signalisiert es schon: Dieser Berg ist nur geübten Alpinisten zugänglich. Sie dürfen den Aufstieg vom Spaneggsee über die Alp Hummel und die breite Geröllrinne (Schnee) in die Scharte nördlich des Gendarmen wagen.

auf den mächtigen Gendarm im Südgrat zielt. Am Gabelpunkt des Couloirs beginnt die eigentliche Kletterei. Eine kurze Wandstufe wird an spärlichen Griffen überwunden, dann geht es nach links unter dem Gendarm hindurch und in gut gestuftem Schrofengelände hinauf in die enge Südgratscharte nördlich des Gendarmen.

Auch der oberste Teil der Anstiegsroute ist anhand der Kletter- und Trittspuren leicht zu finden. Man bleibt für ein kurzes Stück am Südgrat, weicht dann in die steilen Grashänge der Ostflanke aus, kehrt schließlich wieder zum Grat zurück und erreicht auf dessen Scheitelhöhe bzw. an dessen Westseite den ersehnten Gipfelsteinmann.

53 Fronalpstock – Schilt

Aussichtslogen über Linthtal und Linthebene

Bergwanderung 1 Tag
2300 m
Mit Kindern ab 10 J.

Während der Mürtschenstock, die überragende Kalkfestung zwischen Linthtal, Murgtal und Walensee, dem erfahrenen Bergsteiger vorbehalten ist, sind seine Trabanten auch dem Bergwanderer zugänglich. Unter diesen Ablegern nehmen der Fronalpstock und der Schilt eine besondere Stellung ein, und zwar wegen ihrer phantastischen Aussichtslage dicht überm Linthtal. Der Glarner Fronalpstock, der im Gegensatz zu seinem bekannten Schwyzer Namensvetter am Urner See noch Kraft und Anstiegsschweiß erfordert, thront als hübsch anzuschauender, pyramidenförmiger Felsaufbau über dem begrünten Sockel der Fronalp. Man erkennt ihn schon aus der Linthebene am Ende des Zürichsees und begreift sofort seine außergewöhnliche Position.

Unauffällig gibt sich dagegen der breitstirnige Schilt, dessen abgeflachte, weit gegen das mittlere Linthtal vorgeschobene Gipfelkuppe wenig Eindruck macht. Dafür sind die Ausblicke von dort oben über die grüne Hauptschlagader des Kantons Glarus gegen den Glärnisch und taleinwärts bis zum Eisdach des Tödi höchst beeindruckend.

Talorte Mollis, 501 m; AP Unt. Stafel, 1330 m. – Ennenda, 487 m; AP Ennetberg, ca. 1200 m.

Charakter Einfache Bergwanderung auf bezeichneten Wanderwegen, am Gipfelaufbau des Fronalpstocks eine Stelle mit Drahtseil gesichert. – Beste Zeit: Anfang Juli bis Ende Oktober.

Gehzeit Aufstieg 4–$4\frac{1}{2}$ Std.; Abstieg 2–$2\frac{1}{2}$ Std.

Hütten Keine. Evtl. Gasthaus Fronalp, Naturfreundehaus.

Verlauf Ennetberg bzw. Unt. Stafel – Ob. Stafel – Fronalpstock – Schilt – Ob. Stafel – Unt. Stafel bzw. Ennetberg.

Variante Eine interessante Abstiegsvariante bildet der Weg vom Fronalppaß vorbei an Spaneggsee und Talsee nach Filzbach, $3\frac{1}{2}$ Std.

Karten LKS 5015, Toggenburg – St. Galler Oberland, 1 : 50 000 bzw. LKS 236, Lachen und LKS 237, Walenstadt, 1 : 50 000.

Man muß nur zum richtigen Zeitpunkt am Gipfel sein, nämlich vormittags, wenn sich alles im besten Seitenlicht präsentiert. In ihrer Addition ergeben Fronalpstock und Schilt – bei allen Vorbehalten gegen Superlative – das schönste Bergwanderunternehmen in den Glarner Voralpen.

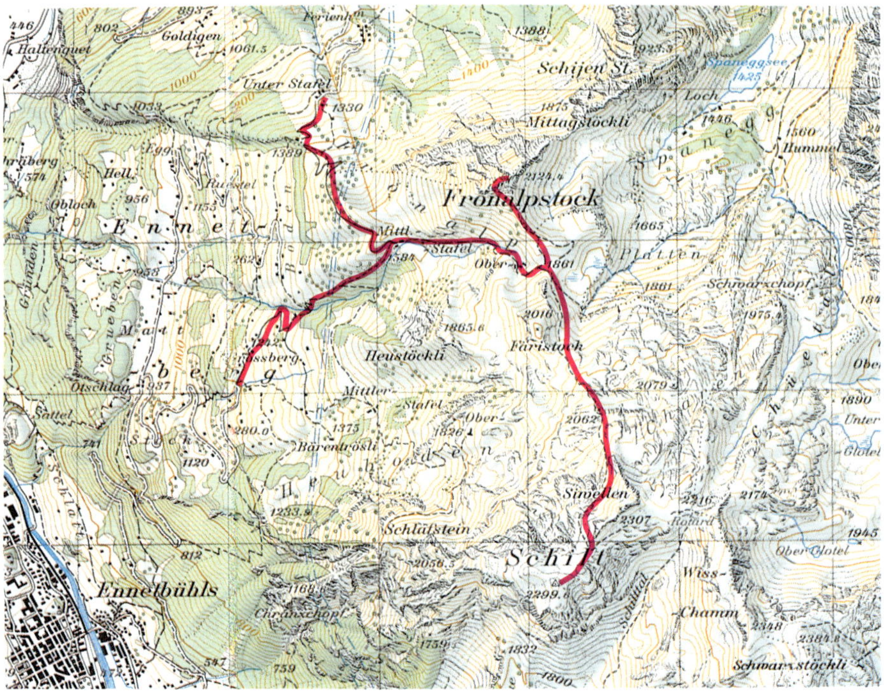

Angesichts der enormen Höhendifferenz aus dem Linthtal empfiehlt es sich, die Sache auf zwei Tage zu verteilen und nach einem 2- bis 3stündigen Aufstieg ab Mollis im Gasthaus Fronalp oder 10 Minuten weiter im Naturfreundehaus am Sockel des Fronalpstocks zu nächtigen. Der gut bezeichnete Weg von Mollis ist zwar steil und vor allem nachmittags etwas schweißtreibend, dafür wird man immer wieder durch herrliche Rückblicke zum Glärnisch und zur Rautispitz entschädigt. Außerdem erwirbt man sich so die Freiheit, anderntags in eines der großen, zum Walensee hinausziehenden Talsysteme abzusteigen. Nur auf diese Weise lernt man die Landschaft rund um den Mürtschenstock wirklich kennen.

Dank der Alpsträßchen von Mollis zum Mullerenberg bzw. zum Gasthaus Fronalp und von Ennenda zum Ennetberg ist das Programm für Autofahrer und Frühaufsteher allerdings auch an einem Tag zu schaffen. Am weitesten hinauf darf die Straße am Ennetberg benutzt werden, erst in 1200 Meter Höhe muß das Fahrzeug zurückbleiben. Über offenes Weidegelände erreicht man bald die Mittler Stafel und bekommt so Anschluß an die Anstiegsroute vom Naturfreundehaus Fronalp. Der Weg setzt sich ostwärts fort zur Ober Stafel und weiter bis in den sogenannten Fronalppaß zwischen dem kleinen Färistock rechts und dem Fronalpstock links. Hier geht es nun nach links auf gutem Pfad am Kamm des Zelsegg über den grünen Sockel des Fronalpstocks empor bis zum Fuß der felsigen Gipfelpyramide. Diese wird schließlich leicht durch einen gut gestuften, drahtseilgesicherten »Kamin« bezwungen, der dann unterm Gipfel auf den leichten Westgrat ausmündet.

Wer sich von oben sattgesehen hat an den Falten des Mürtschenstocks vis-à-vis oder an dem bunten Mosaik der Linthebene, der kehre vorsichtig durch den Kamin zum sicheren Boden der

Fronalp zurück und lasse sich vom Wegweiser im Fronalppaß dazu motivieren, auch noch den weiter südwärts gelegenen Schilt aufzusuchen. Dessen Besteigung entwickelt sich quasi wie von selbst: Zuerst geht es nördlich des Färistocks vorbei, dann unter der Südseite des Siwellen hindurch und schließlich in sanfter Steigung hinauf aufs geräumige Gipfeldach. Beim richtigen Sonnenstand kennt das Vergnügen an der Aussicht keine Grenzen; wer hingegen zu spät kommt, der wird mit unangenehmem Gegenlicht bestraft.

Eine der oben angedeuteten Abstiegsmöglichkeiten zum Walensee führt direkt vom Schilt über das Rotärd hinab zu den Murgseen und ins Murgtal hinaus nach Murg. Das andere Talsystem erreicht man vom Fronalppaß aus. Es leitet am Spanegg- und am Talsee vorbei über Scheidweg hinunter nach Filzbach hoch über dem südlichen Walenseeufer.

Allen Grund zum Zurückblicken hat man beim Aufstieg zum Fronalpstock. Das Panorama von Kärpf (links), Hausstock (Mitte) und Tödi (rechts), ist ständiger Begleiter.

54 Kärpf

Von Schwanden über Leglerhütte und Kärpftor

Leichte Bergtour 1 Tag
2794 m
Nichts für Kinder

Eigentlich ist das Kärpfgebiet zwischen Sernft und Linth nur ein Ableger des Glarner Hauptkammes, geographisch und geschichtlich bildet es jedoch das Zentrum im Glarner Bergland. Hier entstand bereits 1548 der eidgenössische Jagdbannbezirk »Freiberg am Kärpfen«, in dem die einheimische Tierwelt vor der Jagdlust der Obrigkeit Schutz fand. Daß ausgerechnet der Name des ärgsten Wilderers heute untrennbar mit dem Freiberg verbunden ist, erscheint grotesk, erklärt sich aber durch die Person dieses Martin Legler. Selbst steinreich, wilderte er zum Wohle bedürftiger Mitmenschen und deshalb letztlich mit Duldung der Gemeinden. Seine Stiftung einer Schutzhütte an den Schweizer Alpenclub hat ihn schließlich auch weit übers Glarner Land hinaus bekannt gemacht, denn diese Leglerhütte am Fuße des Kärpf wurde und wird viel besucht.

Talort Schwanden 527 m; AP Stausee Garichti, 1610 m (Seilbahn vom Talende des Niderentals).

Charakter Leichte Bergtour für geübte Berggeher, im Gipfelbereich Firnfelder und brüchige Felspassagen. Schöne Rundsicht. – Beste Zeit: Juli bis Oktober.

Gehzeit Aufstieg 4–5 Std.; Abstieg 2 1/2–3 Std.

Hütten/Gasthäuser Legler H., 2273 m, SAC.

Verlauf Stausee Garichti – Ob. Stafel – Legler-H. – Kärpftor (P. 2645) – Kärpf.

Variante Abstieg von der Legler-H. durch das Diestal nach Dornhaus (600 m), 2 1/2 Std.

Karten LKS 247, Sardona, 1 : 50 000; für den Abstieg nach Dornhaus noch LKS 246, Klausenpaß, 1 : 50 000.

Man kommt aber nicht nur zur weinseligen Erinnerung an den Stifter oder wegen der herrlichen Ausblicke von der Hüttenterrasse, sondern vor allem, um den Kärpf zu besteigen, der als mächtig aufragende Kalkklippe den Freiberg ganz und gar dominiert. Er zieht die Bergsteiger von weither an. Auf dem Parkplatz Kies am Ende des Niderentals, dem Eingang ins Reich des Kärpf, sind sonntags fast alle Nordostschweizer Autokennzeichen vertreten, dazu so manche aus dem »Großen Kanton«.

Den Tourenauftakt bildet meistens eine Fahrt mit der kleinen Luftseilbahn zum Garichtistausee, dann geht es – den Glärnisch im Rücken – südwärts über die drei Talstufen der Niderenalp dem klotzigen Chli Kärpf entgegen. Erst im hintersten Winkel biegt der gut bezeichnete Weg rechts ab und führt über die Anhöhe der Sunnenbergfurggle zur nahen Leglerhütte. Dort herrscht an manchen Wochenenden Beherbergungsnotstand, aber dafür entschädigt die fabelhafte Lage der Hütte, die die Abendstimmung und den Sonnenaufgang überm Glarner Land zu unvergeßlichen Momenten werden läßt.

Die erste Etappe des Gipfelanstiegs bis zur markanten Einkerbung des Kärpftors ist von der Hütte aus gut einzusehen, auch die steilen Altschneefelder, die sich oft bis in den Hochsommer hinein halten und den schlecht Ausgerüsteten in arge Bedrängnis bringen können. Deshalb geniere sich niemand, Steigeisen oder sogar den Pickel mitzunehmen.

Man folgt zunächst dem Weg in südöstlicher Richtung dicht am Unter Kärpf vorbei in die Geröllmulde vor dem Chli Kärpf. Hier leiten Pfadspuren und Steindauben nach rechts und führen schließlich südwärts über Absätze, Geröllfelder, Firn und Altschnee gegen den Einschnitt des Kärpftors empor. Das Gelände wird zum Kärpftor hin immer steiler, und die letzten, schuttbedeckten Felspartien sind ziemlich abschüssig. Auf der Südseite des Kärpftors führt nun ein Pfad über ein stellenweise exponiertes Schuttband bis an den Gipfelaufbau heran. Der Rest ist dann harmlose, leichte Blockkletterei.

Am Gipfel selbst glaubt man sich geradezu eingekreist vom Eis und Firn der Glarner Alpen: zur einen Seite Sardona, Vorab und Hausstock, zur anderen Tödi und Clariden sowie der Fast-Dreitausender Glärnisch; nur über das Sernfttal hinweg und im Einschnitt des Linthtals drängen die Voralpen ins Blickfeld. Es ist also nicht die grandiose Fernsicht, die man auf dem Kärpf geboten bekommt, doch wer sich fürs Glarner Land und seine Berge interessiert, der steht hier oben genau richtig.

Der Nachbar schaut fast immer zu: Über weite Strecken des Kärpfanstiegs zieht der Tödi mit seiner charakteristischen Eiskappe alle Blicke auf sich.

55 Clariden

Leichte Gletschertour mit Tücken

Gletschertour 1 Tag
3267 m
Nichts für Kinder

Für den Großraum Zürich, weite Teile der Nordostschweiz und Südwestdeutschlands bildet der Clariden den am schnellsten erreichbaren Hochgipfel der Alpen. Man kann über die ans Schweizer Autobahnnetz angebundene Klausenpaßstraße in der Früh direkt bis zum Einstieg fahren und mit etwas Glück schon am Nachmittag von der Tour wieder daheim sein.

Nun ist der Clariden freilich mehr als nur ein bergsteigerisches Schnellgericht zum Nebenbeiverzehr. Eine Besteigung des Clariden wird zu den schönsten Hochtouren in den Glarner Alpen gezählt, und das aus gutem Grund. Der Berg steht als Teil der gewaltigen Hochgebirgsmauer zwischen Reuss und Linth mit seiner eisbedeckten Nordwand sehr publikumswirksam direkt über der grünen Ebene des Urner Bodens. Südwärts dagegen fußt er im größten Gletscherareal der Zentralschweiz, dem Zusammenschluß von Hüfi- und Claridenfirn.

Die zwei völlig unterschiedlichen Gesichter des Berges bedingen natürlich auch zwei ganz verschiedene Zugangsrouten. Die schnellere von Norden hat neben dem geringeren Zeitaufwand vor allem den Vorteil, daß man sich dort dem Berg von seiner be-

Talorte Unterschächen, 995 m, bzw. Linthtal, 653 m; AP Klausenpaß, 1948 m.

Charakter Bei guten Verhältnissen leichte Gletschertour, stellenweise tückische Spalten. Vorsicht am ausgesetzten Gipfelgrat. – Beste Zeit: Juli bis Ende September.

Gehzeit Aufstieg 4–5 Std.; Abstieg 3 Std.

Hütten Keine.

Verlauf Klausenpaß – Iswandli – Chammlijoch – Clariden.

Variante Einen Zeitaufwand von 2 Tagen erfordert der Anstieg von der Clariden-H. (2453 m, 4–5 Std. von Tierfed im Linthtal) über den Claridenfirn, 4 Std. ab Hütte.

Führer und Karten E. Naef-Blumer, Clubführer Glarner Alpen, SAC, Bern. – LKS 1193, Tödi, 1 : 25 000; LKS 246, Klausenpaß, 1 : 50 000.

sten Seite her nähert, und zwar auf dem Sporn zum Chammlijoch in unmittelbarer Nordwandnähe. Als Bergwanderung im Sinne des Buchtitels gilt der Anstieg freilich nur bis zum Iswandli, der einstigen Schlüsselstelle der Route. Der ehemals 40 Meter hohe Eiswall ist zwar längst zum flachen Buckel abgeschmolzen, verlangt jedoch gleichwohl wegen der Querspalten und des Steilabfalls zu beiden Seiten sicheres Steigeisengehen. Für entsprechend ausgerüstete Bergwanderer am Seil eines erfahrenen Alpinisten kann der Clariden allerdings durchaus empfohlen werden.

Man startet an der Klausenpaßkapelle und folgt dem ausgetretenen Pfad über Graspolster und Schutt zwischen einzelnen Felsbänken hindurch gegen die Kammhöhe des bereits erwähnten, vom Chammlijoch herabziehenden Felssporns. Auf dessen Scheitel geht es, von Steindauben und Wegspuren wie durch ein Labyrinth geleitet, bis zum flachen Absatz vor dem Iswandli empor. Dort ist ein günstiger Platz zum Rasten – und zum Anseilen. Danach wendet man sich der berühmten Schlüsselstelle zu, die sich meist recht harmlos gibt, gleichwohl aber ein angenehm prickelndes Expositionsgefühl hinterläßt. Oberhalb des Firnschwungs verflacht das Gelände, und auf der Gletscherterrasse vom Chammlijoch gelangt man rasch ostwärts zum schuttigen Vorgipfel des Clariden. Herrlich ist von hier der Blick in die Nordwand und zum überraschend steil auffahrenden Hauptgipfel.

Ein oft verwächteter Firnkamm leitet jetzt hinüber zum eigentlichen Gipfelaufschwung, der bei guten Verhältnissen direkt durch die verfirnte Nordwestflanke erstiegen werden kann. Bei Vereisung desselben hält man sich aber besser an die leichten Felsen des Westgrats, die gut gestuft zum Gipfel führen.

Einen ganz anderen Clariden erlebt man auf der Normalroute von Osten, von der Claridenhütte. Die ist entweder in der interessanten Überschreitung des Gemsfairenstocks ab Klausenpaß zu erreichen (Tour Nr. 56) oder im überlangen Anmarsch aus dem Linthtal. Am zweiten Tag geht's dann vor der Eiskappe des Tödi westwärts über Moränen zum Rande des flachen Claridenfirns. Der gibt sich zunächst gänzlich harmlos, wartet jedoch bald mit einer dichten Spaltenzone auf, die man möglichst rechts, in der Nähe der Tüfelsstöcke, passieren sollte. Danach nimmt die Gletscherneigung gegen den breiten Claridengipfel stetig zu bis zum steilen Gipfelhang, der im Spätsommer oft von einem Bergschrund durchzogen wird. Diesem sollte man unbedingt rechts über leichte Felspartien ausweichen, um dann direkt zum Nordostgrat emporzusteigen.

Die letzten Meter gipfelwärts sind schließlich reiner Triumph, der Horizont weitet sich, und ganz oben reicht der Blick gen Westen sogar bis in die Walliser Alpen hinein. Nur nach Südosten ist die Sicht versperrt, denn dort dominiert der 350 Meter höhere Tödi.

Großer Andrang am Clariden. Die Bergsteiger erreichen den Gipfel von Norden her und haben damit die anspruchsvollere Anstiegsvariante gewählt.

56 Gemsfairenstock

Anfänger-Eistour mit langem Hüttenabstieg

Leichte Gletschertour 2 Tage
2972 m
Nichts für Kinder

Der allgegenwärtige Berg in der Nordostschweiz ist der Tödi, dessen alles überragende Eiskappe man beinahe auf jeder Anhöhe des Oberlandes und auf jedem Vorberg vor Augen hat. Im Zürcher Alpenpanorama am Limmatquai nimmt er die höchste Stelle ein, und selbstverständlich gibt es in Zürich eine Tödistraße. Gern würde man diesen dominierenden Gipfel den Zürcher Hausbergen zurechnen, doch seine hochalpine Stellung und der schwierige Zugang verbieten das. Wer sich indes das mächtige Eisdach einmal ganz aus der Nähe anschauen möchte, dem sei innerhalb der Zürcher Hausberge der Gemsfairenstock empfohlen, der den besten Einblick in die Nordseite des Glarner Riesen gewährt. Der Gemsfairenstock steht nämlich als östliche Schulter der langen Windgällen-Scherhorn-Clariden-Kette dem 600 Meter höheren Klotz des Tödi direkt gegenüber und zählt trotz der gewichtigen Nachbarschaft zu den vielbeachteten Gipfeln in den Glarner Alpen.

Vor allem aus der Nähe betrachtet macht der Gemsfairenstock eine gute Figur. Da zeigt er die Form eines schön aufgestellten Pultdaches, das südseitig mit steilem Felssockel im Claridenfirn fußt und nach Norden auf dem sanft abstreichenden Gipfelplateau ein weithin sichtbares Gletscherschild trägt. Dieser kleine Langfirn verleiht dem Gemsfairenstock alpines Gewicht und ermöglicht andererseits einen leichten Zugang zum Gipfel, der bei günstigen Verhältnissen auch dem Bergwanderer offen steht.

Talort Linthtal, 653 m; AP Chlus, 1697 m, an der Ostrampe der Klausenpaßstraße.

Charakter Leichte und einsame Gletschertour auf einen hervorragenden Aussichtsgipfel. – Beste Zeit: Juli bis Oktober.

Gehzeit Aufstieg 4–$4^1/_2$ Std.; Abstieg 4–$4^1/_2$ Std.

Hütten/Gasthäuser Clariden H., 2453 m, SAC.

Verlauf Chlus – Gemsfairen – Fisetenpaß – Gemsfairenstock – Clariden-H. – Fisetenpaß – Gemsfairen – Chlus.

Variante Abstieg von der Clariden-H. nach Tierfeld im Linthtal.

Führer und Karten E. Naef-Blumer, Clubführer Glarner Alpen, SAC, Bern. – LKS 1193, Tödi, 1 : 25 000; LKS 246, Klausenpaß, 1 : 50 000.

Dabei bietet sich die Überquerung des Bergstockes geradezu an, und zwar von der Klausenpaßhöhe bzw. vom Urner Boden zur Claridenhütte und ins Linthtal. Wegen des wesentlich ungünstigeren Höhenprofils ist die umgekehrte Richtung weniger empfehlenswert.

Man startet zu dieser landschaftlich großartigen Tour am besten an der obersten Straßenkehre auf der östlichen Klausenpaßseite und folgt vor der eisigen Kulisse des Clariden dem Weg durch die weiten Hänge der Gemsfairenalp. Dergestalt geht es in mäßiger Steigung am Sockel des Gemsfairenstocks aufwärts bis zum Fisetenpaß (P. 2036). Der kann auch direkt vom Urner Boden aus erwandert werden, wobei zur Alpzeit die Älplerbahn von Argseeli nach Vorder Orthalden den Anstieg um 500 Höhenmeter verkürzt.

Ab Fisetenpaß entwickelt sich alles weitere am breiten Gemsfairen-Nordgrat. Über Graspolster, Geröll und Felsabsätze gewinnt man quasi wie von selbst an Höhe. Erst vor der Zunge des Langfirns wird ein Ausweichen nach rechts notwendig, um den unteren Eiswulst zu umgehen. Weiter oben steigt man dann den harmlosen Firnbuckel empor und gewinnt schließlich über ei-

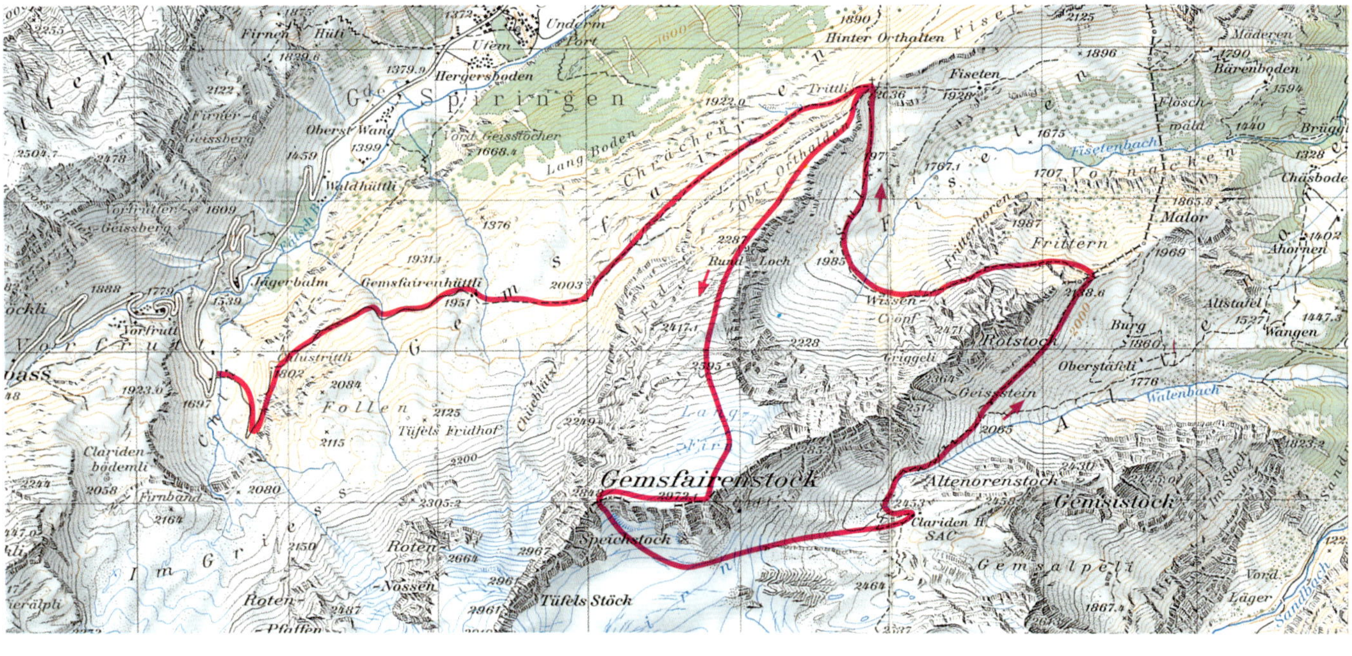

nen wenig steilen Schneehang das Gipfelkreuz, hinter dem mit den letzten Schritten der riesenhafte Tödi auftaucht. Bei Vereisung ist es günstiger, bis zum Gemsfairenstock am westlichen Gletscherrand zu bleiben und den Gipfelanstieg über den leichten Westgrat zu beenden.

Wer von oben die Claridenhütte erspäht hat und den Wunsch verspürt, nach Süden in die große Gletscherarena der Glarner Alpen einzutauchen, der halte sich absteigend am Gemsfairen-Westgrat bis zum Gemsfairenjoch (P. 2838). Dort zieht ein steiler, aber gutgriffiger Schutthang südwärts hinab zum flachen Boden des Claridenfirns, über dessen spaltenarmes Terrain man rasch die nahe Claridenhütte erreicht.

In dieser gut eingerichteten, während des Sommers bewirtschafteten SAC-Hütte sollte man den Tag beschließen. Für den Rückweg bietet sich dann am nächsten Morgen neben dem überlangen Hüttenweg ins Linthtal eine herrliche Umrundung des Gemsfairenstocks an. Dazu verläßt man den anfangs in den Fels gesprengten Hüttenweg bereits beim auffällig gelbgefärbten Geisstein und folgt dem bezeichneten Pfad, der als aussichtsreicher Höhenweg um die westlichen Ausläufer des Gemsfairenstocks herum bis zum Fisetenpaß führt.

Dominant schiebt sich das breite, im obersten Teil vergletscherte Gipfeldach des Gemsfairenstocks ins Bild. Unter dem Nebelmeer im Hintergrund versteckt sich der Vierwaldstätter See.

57 Schächentaler Windgällen

Mäßig schwierige Hochtour mit Kletterei

Klettertour (II) 1 Tag
2764 m
Nichts für Kinder

Talort Unterschächen, 995 m; AP Urigen (1276 m) an der Klausenpaßstraße.

Charakter Mäßig schwierige Bergtour auf einen wunderschönen Aussichtsgipfel. Leichte Kletterei (II) am Gipfelaufbau, Trittsicherheit und Orientierungssinn (Steinmänner) erforderlich. – Beste Zeit: Anfang Juli bis Mitte Oktober.

Gehzeit Aufstieg $3-3\frac{1}{2}$ Std.; Abstieg $2\frac{1}{2}$ Std.

Hütten Keine.

Verlauf Urigen – Heger Bergli – Mettener Butzli – Unt. Band – Läged Windgällen – Schächentaler Windgällen.

Führer und Karte AAC Zürich: Clubführer Urner Alpen Ost, SAC, Bern. – LKS 246, Klausenpaß, 1:50 000.

Der von jeglicher Nachbarschaft isolierte Bergstock der Schächentaler Windgällen bildet die höchste Erhebung zwischen Schächental, Muotatal sowie Urner See und gilt als bestes Aussichtsbollwerk nördlich der Klausenpaßrampe. Nach Lage und Höhe wären diese Schächentaler Windgällen also ein Zürcher Hausberg par excellence, doch leider ist er von keiner Seite aus leicht erreichbar.

Auf Wanderwegen läßt er sich zwar gefahrlos umrunden, doch der nähere Zugang wird ringsum durch steile Wandstufen erschwert. Hier muß der Wanderer ausnahmsweise einmal hinter dem Bergsteiger zurückstehen. Für letztere sind die Umstände an den Schächentaler Windgällen hingegen ausgesprochen günstig, denn die Kletterei übersteigt am Normalweg von Süden nirgendwo den II. Schwierigkeitsgrad.

Wer im Angesicht des Berges vor Ort nächtigen möchte – quasi als Einstimmung für die Tour –, der findet im Hotel Balm vor der Klausenpaßhöhe oder weiter unten in Unterschächen gutes Quartier. Diejenigen, die erst morgens kommen, starten am besten in Urigen, an der ersten großen Kehre der westseitigen Klausenpaßzufahrt. Ein beschilderter Weg führt von dort über das zersiedelte Alpgelände des Heger Bergli nach Mettenen und weiter zum Mettener Butzli, 1966 m, unmittelbar vor dem untersten Felsriegel der Schächentaler Windgällen.

Hierher gelangt man auch vom Hotel Balm auf gutem Höhenweg über Hinteren Rustigen – Vorderen Rustigen – Heimanegg. Durch eine Geröllkehre geht es nun zu einem ersten Schuttband oberhalb des vordersten Felsriegels. Ein Stück höher erreicht man dann das sogenannte Unter Band, das die ganze Südseite der Windgällen durchzieht. Die Bezeichnung Band kann allerdings falsche Vorstellungen erwecken, handelt es sich dabei doch um eine ziemlich abschüssige Geröllrampe, die man am besten ganz dicht an ihrem oberen Begrenzungsfelsen begeht. Dieses Unter Band wird so lange in östlicher Richtung verfolgt, bis man schließlich nach links ohne jede Kletterei über Geröll die Schulter erreicht, die in der Landeskarte mit Läged Windgällen – P. 2537 – bezeichnet wird.

Eine feinsplittige Schutthalde leitet von hier bis an den Fuß der Gipfelwand heran. Zunächst ist dort eine vorspringende Felspartie links empor zu bewältigen, dann geht es auf kurzen Bändern und Stufen (Steigspuren) in teilweise brüchigem Gestein aufwärts. Den Höhepunkt der Kletterei bildet eine kurze Kriechstelle auf schmalem Felssims oberhalb einer abschüssigen Platte. Danach erreicht man den Beginn der eigentlichen Gipfelfelsen und rastet wenig später neben dem bescheidenen Gipfelkreuz.

Die Schächentaler Windgällen stehen dem großen Eis der Glarner Alpen direkt gegenüber, und an klaren Tagen wird man sich kaum sattsehen können an dem im Gegenlicht gleißenden Firn um Scherhorn und Clariden, am weißen Dom des Tödi oder am Riesenzahn der Groß Windgällen. Dazu gesellen sich der Blick ins Grün der Schächentalfurche und die Übersicht über alle Schwyzer und Glarner Vorberge, bis hin zum stets sichtbaren Glärnisch.

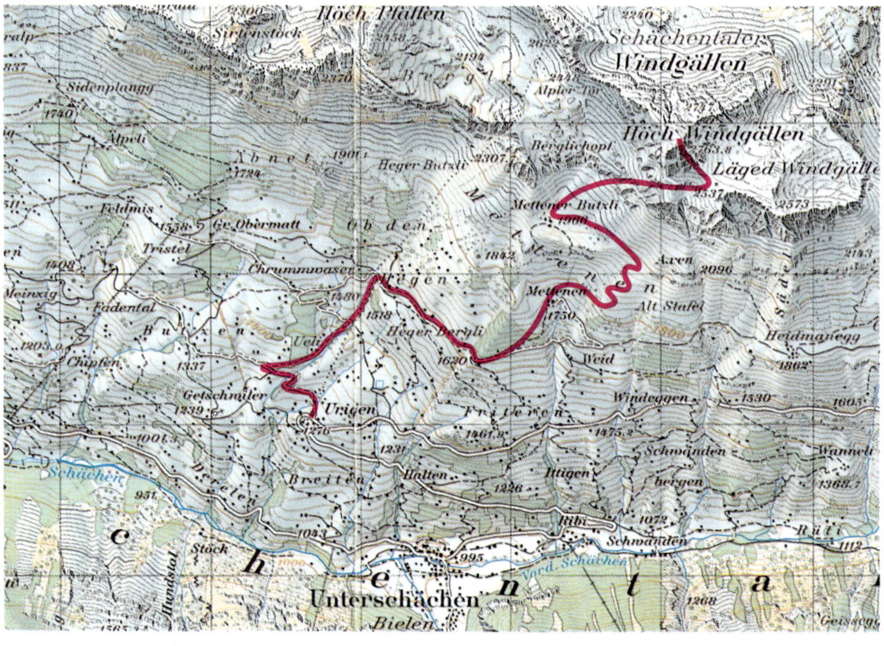

Auf dem Unter Band, der ersten erhöhte Vorsicht erfordernden Passage beim Aufstieg auf die Schächentaler Windgällen.

58 Chli (Klein) Windgällen

Bergtour über Maderanertal und Golzerensee

Bergtour 1½ Tage
2986 m
Nichts für Kinder

Talorte Bristen, 770 m; AP Talstation der Golzern-Seilbahn 2 km östlich von Bristen (Seilbahn nach Golzern, 1280 m).

Charakter Bergtour mit leichter Kletterei in den Gipfelgratfelsen, vor allem bei nassem Fels unangenehm. Im oberen Teil schwierige Orientierung. – Beste Zeit: Juli bis Mitte Oktober.

Gehzeit Aufstieg 5–6 Std.; Abstieg 4 Std.

Hütten/Gasthäuser Windgällen-H., 2032 m, AAC.

Verlauf Golzern – Golzerensee – Windgällen-H. – Widderegg – Chli Windgällen – Oberchäseren – Golzern.

Führer und Karten AAC Zürich: Clubführer Urner Alpen Ost, SAC, Bern. – LKS 1192, Schächental und LKS 1212, Amsteg, 1 : 25 000; LKS 5008, Vierwaldstätter See, 1 : 50 000.

Die Kalksäule der Groß Windgällen über der Reuss und dem Schächental ist vielen Zürcher Bergfreunden wohlbekannt. Man sieht den Berg mit seiner markanten Silhouette ja bereits vom Züricher Seeufer aus, und bei der Westzufahrt zum Klausenpaß erhält man mehrfach schaurig-schöne Einblicke in die 1000 Meter hohe Nordwand. Imposant ist der Aufbau der Steilwände und elegant das Profil der Schmalseiten, mit der der Berg besonders in der Ost-West-Achse besticht.

Natürlich gelten diesem Kalkklotz die meisten Besuche in der Gipfelkette zwischen Maderaner- und Schächental, die Windgällenhütte des Akademischen Alpenclubs Zürich jedenfalls zeigt sich an Sommerwochenenden stets gut belegt. Leider ist die Besteigung der Groß Windgällen, der der umliegende Firn nur bis zum Sockel reicht, selbst unter günstigen Umständen nicht einfach. Man muß einen Gletscher traversieren, einen oftmals tückischen Bergschrund bezwingen und sich im großen Ostwandcouloir mit Steilschutt sowie abwärts geschichtetem, brüchigem Fels auseinandersetzen. Gar nicht zu reden vom heiklen Übergang zwischen Ost- und Westgipfel.

Tüchtige Bergwanderer sind deshalb am Chli Windgällen nebenan weit besser aufgehoben. Der kleine Bruder verkörpert dabei keineswegs nur ein Trostziel oder einen Notgipfel. Um volle 2500 Meter ragt die Felspyramide über dem mittleren Reusstal empor und bildet dort unten für den talauswärts Fahrenden auf der Gotthardautobahn den beherrschenden Blickfang zwischen Erstfeld und Amsteg. Umgekehrt gilt der Chli Windgällen als einer der besten Aussichtspunkte über dem Urnerland, und an klaren Tagen wird man sich kaum sattsehen können am Kontrast zwischen dem Kulturland tief unten und

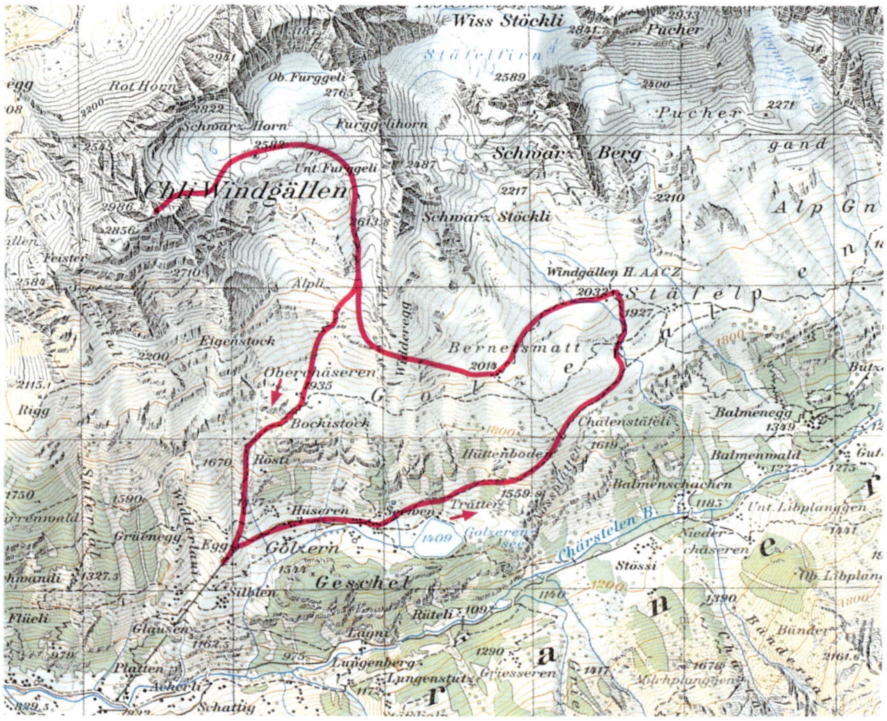

der gletscherschweren Hochgebirgsregion ringsum.

Die beste Zeit für die Chli Windgällen ist der Spätsommer, wenn die Sonne den letzten Schnee aus den Felsfalten geleckt hat und reife Blaubeerbestände den Hüttenanstieg versüßen. Dann findet man an der Talstation der Golzern-Bergbahn kurz hinter Bristen im Maderanertal kaum einen Parkplatz, aber erfahrungsgemäß entfernen sich die meisten Besucher nicht allzu weit von der Bergstation.

Der Hüttenweg führt oben zunächst ostwärts durch das kleine, autofreie Golzern, passiert den idyllisch gelegenen Golzerensee und gewinnt im Wald allmählich an Höhe. Später, in der Blaubeerzone, kann der Aufstieg je nach Jahreszeit etwas ins Stocken geraten. Hinter dem Steinmann P. 1880 mit dem Prachtblick zum Groß Düssi zweigt der Weg links ab und erreicht wenig später die Windgällenhütte.

Anderntags halte man sich genau an die Pfadspur, dann gestaltet sich der Gipfelanstieg zum Chli Windgällen einfacher, als es die komplizierte Routenbeschreibung im SAC-Führer vermuten läßt. Zunächst geht es ein Stück in Richtung Groß Windgällen, dann zweigt ein Weglein links ab und führt um das Schwarz Stöckli herum bis in die große Mulde zwischen den beiden Windgällen. Man hält sich hier südostwärts und gelangt über den Schuttsockel des Chli Windgällen gegen dessen Ostgrat empor. Der weitere Anstieg erfolgt nun zunächst in der Nordflanke, später in der Südflanke des Ostgrates. Trittspuren und Steindauben zeigen unfehlbar den richtigen Weg, nur bei Nebel besteht die Gefahr, sich zu verirren. Erst kurz vorm Gipfel kehrt man wieder zum Ostgrat zurück und erreicht den höhsten Punkt schließlich in leichter Kletterei.

Beim Rückweg kann man übrigens vom Fußpunkt des Schwarz Stöckli ohne den Umweg über die Windgällenhütte direkt nach Golzern absteigen. Das erspart knapp 1 Stunde Marschzeit.

Abweisend wirkt die Felspyramide der Chli Windgällen vom kleinen Arnisee aus. Am rechten Bildrand ist gerade noch der Groß Düssi erkennbar.

59 Groß Ruchen

Lange, nicht immer leichte Hochtour

Bergtour 1½ Tage
3138 m
Nichts für Kinder

Talort Unterschächen, 995 m.
Charakter Sehr lange Bergtour, für geübte und trittsichere Berggeher aber unschwierig. In der Ruch Chälen und am Gipfelkamm können Steigeisen hilfreich sein. – Beste Zeit: Juli bis Anfang Oktober.
Gehzeit Aufstieg 7½–8½ Std.; Abstieg 5 Std.

Hütten/Gasthäuser Brunnialp, 1402 m, priv., einfachste Unterkunft während der Alpzeit.
Verlauf Unterschächen – Brunnital – Brunni – Ruch Chälen – Ruchenfirn – Gr. Ruchen.
Führer und Karten AAC Zürich: Clubführer Urner Alpen Ost, SAC, Bern. – LKS 1192, Schächental, 1 : 25 000; LKS 246, Klausenpaß, 1 : 50 000.

Bergwandern lautet das Programm dieses Buches, und da wird sich vielleicht mancher Leser fragen, was denn darin bloß der Groß Ruchen zwischen Schächen- und Maderanertal zu suchen hat. Nun sind Bergwandern und Bergsteigen nicht immer klar auseinanderzuhalten. Wo hört das eine auf, wo fängt das andere an? Der Groß Ruchen soll hier zwar keineswegs als Wanderausflug verharmlost werden, aber wer in steilem Geröll zurechtkommt und auf spaltenarmen Gletschern, der darf sich diesen Berg durchaus zutrauen. Allerdings gilt die Normalroute mit ihren 1700 Höhenmetern als rechter Schinder, vor allem im berüchtigten Geröllkessel der Ruch Chälen. Deshalb wird der Groß Ruchen auch wenig besucht, was der Liebhaber stiller Gipfelwege indes zu schätzen weiß.

Diese düstere, 1300 Meter hohe Nordwand über der Brunnialp ist aber nur eine Seite des Groß Ruchen; im Schmalprofil beeindrucken elegant geschwungene Gratlinien, die nach Osten sogar das Bild einer schönen Firnnadel entstehen lassen. Früher wurde der Groß Ruchen gerne von der Maderanertaler Seite (von der Windgällenhütte aus) über den sogenannten Schwerzipfad bestiegen, doch ist dieser schmale, abschüssige Steig zwischen den glatten Alpgnofer Platten mittlerweile völlig überwachsen und nicht mehr zu empfehlen.

Die guten Autobahnverbindungen ab Zürich und das (schlechte) Sträßchen von Unterschächen zur Brunnialp rücken den Groß Ruchen für Autofahrer in den Bereich einer Tagestour. Man tut jedoch zur Alpzeit besser daran, ab Unterschächen zu laufen und auf Brunni zu nächtigen (Matratzenlager). Das fördert die Verbundenheit zu Land und Leuten und bringt so manchen Sklaven seines Terminkalenders wieder zur Besinnung.

In beiden Fällen sollte man schon im Morgengrauen die Brunnialp verlassen und südostwärts dem Weg zum Lauweli folgen. Neben dem vom Ruch Chälen herabfließenden Bach geht es dann genau auf die lange Geröllkehle zu. Das Gras verliert sich bald unter Schutt und Trümmerwerk. Bei Ausaperung finden sich hier schwach ausgeprägte Pfadspuren, die das Emporsteigen wesentlich erleichtern. Nach oben nimmt die Neigung der Rauhen Kehle zu, und zuletzt muß man links gegen die leichten Felspartien unterm Sattelhorn ausweichen.

Zu den starken Momenten der Tour zählt dann am Ruch Chälenpaß der Wechsel aus dem düsteren Gerölltrichter in die gleißende Weite des Ruchenfirns. Ein winziger Eissee zu Beginn lädt zu einer kurzen Pause ein, später wendet man sich auf dem flachen Ruchenfirn westwärts und gelangt so zwischen dem Chanzeli und dem P. 2793 hindurch zum kurzen Ostgrat des Groß Ruchen. Bei günstigen Verhältnissen ist es ein Vergnügen, direkt über die feine Firnkante zum Gipfelkopf aufzusteigen, im anderen Fall benutzt man besser den Geröllstreifen südlich der Firnkante und erklettert den Gipfelkopf über eine leichte, schuttbedeckte Felsstufe.

Ganz oben am Gipfelkreuz blickt man dann mit Stolz die 1700 Höhenmeter hinab ins Brunnital, entdeckt tief unten die Häuser von Unter Schächen und genießt die herrliche Übersicht über die hochalpine Umrahmung des Maderanertals. An klaren Tagen erkennt das Auge in der Ferne Mischabel, Monte Rosa und Walliser Weisshorn – mehr haben auch der Clariden oder die benachbarten Groß Windgällen nicht zu bieten.

Der Abstieg erfolgt genau in der Anstiegsroute, und Anfänger sollten sich bei Firnbelag im Ruch Chälen vor riskanten Abwärtsmanövern hüten.

Mit einer gewaltigen Felsmauer riegeln der Groß Ruchen (links) und der Groß Windgällen (rechts) das idyllische Brunnital ab.

60 Groß Düssi

König des Maderanertals

Große Bergtour 2 Tage
3256 m
Nichts für Kinder

Wer sich in Zürich den Kopf über eine stille Hochtour fürs nächste Wochenende zerbricht, der kennt entweder den Groß Düssi nicht oder hat ihn schon längst abgehandelt.

Dieser Groß Düssi steht genau in der Längsachse des wildromantischen Maderanertals und ragt als alles beherrschender Talschluß mit mächtigem Sockel, leuchtenden Firnterrassen und wohlgerundeter Gipfelkuppe 2000 Meter über den schäumenden Wassern des Chärsetelenbaches empor.

Neben den Groß Windgällen zeigt der Düssi das aufregendste Gipfelprofil der ganzen Region. Besonders eindrucksvoll wirkt die völlig ebenmäßige Nordseite über dem Hüfifirn; aufgrund seiner schönen Silhouette ist der Groß Düssi aber von überall her leicht wiederzuerkennen.

Man muß den Düssi jedoch aus dem Maderanertal gesehen haben, um die Ausmaße dieses Riesenstocks richtig zu erfassen. Wie ein gewaltiger Sperriegel schließt er den Talboden nach Osten ab und verbirgt hinter seinem Rücken mit der eisigen Weite des Hüfifirns die größte zusammenhängende Gletschermasse der Zentralschweiz.

Trotz dieser eindrucksvollen Seiten wird dieser Düssi selten bestiegen. Dies liegt vornehmlich an der Länge des Anmarschweges und an dem Umstand, daß für die Normalroute durch die Südwestflanke nur die kleine Selbstversorgerhütte auf der Hinterbalm offensteht. Die ist jedoch von den Sennern vortrefflich eingerichtet worden, mit einem ordentlichen Matratzenlager und einer großen Küche im Nebengebäude. Schlafsack, Gaskocher und andere Überlebensutensilien darf man also getrost daheim lassen. Und was die Länge des Anmarschweges betrifft, die relativiert natürlich der landschaftliche Reiz der Umgebung. Außerdem können sich ganz Gehfaule vom Parkplatz der Golzernbahn unweit Bristen unter Umständen mit dem Jeep bis Balmenschachen bringen lassen. Dort bleibt man hinter der Brücke bei der Wegverzweigung rechts, orientiert sich an den Hinweistafeln zur Cavardirashütte und gelangt an der südlichen Talseite allmählich gegen die Einmündung des Brunnitals empor. Der Wald lockert mehr und mehr auf und gibt interessante Rückblicke frei.

Talort Bristen, 770 m; AP am Endpunkt der Straße ins Maderanertal, 832 m.

Charakter Bei guten Verhältnissen leichte Hochtour, langer Anmarschweg. Selbstversorgerhütte als Stützpunkt, nichts für Neulinge im Hochgebirge, da Erfahrung und Routine vonnöten, Pickel und Steigeisen sind mitzunehmen. – Beste Zeit: Juli bis Anfang Oktober.

Gehzeit Aufstieg $6\frac{1}{2}$–7 Std.; Abstieg $3\frac{1}{2}$–4 Std.

Hütten/Gasthäuser Hinterbalm-Alphütte, 1817 m, priv. (gut eingerichtete Selbstversorgerhütte).

Verlauf Maderanertal – Niederchäseren – Hinterbalm – Düssi – Schattig Düssi – Südwestflanke – Gr. Düssi.

Führer und Karten AAC Zürich: Clubführer Urner Alpen Ost, SAC, Bern. – LKS 246, Klausenpaß, LKS 256, Disentis, jeweils 1 : 50 000.

Die sumpfige Stelle an der Rinderbielalp kann die gute Laune vermiesen, ehe es hinter dem Brunnibach trockenen Fußes im Zickzack empor zur Hinterbalm geht. Wer am nächsten Tag zeitig aufbricht, darf fast den gesamten Gipfelanstieg im Schatten zurücklegen.

Zunächst führt ein Alpweg nordwestwärts zu den Hütten von Düssi. Hier findet sich ein schwach ausgeprägter Pfad, der an der Nordseite des vom Höchen Schijen herabziehenden Kammes über Gras- und Schuttbänder gegen die Geröllhalden in der Düssi-Südwestflanke hinaufleitet. Vor einer Runse, in knapp 2600 Meter Höhe, enden die Steigspuren. In Schutt oder Altschnee gelangt man geradewegs bergan zum unteren Firnfeld und darauf weiter bis zu der markanten Felsbank, die das erste vom zweiten Firnfeld trennt. Diese Felsbank wird in einer unangenehmen Geröllrinne durchstiegen, die direkt auf dem oberen Firnhang ausmündet. Bei Vereisung muß man hier eventuell einige Stufen schlagen, ansonsten geht es – mit Steigeisen – leicht zu den Felsen des Südgrates empor. Diesen erreicht man in der Regel nördlich des Chli Düssi. Der Rest ist dann kurze, harmlose Kletterei, die schon nach wenigen Minuten am großen Gipfelkreuz endet. Herrlich fächert sich von hier oben die Rundsicht auf, der Tödi dominiert im Osten, der weiße Firndom des Oberalpstocks im Westen, und dazwischen zieht das grüne Maderanertal 2000 Meter tiefer vom runzeligen Hüfifirn zwischen Bristen und Windgällenstock hindurch zur Reuss.

Der Abstieg erfolgt am besten genau entlang der Anstiegsroute, wobei natürlich die weiten Firn- und Schuttfelder in der Südwestflanke zum Abfahren einladen. (Nichts für Anfänger!)

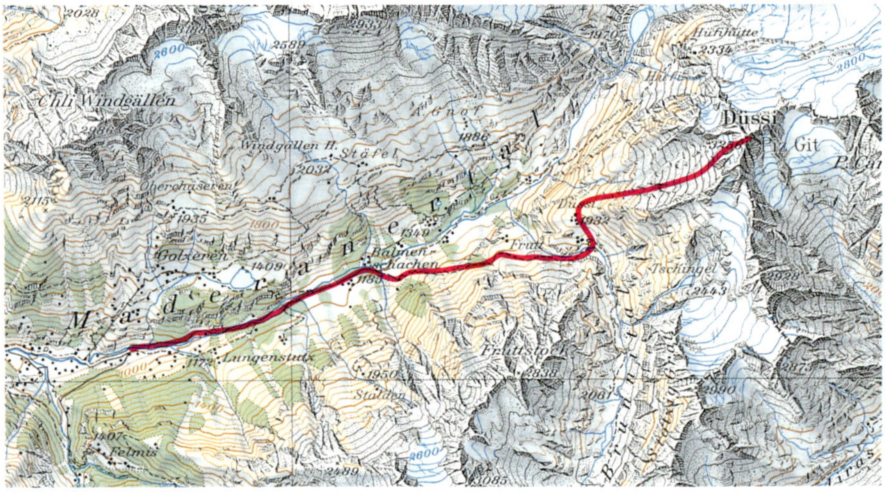

Wuchtig überragt der Groß Düssi den Talschluß des Maderanertals. Durch den oberen Teil der riesigen Flanke führt der Anstieg, dessen Hauptschwierigkeit die Felspassage zwischen dem unteren und oberen Firnfeld ist. Im Vordergrund die Alp Guferen.

61 Wissigstock und Engelberger Rotstock

Ab Ristis über die Rugghubel-Hütte

Bergtour 1 Tag
2887 m
Mit Kindern ab 14 J.

Der altehrwürdige Klosterort Engelberg am Ende des gleichnamigen Tals gilt nach wie vor als alpintouristisches Zentrum der Innerschweiz. Daran haben auch die Ausbreitung des Freizeitbetons und der Seilbahnboom der vergangenen Jahrzehnte nichts ändern können. Der Talschluß der Engelberger Aa teilt dabei das hochalpine Revier genau auf. Im Süden stehen die anspruchsvolleren Ziele wie Spannort, Schlossberg oder Grassen. Die Nordseite dagegen bietet sich mehr dem Bergwanderer an, der hier zahlreiche leichte und doch interessante hohe Ziele vorfindet. Zum Beispiel den Wissigstock und den Engelberger Rotstock, die beiden Hausberge der Rugghubel-Hütte.

Man kann hier im Geröll, Steilschutt und auf Firnfeldern seine Hochgebirgstauglichkeit erproben, ohne gleich Felsen erklettern oder Gletscher traversieren zu müssen. Darüber hinaus sind beide Gipfel auch für den Augenmenschen interessant, der auffällig eingefärbte Engelberger Rotstock wegen seiner hübschen Pyramidengestalt und der Wissigstock wegen der fabelhaften Aussicht.

Talort Engelberg, 1004 m; Seilbahn nach Ristis, 1600 m.

Charakter Leichte Bergtour für trittsichere und erfahrene Bergwanderer. – Beste Zeit: Juli bis Ende Oktober.

Gehzeit Aufstieg $4^1/_2$–5 Std.; Abstieg 3 Std.

Hütten/Gasthäuser Rugghubel-H., 2294 m, SAC.

Verlauf Ristis – Rigidalstafel – Planggenstafel – Rugghubel-H. – Engelberger Lücke – Wissigstock – Engelberger Lücke – Engelberger Rotstock – Rugghubel-H. – Ristis.

Varianten Vom Engelberger Rotstock Abstieg entweder über Rot Grätli und Bannalper Schonegg zum Bannalpsee (Seilbahn nach Oberrickenbach, vgl. Tour 20) oder über Engelberger Egg ins Großtal, jeweils 4 Std.

Karten LKS 1191, Engelberg, 1 : 25 000; LKS 245, Stans, 1 : 50 000.

Die Brunnibahn verkehrt ab Ortsmitte Engelberg bis zur Station Ristis in 1600 Meter Höhe, knapp oberhalb der Baumgrenze. Von dort zieht der Weg zur Rugghubel-Hütte zunächst horizontal unterm Sockel des Rigidalstocks entlang, passiert aufregend exponiert und doch sicher angelegt die schaurigen Felsabbrüche zum »End der Welt« und beginnt erst hinter dem Tüfelstein, bei der Planggenstafel, stärker anzusteigen. Vor allem frühmorgens und am Spätnachmittag ist dieser Hüttenweg sehr zu empfehlen. Dann kommen nämlich die Berge auf der anderen Seite des Engelberger Tals prächtig zur Geltung; allen voran der Titlis mit seinem leuchtenden Firndach.

Je nach Tageszeit und Touren-Timing dient die wie auf einem Feldherrenhügel thronende Rugghubel-Hütte als Etappenziel und Nachtquartier oder bloß als willkommener Zwischenstop. Auf jeden Fall steht sie genau in der Mitte zwischen Brunnibahn und Wissigstock, und zwar sowohl nach Entfernung als auch nach Höhenmetern.

Die zweite Hälfte der Tour ist etwas anstrengender als die erste. Über Gras

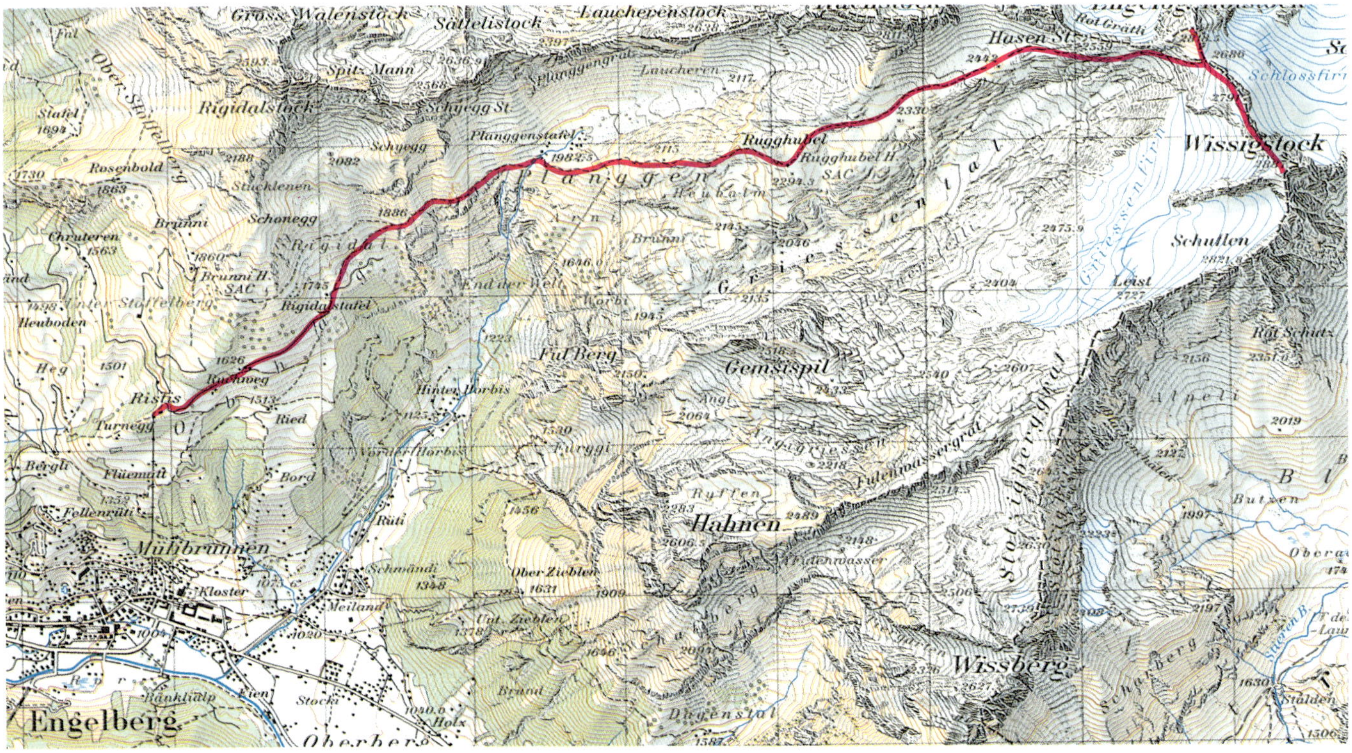

und Trümmerwerk geht es auf solidem Pfad vor den Felswänden des Ruchstocks ostwärts Richtung Rotgrätli. Kurz oberhalb von P. 2442 zweigt dann rechts eine schwach erkennbare Spur ab und steigt über Altschnee und steilen Schutt mühsam empor zur Engelberger Lücke. Auf der anderen Seite tut sich mit dem gleißenden Schloßfirn plötzlich eine ganz neue Welt auf, doch die ist tabu. Man hält sich rechts und folgt dem breiten Schuttrücken des Wissigstock-Nordwestrückens unschwierig hinauf zu dem bemerkenswert aussichtsreichen Gipfel. Bei klarem Wetter ist hier also eine entsprechend lange Rast einzuplanen, denn neben Uri-Rotstock, Sustenhorn und Titlis sind auch fast alle namhaften Viertausender der Berner Alpen zu bewundern.

Wer nach der Rückkehr in die Engelberger Lücke noch Zeit hat, sollte auch den schönen Engelberger Rotstock »mitnehmen«. Dazu ist allerdings Trittsicherheit vonnöten, obwohl die Steigspuren in der steilen Südflanke das Emporkommen erleichtern.

Am hübsch geschmiedeten Gipfelkreuz bekommt man erneut ein herrliches Alpenpanorama geboten. Dazu gibt es interessante Einblicke in die umliegenden Talsysteme. Wer sich davon animieren läßt und kein Auto drunten in Engelberg stehen hat, der nehme beim Rückweg den Abzweig Rot Grätli und folge dem Weg am Rand des Schöntaler Firns entlang und um den Ruchstock herum zum Bannalper Schonegg. Von dort ist man in knapp 1 Stunde an einer der Seilbahnstationen am Bannalpsee.

Die beiden Firnfelder des Griessenfirns begrenzen den Wissigstock. Im Hintergrund über der Bildmitte der Uri-Rotstock.

62 Uri-Rotstock

Der Traumgipfel über dem Urner See

Gletschertour $1^{1}/_{2}$ Tage
2928 m
Nichts für Kinder

Talorte Engelberg, 1004 m; Seilbahn nach Ristis, 1600 m.

Charakter Bei guten Verhältnissen leichte Gletschertour auf einen großartigen Gipfel, Steigeisen, Pickel und Seil erforderlich! – Beste Zeit: Juli bis Oktober.

Gehzeit Aufstieg $6^{1}/_{2}$–$7^{1}/_{2}$ Std.; Abstieg 4 Std.

Hütten/Gasthäuser Rugghubel-H., 2294 m, SAC.

Verlauf Ristis – Rigidalstafel – Planggenstafel – Rugghubel-H. – Engelberger Lücke – Schloßfirn – Blüemlisalpfirn – Uri-Rotstock.

Varianten Wer Zeit und gute Knie hat, steigt vom Gipfel über die Gitschenhöreli-H. ins Großtal und nach Isenthal ab, über 2000 Höhenmeter! Von der Engelberger Lücke kurzer Abstecher auf Wissigstock und Engelberger Rotstock (vgl. Tour 61).

Führer und Karten AAC Zürich, Clubführer Urner Alpen West, SAC Bern. – LKS 1191, Engelberg, 1:25 000; LKS 245, Stans, 1:50 000.

Der Uri-Rotstock bildet mit seiner abgestumpften, firnumlagerten Gipfelpyramide eine der auffälligsten Erhebungen der Urner Alpen. Es gibt zwar zwischen Vierwaldstätter See und Furkapaß höhere und auch formschönere Berggestalten, aber keine steht souveräner und isoliert so dicht am Alpenrand wie dieser 2500 Meter über dem Urner See aufragende Traumgipfel. Ein großartiges Bild, das stets aufs neue zu begeistern vermag: mal im gleißenden Sonnenlicht, mal im geisterhaft treibenden Gewölk oder im Farbzauber der Föhnstimmung. Wenn nicht gerade dichter Nebel herrscht, zählt der Uri-Rotstock zu den Hauptattraktionen jeder Vierwaldstätter-See-Rundreise.

Daß man diesen Berg einmal ersteigen muß, versteht sich für den alpinistisch ambitionierten Besucher der Zentralschweiz von selbst. Man kann das tun, ohne einen Gletscher betreten zu müssen, und zwar auf langem, aber bezeichnetem Weg ab Isenthal am Westufer des Urner Sees durchs Großtal. Ohne Stützpunkt unterwegs bedeutet dies allerdings ein anstrengendes Tagesprogramm mit 2100 Metern Auf- und Abstieg.

Wer mit Pickel und Steigeisen zu hantieren weiß, sollte sich indes zwei Tage für den Uri-Rotstock gönnen und den Umweg über Engelberg in Kauf nehmen. Falls keine Anfänger mit von der Partie sind, kann man Seil und Schlingen getrost daheim lassen, denn bis auf ein kurzes Steilstück trägt diese Tour trotz hochalpiner Umgebung eher den Charakter einer Gletscherwanderung.

Bei Benutzung der Brunnibahn bis 1600 Meter hinauf verkürzt sich der Weg zur Rugghubel-Hütte auf 2 Stunden, man sollte sich jedoch ruhig mehr Zeit lassen, zumals als Neuling im Engelberger Tal. Der Hüttenweg zieht nämlich als exzellenter Panoramapfad hoch über dem Talkessel von Engelberg entlang. Fast alles, was in diesem Bergrevier rund um den Titlis von Bedeutung ist, zeigt sich spätnachmittags in bestem Seitenlicht – nur der Uri-Rotstock nicht, der ausgerechnet verbirgt sich hinter seinem »Vorwerk«, hinter Engelberger Rotstock und Wissigstock.

Es gibt natürlich auch einen relativ steilen Direktanstieg von Engelberg zur Rugghubel-Hütte, und zwar vom Talschluß »End der Welt«, aber der ist mehr etwas für Hüttenbesucher mit sportlichem Ehrgeiz. Das Schutzhaus der SAC-Sektion Titlis wird in der Regel von Mitte Juni bis Ende Oktober voll bewirtschaftet, während dieser Zeitspanne erübrigt es sich also, große Proviantlasten mit hinaufzuschleppen. Die Rugghubel-Hütte zieht viele Tagesgäste an, jedoch über Nacht bleiben nur wenige, die 80 Schlafplätze sind selten alle belegt.

Am nächsten Morgen folgt man ostwärts dem schwach markierten Pfad, der genau auf den hübschen Engelberger Rotstock zielt. Bis zur Verzweigung unter dem Rotgrätli ist der Pfad gut begehbar, dann quert er als schwach ausgeprägte Spur unter Rot Grätli und Rotstock in die Engelberger Lücke (2686 m) hinein.

Die letzten Schritte zur Lücke bedeuten einen vollständigen Szenenwechsel vom grauen Schutt zum grellen Firn, doch wer gehofft hat, hier sein Tagesziel zu erblicken, sieht sich zunächst enttäuscht. Erst nach Überquerung des kleinen spaltenarmen Schloßfirns kommt er in der 2665 Meter hohen Schloßstocklücke in Sicht, der Uri-Rotstock. Und er wirkt mit seiner charakteristisch rötlichen Gipfelpyramide über dem gleißenden Blüemlisalpfirn noch immer souverän, nur nicht mehr so unerreichbar fern wie vom Ufer des Urner Sees.

Aus der Schloßstocklücke geht es 200 Höhenmeter steil hinab ins weite Becken des Blüemlisalpfirns, wobei diese Passage bei Vereisung oder offenem Bergschrund durchaus den Charakter

einer Schlüsselstelle annehmen kann. Im allgemeinen gelangt man aber leicht hinunter auf den Gletscher und ebenso leicht hinüber zum Südostgrat des Uri-Rotstocks. Der zieht zunächst als breiter Geröllkamm gipfelwärts, oberhalb von P. 2741 zwingt allerdings ein bizarrer Felsaufschwung zu einem kurzen Ausweichmanöver nach rechts zum Rand des Chlitaler Firns. Anschließend erreicht man einen Schutthang, an dessen westlicher Abdachung eine ausgeprägte Spur zum höchsten Punkt emporleitet.

Wer bei klarem Wetter oben ankommt, kann nachempfinden, warum der Uri-Rotstock als Aussichtsberg so berühmt ist. Da sind zur einen Seite die frappierenden Tiefblicke zum Urner See und zu den Hotelterrassen von Brunnen und zur anderen die einzigartige Übersicht über den großen Kranz der Urner Hochgipfel, überragt vom Tödi und den fernen Berner Alpen.

Wen es vom Gipfel geradewegs hinabdrängt zu dem so verlockend in der Tiefe schimmernden Seespiegel, der benutze den eingangs erwähnten Weg, der am orographisch rechten Rand des Blüemlisalpfirns über Moränenschutt unter der Westflanke des Uri-Rotstocks hindurch ins Großtal und nach Isenthal hinabführt, mit Busverbindung nach Flüelen.

Der unscheinbare Gipfel links der Bildmitte ist der Uri-Rotstock, im Vordergrund der Wissigstock mit dem charakteristischen zweigeteilten Griessenfirn.

63 Krönten

In Eis und Urgestein über dem Reusstal

Gletschertour 2 Tage
3108 m
Nichts für Kinder

Neben dem Titlis bildet die Glattfirnumrahmung mit Schloßberg, Spannort, Zwächten und Krönten den Schwerpunkt der nördlichen Urner Alpen zwischen Susten- und Surenenpaß. Seit der Titlis eine Seilbahn trägt, ist er bei den Aktiven »out«; dafür sind der Groß Spannort und der Krönten stärker ins Zentrum des bergsteigerischen Interesses gerückt.

Vielleicht liegt eine gewisse Arroganz in dieser Haltung, doch wie überall im Leben sind eben in der Freizeit auch die Bergsteiger am liebsten unter sich. So wie am Krönten, dem östlichsten Dreitausender der Urner Alpen. Den haben die Alpinisten noch ganz für sich allein.

Bis auf den 2 Merer hohen Gipfelblock gibt es an der Krönten-Normalroute nichts zu erklettern, und auch auf dem flachen Gletscher gestaltet sich die Orientierung einfach. Besonders als Abschlußtour der Saison erfreut sich der Krönten bei den Tourenwarten der SAC-Sektionen großer Beliebtheit. Überhaupt ist der Herbst die ideale Jahreszeit für den Krönten. Probleme mit Vereisung oder Ausaperung sind auf dem Glattfirn kaum zu befürchten, und Neuschnee verschafft der Tour allenfalls einen zusätzlichen Reiz.

Talort Erstfeld, 472 m; AP Bodenberg im Erstfelder Tal, 1001 m.

Charakter Sehr schöne und beliebte Hochtour, am Gipfelturm kurze, leichte Kletterei. Hervorragende Aus- und Tiefblicke. – Beste Zeit: Juli bis Oktober.

Gehzeit Aufstieg $6\frac{1}{2}$–$7\frac{1}{2}$ Std.; Abstieg 4–$4\frac{1}{2}$ Std.

Hütten/Gasthäuser Krönten-H., 1903 m, SAC.

Verlauf Erstfeld – Erstfelder Tal – Krönten-H. – Glattfirn – Krönten

Variante Langer Abstieg für erfahrene Berggeher über die Südostseite an der Leutschach-H. (2208 m) vorbei und durch das gleichnamige Tal zum Arnisee, von hier Seilbahnen nach Intschi und Amsteg im Reusstal, 4 Std.

Führer und Karten AAC Zürich, Clubführer Urner Alpen West, SAC, Bern. – LKS 5008, Vierwaldstätter See, 1 : 50 000; LKS 245, Stans; LKS 246, Klausenpaß und LKS 255, Sustenpaß, 1 : 50 000.

Eigentlich beginnt der Hüttenanstieg ganz unten bei Erstfeld im Reusstal, da aber heutzutage fast alle Zeitgenossen motorisiert sind, versuchen viele, auf dem engen Alpsträßchen im Erstfelder Tal bis Bodenberg hinaufzufahren; wo es dann wirklich nur noch zu Fuß weitergeht.

Der Sommerweg verläßt bald den Talboden und führt oberhalb einer Bergsturzhalde auf grünem Band zwischen zwei Felsgürteln streng ostwärts, immer der gewaltigen, 8 Kilometer langen Schloßbergmauer entgegen. Später taucht die zerrissene Zunge des Glattfirns auf, und kurz darauf erreicht man an wild wuchernden Heidelbeerstauden vorbei den Steinbau der Krönten-Hütte. Sie steht in herrlicher Lage am

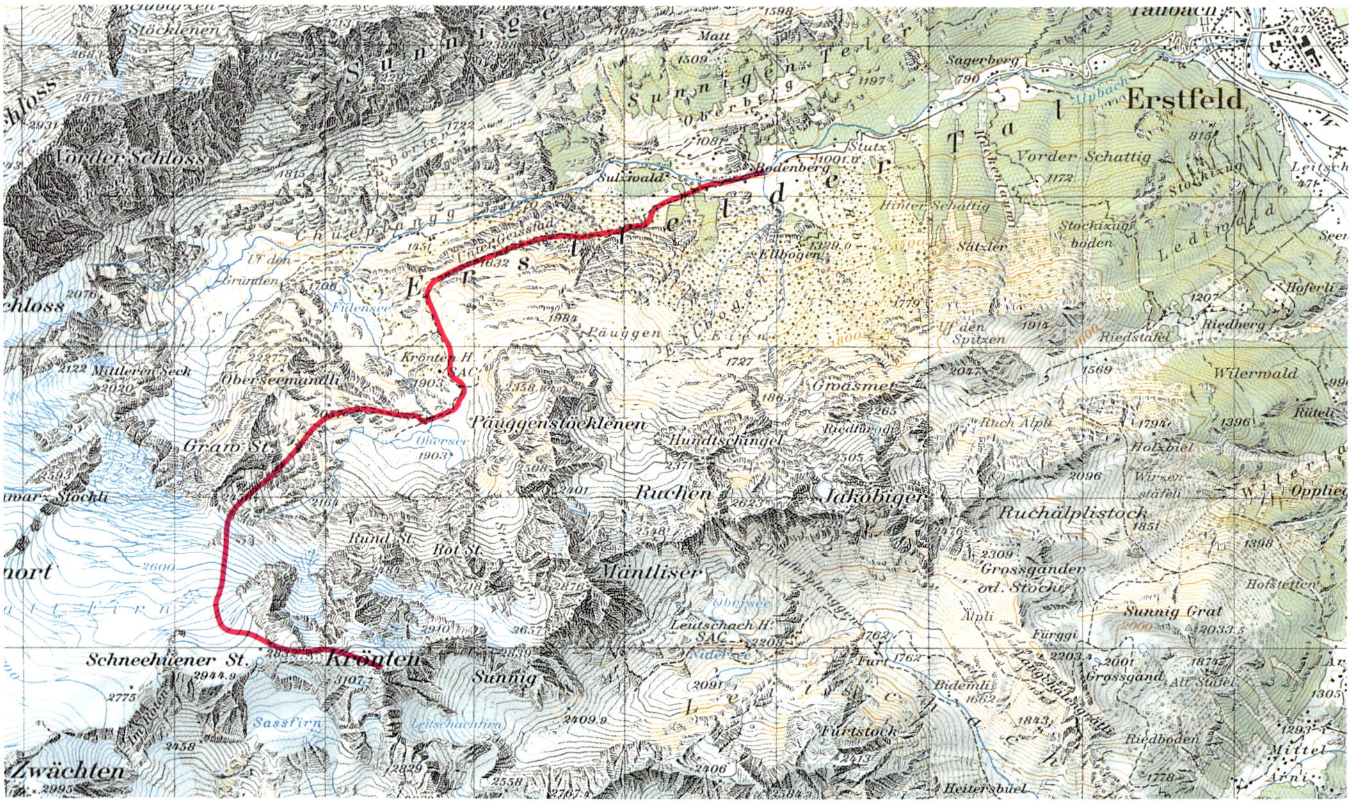

Rande des Oberseekessels vor der felsig düsteren Nordseite des Krönten-Mäntliser-Grates.

Anderntags weist der Gipfelanstieg den einfachsten Ausweg aus diesem Kessel. Die anfangs gut gekennzeichnete Route führt zunächst am breiten Ostsporn des Oberseemanndli empor und quert dann über Geröll und Felsstufen die Graustock-Ostflanke bis zum Gletscherrand. Der unmittelbare Wechsel aus dem Schattenloch in die lichtüberflutete Weite des Glattfirns gehört zu den stärksten Momenten dieser Tour.

Auf dem flachen, spaltenarmen Firn wendet man sich südostwärts und erreicht bald den breiten Rücken des Krönten-Westgrates, der teils als Geröllkamm, teils als harmlose Firnkante in mäßiger Steigung zum verwitterten Gipfelturm leitet. Dieser kann an seiner Westseite über gut gestuften Fels leicht erklettert werden.

Eine schöne Rundtour ergibt sich, wenn man dem Westgrat zurück bis zur Kröntenlücke folgt, dort – bei guten Verhältnissen – am kleinen Eissee vorbei auf den Saasfirn absteigt, am Ostufer des Gletschers zum Saaspaß (P. 2669) quert, durch die dahinterliegende Talmulde die Leutschach-Hütte ansteuert und schließlich im Leutschachtal wieder zur Reuss hinauswandert. Wer am Vortag vorschnell bis Bodenberg hinaufgefahren ist, der hat jetzt natürlich das Auto am falschen Ort . . .

Der Gipfel des Krönten (links) ist ein beliebtes Hochtourenziel über dem Reusstal.

64 Piz Giuv – Piz Nair

Leichte Klettereien über der Etzlihütte

Bergtour 2 Tage
3096 m bzw. 3059 m
Mit Kindern ab 16 J.

Talort Bristen, 770 m; AP Talstation der Golzern-Seilbahn, 832 m.

Charakter Mäßig schwierige Bergtour mit Gletscherbegehung sowie leichter und kurzer Blockkletterei im Gipfelbereich, am Piz Nair bis Schwierigkeitsgrad II. – Beste Zeit: Mitte Juli bis Anfang Oktober.

Gehzeit Aufstieg $6^1/_2$–$7^1/_2$ Std.; Abstieg 4–5 Std.

Hütten/Gasthäuser Etzli-H., 2052 m, SAC.

Verlauf Seilbahn-Talstation – Etzlital – Etzli-H. – Spillauibiel Firn – Piz Giuv – Hälsi – Piz Nair – Fellelifirn – Etzli-H. – Etzlital – Seilbahn-Talstation.

Führer und Karten AAC Zürich: Clubführer Urner Alpen Ost, SAC, Bern. – LKS 1212, Amsteg, 1 : 25 000; LKS 256, Disentis, 1 : 50 000.

Bei Amsteg zweigt ostwärts aus dem Urner Reussgraben eines der schönsten Hochgebirgstäler der Schweiz ab, das Maderanertal. Zwischen dem Talschluß unterm Hüfifirn und dem tief eingeschnittenen Bristentobel bei der Einmündung in die Reuss durchfließt der Chärstelenbach 12 Kilometer herrlicher Gebirgslandschaft, ideal zum Wandern und zum Bergsteigen. Ein halbes Dutzend Clubhütten stehen im Einzugsbereich des Maderanertals, und eine Reihe eindrucksvoller Gipfelgestalten umrahmen dieses wundervolle Talsystem. Einige sind wegen ihres markanten Profils bekannt, wie etwa der Bristenstock oder die beiden Windgällen, andere wegen ihrer die anderen überragenden Höhe, wie der Oberalpstock, oder aufgrund ihrer einzigartigen Lage über dem Talschluß, wie der Groß Düssi. Zu den wenig genannten Gipfel in dieser Runde zählen indes Piz Giuv und Piz Nair. Beide stehen am Ende des Etzli, einem großen Seitenarm des Maderanertals.

Dieses Etzligebiet ist stark gegliedert, aber weitgehend unvergletschert. So fallen Piz Giuv und Piz Nair mit ihren bleichen Firnlappen inmitten der bizarren Felskulisse natürlich sofort ins Auge. Für den Bergsteiger sind sie die interessantesten Ziele in der Umgebung der Etzlihütte, der Piz Giuv wegen seiner Höhe und der Piz Nair aufgrund seiner außergewöhnlichen Gipfelform. Dessen völlig ebenmäßige, vierseitige Pyramide fordert geradezu zu einer Besteigung heraus, während der Piz Giuv als Kulminationspunkt dieser Gruppe mit einer überraschend weiten Aussicht von der Ötztaler Wildspitze bis zum Montblanc aufwartet.

Ideal gelegener Stützpunkt für dieses Gipfelpaar ist die geräumige Etzlihütte über dem Hinteren Etzliboden. Von Bristen sind es 3 Stunden bis zur Hütte, schön verteilt auf Wald- und Latschenhänge, immer dicht am ungestümen Etzlibach entlang. Die Mehrzahl der Hüttenbesucher sind Paßwanderer und Strahler, sprich Mineraliensucher. Im Herbst macht sich hier allerdings auch mal das Militär breit, doch die 110 Hüttenplätze reichen in der Regel für alle aus.

Wer beide Gipfel auf sein Tagesprogramm gesetzt hat, sollte morgens beizeiten aufbrechen. Dabei empfiehlt es sich, quasi als Einlauftour zunächst den leichteren Piz Giuv anzusteuern, der über den wilden Zackengrat des Hälsi mit dem Piz Nair verbunden ist. Dazu folgt man dem kleinen Pfad südwärts zum sumpfigen Boden von Unter Felleli und steigt auf der anderen Seite des Baches an einem ausgeprägten Moränenrücken gegen den kleinen Spillauibiel Firn empor.

Zwischen den einzelnen Querspalten der Gletscherzunge geht es im Slalom hindurch zum flachen Mittelstück und über einen harmlosen Firnhang hinauf in den Sattel an der Ostseite des Piz Giuv. Über einen kurzen Trümmerhang gewinnt man den obersten Nordgrat, der zuletzt in leichter Blockkletterei zum höchsten Punkt hinaufleitet.

Der Übergang zum Piz Nair führt zunächst zurück in den Sattel zwischen Piz Giuv und Hälsi. Die folgende Querung durch die Südseite der Hälsi bis zum Boden des Glatscher da Giuv gestaltet sich bei gutem Firn oder aperen Verhältnissen einfach. Hinter dem südlichen Felsausläufer der Hälsi erreicht man dann nordwärts im Schutt und Schnee problemlos die Forcla Piz Nair. Hier setzt der steile Nordwestgrat des Piz Nair an, der im unteren Teil auf Steigspuren gut begehbar ist, in der Mitte an einem plattigen Aufschwung mit prächtigen Griffen eine kurze IIer Stelle aufzuweisen hat und schließlich in anregender Blockkletterei zum Gipfelsteinmann führt. Dort kann man nicht ganz so weit in die Ferne schauen wie am benachbarten Piz Giuv, dafür aber besser in die Täler blicken; Vorderrhein, Reuss und sogar ein bißchen Blau vom Urner See sind zu sehen. Dank der günstigen Gesteinsstufung gerät der Abstieg am Nordwestgrat nicht zum Nervenkitzel, und aus der Fuorcla Piz Nair geht es dann zumeist in rasanter Abfahrt über den Fellelifirn hinab zur Endmoräne, unweit der Etzlihütte.

Blick vom Piz Guiv über das Maderanertal zu (von links nach rechts) Chli Windgällen, Groß Windgällen und Groß Ruchen.

65 Sunnig Grat

Stille Familientour über dem Arnisee

Leichte Bergwanderung 1 Tag
2033 m
Mit Kindern ab 6 J.

Talorte Amsteg, 522; Seilbahn nach Mittel Arni, 1293 m. – Intschi, 650 m; Seilbahn zum Arnisee, 1360 m.

Charakter Einfache Wanderung in wildromantischer Landschaft mit eindrucksvollen Ausblicken. Vor allem im Herbst lohnend.

Gehzeit Aufstieg $2^1/_4$ Std.; Abstieg $1^1/_2$ Std.

Hütten/Gasthäuser Gasthäuser am Arnisee; Sunniggrätli-H., 1977 m.

Verlauf Bergstation der Seilbahnen – Arnisee – Riedboden – Grossgand – Sunnig Grat.

Karte LKS 5008, Vierwaldstätter See, 1 : 50 000.

Das Reusstal zwischen Vierwaldstätter See und Gotthard bildet das Herzstück des Urnerlandes. Das alte Uri ist freilich vielerorts versunken oder überbaut worden von den Verkehrssträngen eines der wichtigsten Alpenpässe. Eisenbahnlinie, Kantonalstraße und Gotthard-Autobahn zwängen sich durch den engen Talgrund, die Zeiten der Saumwege zum Gotthard sind nur noch in einigen Kulturdenkmälern lebendig. Bei aller Nostalgie und Postkutschen-Romantik darf man freilich nicht vergessen, daß die Lebensumstände vor dem Autobahnbau in vielen Urner Ortschaften kaum noch zu ertragen waren. Kilometerlange Autoschlangen gehörten in Flüelen oder Erstfeld an Wochenenden zur Tagesordnung. Ob die neue Nord-Süd-Transitstrecke der Region tatsächlich mehr Nutzen als Schaden bringt, wird die nahe Zukunft zeigen. Wenn an den steilen Talflanken der Bergwald im Verkehrsmief erstickt und seine Funktion als Lawinenschutz nicht mehr erfüllen kann, drohen manche Ansiedlungen und Dörfer im Winter unbewohnbar zu werden. Die landschaftliche Vielfalt, aber auch die sie langsam strangulierenden Verkehrsadern lassen sich am besten von einem der vielen Aussichtspunkte beidseits der Reuss betrachten.

Die Auswahl an Aussichtsgipfeln überm Reusstal ist groß. Bergsteiger bevorzugen die Chli Windgällen oder den scharf geschnittenen Bristen, ausdauernde Wanderer den Bälmeten oder den auffälligen Rophaien. Ideal für den Familienausflug ist indes der Sunnig Grat, eine kleine, unscheinbare Bergschulter, die aber weit gegen das Reusstal vorgeschoben liegt und trotz bescheidener Höhe eine phantastische Aussicht beschert. Man sieht nicht nur zum Urner See hinab und die Urner Reuss in ihrer ganzen Länge, auch das Fellital liegt offen und das herrliche Maderanertal!

Selbst mit dem Anstieg steht alles zum Besten. Er kann wahlweise durch zwei Seilbahnen aus dem Reusstal auf eine familiengerechte Länge verkürzt werden und berührt gleich zu Beginn den wunderschön gelegenen Arnisee. Zum richtigen Wanderglück fehlt also bloß noch ein strahlender Sonnentag ohne Dunstschleier. Die beste Jahreszeit für dieses Vorhaben ist in jedem Fall der Spätherbst, wenn die beiden Windgällen gegenüber den ersten Neuschnee tragen und die Heidelbeerwildnis un-

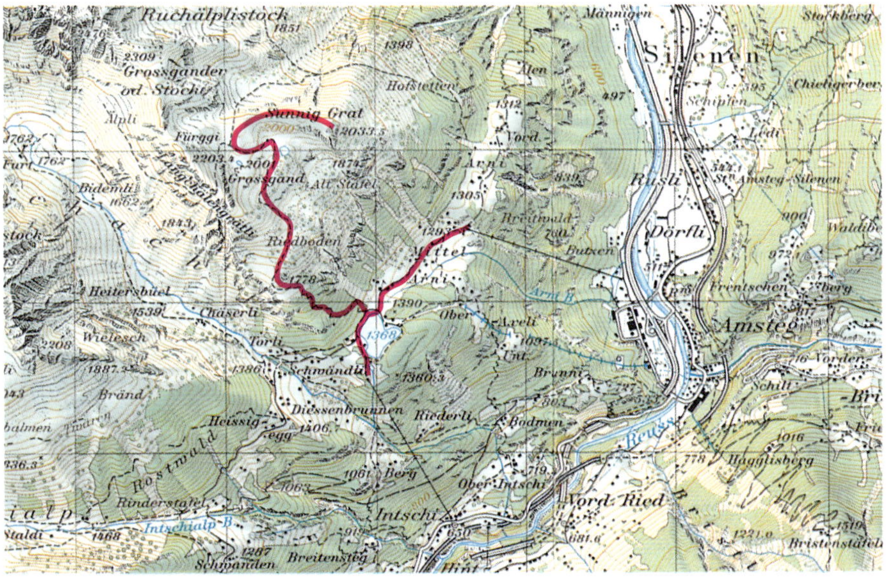

term Sunnig Grat in allen Farben schillert.

Dann trommle man die Familie zusammen und fahre nach Intschi im Tal der Reuss. Dort geht es zügig mit der kleinen Seilbahn weiter zum Arnisee. Wartezeiten und Gedränge entstehen selten, schließlich gibt es in diesem Teil der Schweiz Dutzende solcher zauberhaften Ausflugsparadiese.

Oben am Arnisee scheint die Zeit stehengeblieben, kein Verkehr, kein Lärm, kein Termindruck oder Streß; man könnte stundenlang hier verweilen und hinüber schauen zu den unmittelbar hinter der Reuss aufragenden Windgällen, die sich im Neuschneemantel über der Seeidylle ausnehmen wie Himalayariesen.

Zum Rasten und Staunen bietet der Tag allerdings noch reichlich Gelegenheit; zunächst geht es am nördlichen Seezipfel durch Wald aufwärts zum freien Riedboden und dort weiter durch dichtes Heidelbeergesträuch zu den versteckten Seeaugen um Grossgand. Das Gipfelkreuz auf dem Sunnig Grat ist längst in Sicht gekommen, aber zuvor führt der Weg noch an der Sunniggrätli-Hütte vorbei, die mit Speis' und Trank und im Bedarfsfalle mit einfachen Übernachtungsmöglichkeiten (Massenlager) aufwartet.

Am besten verschiebt man die Einkehr auf den Rückweg, denn das Tagesziel liegt nur noch $^1/_2$ Stunde entfernt. Das letzte Stück zum Kreuz verläuft durch ein wahres Labyrinth von Granitblöcken und weckt hochgespannte Erwartungen. Bei gutem Wetter und klarer Sicht ist hier oben noch niemand enttäuscht worden, was beweist, daß nicht die Höhe des Berges allein über das Ausmaß an Gipfelglück entscheidet.

Rast an einem Seeauge unter dem Sunnig Grat. Gegenüber ragen alle großen Gipfel des Maderanertals wie Chli Windgällen, Groß Düssi und Oberalpstock auf.

66 Badus

Aussichtsberg über den Vorderrheinquellen

Bergtour 1 Tag
2928 m
Mit Kindern ab 10 J.

Unter rein geographischen Gesichtspunkten ist der Badus südlich vom Oberalppaß nicht gerade das, was man einen Zürcher Hausberg nennt. Und trotzdem erfreut sich der Badus gerade bei den Zürcher Bergwanderern großer Beliebtheit, weshalb er in diesem Buch natürlich nicht ausgespart werden darf. Diese Wertschätzung des Badus hat in erster Linie mit seiner unmittelbaren Nähe zur Rheinquelle zu tun, verkörpert durch den kleinen, bezaubernden Tomasee.

Strenggenommen bildet der »Lai da Tuma« bzw. der »Rein da Tuma« nur das Quellgebiet des Vorderrhein, denn der eigentliche Rheinursprung liegt am Rheinquellenfirn unterm Rheinwaldhorn, im Talschluß des Hinterrhein. Aber das schmälert den Reiz des Tomasees in dem wilden Karkessel an der Nordseite des Badus keineswegs. Wegen seiner landschaftlichen Schönheit und seiner geographischen Bedeutung hat der Kanton Graubünden den Karkessel samt Lai da Tuma zum Naturschutzgebiet erklärt.

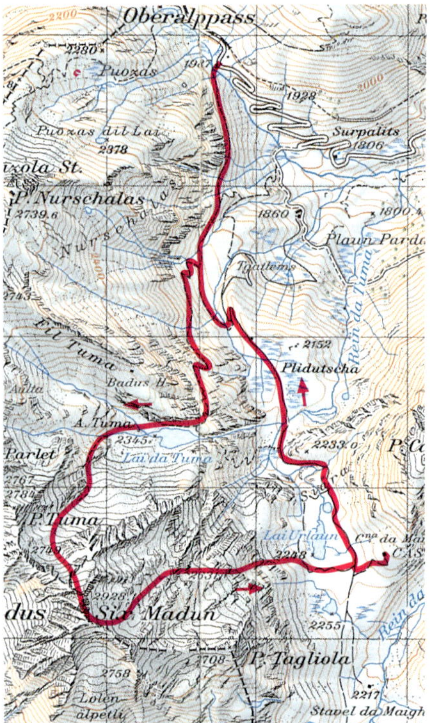

Talort Oberalppaß, 2044 m.

Charakter Leichte Bergtour in wildromantischer Urgesteinslandschaft; im Gipfelbereich kurze, leichte Kletterei, der Routenverlauf ist anhand von Steindauben und Pfadspuren leicht zu finden. Beste Zeit: Anfang Juli bis Oktober.

Gehzeit Aufstieg $2^1/_2$–3 Std.; Abstieg 2–$2^1/_2$ Std.

Hütten/Gasthäuser Badus-H., 2505 m, SAC; Maighels-H.; 2309 m, SAC.

Verlauf Oberalppaß – Lai da Tuma – (Badus-H.) – Nordflanke – Nordwest-/Nordostgrat – Badus – Kl. Badus – Maighels-H. – Oberalppaß.

Karten LKS 1232, Oberalppaß, 1 : 25 000; LKS 256, Disentis, 1 : 50 000.

Ein weiterer Grund für die Wertschätzung des Badus ist seine leichte Ersteigbarkeit, verbunden mit einer einzigartigen Gipfelschau. Wie auf keinem zweiten Berg im Gotthardgebiet profitiert der Zuschauer hier von der geographischen Zäsur der Rhein-Rhône-Furche, die sogar noch das ferne Rätikon oder die Gipfel des Monte-Rosa-Massivs in den Panoramakreis holen. Gar nicht zu reden von den Berner oder Urner Hochalpen, von der langen Tödikette oder von den Gletschergipfeln des Rheinwaldgebirges, die alle in schönster Ordnung um den Badus herum aufgereiht stehen.

Wer seine Gipfelpläne vorwiegend an der Straßenkarte orientiert, der wird sich den Badus als Tagestour vornehmen. Die rasche Anreise via Gotthard-Autobahn und Andermatt sowie der hochgelegene Ausgangspunkt Oberalppaß sprechen für diese schnelle Lösung.

Dagegen stehen allerdings andere gewichtige Gründe. Zum Beispiel die beiden vortrefflichen Stützpunkte am Fuß des Berges, die kleine Badushütte und die geräumige Maighelshütte des SAC. Außerdem bieten sich dem Besucher in dieser weltverlorenen Urgesteinslandschaft mehrere stille Übergänge an wie der Lolenpaß, der aus dem Oberalptal ins Unteralptal führt, oder der seenbedeckte Maighelspaß zwischen Vermigel und Val Maighels.

Anlaß genug also, ein komplettes Wochenende für diesen Badus einzuplanen. Wie man nun Anmarsch, Paßwanderung, Übernachtung und Gipfelanstieg miteinander kombiniert, bleibt der Phantasie jedes einzelnen vorbehalten. Hier soll nur der Kern, nämlich die Überschreitung des Badus selbst, skizziert werden.

Vom Oberalppaß, wo man sich im Bedarfsfall nach der Öffnungszeit der Badushütte erkundigen sollte, geht es zunächst südwärts bis zur Abzweigung »Rheinquelle« und dort rechts in Kehren empor zum erwähnten Tomasee. Hier enden die Markierungen, aber ein ausgetretener Pfad führt in den Schuttkessel unfehlbar an der Südostflanke des Piz Tuma hinauf bis zur Scheitelhöhe des Badus-Nordwestgrates. Der Grat selbst besteht aus grobem Blockwerk und bietet keinerlei Schwierigkeiten. Unter dem Gipfelaufbau quert der Pfad dann nach links zum Nordostgrat hinüber, der bis an den Gipfelstock heranzieht. Ein kurzer und jäher Gratabbruch erheischt etwas Vorsicht, ehe gut gestuftes Gelände weiter zum Gipfelsignal leitet.

Der Abstieg erfolgt anschließend auf der Südostseite des Gipfels, wo man bald einen kleinen Sattel erreicht. Hier hat man die Wahl, entweder den blockigen Verbindungsgrat hinüber zum Kleinen Badus (P. 2839) oder linker Hand die Schneefelder des winzigen Badusfirns zu benutzen. In beiden Fällen geht es später vom Kleinen Badus durch ein breites Schuttfeld talwärts zu einer kurzen, begrünten Hangstufe, wo sich zwischen Felsstufen und Wasserläufen jeder seinen eigenen Weg suchen muß, hinab zu den Seeaugen vor der Haustür der Maighelshütte.

Den kleinen Lai da Tuma südlich des Oberalppasses haben Geographen zur Quelle des Rhein bestimmt. In der Bildmitte der Piz Tuma.

67 Pizzo Centrale

Vom Gipfel: die Schweiz in vier Himmelsrichtungen

Bergtour 1 Tag
3000 m
Mit Kindern ab 14 J.

Talort Hospental, 1493 m; AP Gotthard-Paßhöhe, 2091 m.
Charakter Einsame und unschwierige Bergtour für Geübte. In den weiten Geröllfeldern oft nur Wegspuren, Trittsicherheit erforderlich. Aufgrund des südseitigen Anstiegs früher Aufbruch ratsam. – Beste Zeit: Juli bis Ende Oktober.
Gehzeit Aufstieg 3–4 Std.; Abstieg 2–$2^1/_2$ Std.
Hütten Keine.
Verlauf Gotthardpaß – Lago della Sella – Gloggentürmli – Sellabödeli – Gamsspitz – Pizzo Centrale.
Varianten Abstieg durch das Guspistal zur nördlichen Gotthardpaßrampe oder durch das Unteralptal nach Andermatt, $2^1/_2$ bzw. 4–$4^1/_2$ Std. Mit dem Postauto zurück zur Paßhöhe.
Karte LKS 5001, Gotthard, 1 : 50 000.

Der geographische Mittelpunkt der Schweiz befindet sich auf der Älggialp im Kanton Obwalden, das hydrographische Zentrum – oder schöner: das Wasserschloß – liegt indes im Gotthardgebiet. Hier entspringen mit Rhône, Reuss, Ticino und Vorderrhein vier der bedeutendsten Alpenflüsse, hier liegt der Schnittpunkt von Berner, Urner, Glarner, Tessiner und Walliser Alpen, und hier konzentrieren sich die wichtigsten Schweizer Alpenpässe.

Früher sah man im Gotthardmassiv gar den Scheitelpunkt des gesamten Alpenbogens, und selbst Goethe glaubte noch, daß die Berge dort am höchsten sein müßten. Interessierte Bergsteiger wissen das heute natürlich besser: Das Gebiet beidseits des Gotthard bringt es auf den letzten Meter knapp auf einen Dreitausender, den Pizzo Centrale. Damit ist angesichts der großen Konkurrenz in den Urner, Walliser oder Berner Alpen nebenan kaum Eindruck zu machen. Deshalb hat das Gotthardmassiv mit seiner bescheideneren Vergletscherung als Hochtourengebiet auch keine große Bedeutung erlangt. Und für den Wanderer wirkt die herbe, granitgraue Landschaft rund um die Paßhöhe auf den ersten Blick wenig einladend. Wer sich jedoch auf die rauhe Umgebung einzustellen vermag, der entdeckt ein reich gegliedertes Bergrevier mit einsamen Seeaugen, weiten Hochkaren und bemerkenswert aussichtsreichen Gipfeln. Zudem ist dieses Gebiet wenig überlaufen, abgesehen vielleicht von Schulausflüglern oder Soldaten zur Herbstzeit.

Das lohnendste Ziel auf der östlichen Gotthardseite heißt natürlich Pizzo Centrale, wobei der Name durchaus wörtlich zu verstehen ist. Der Berg liegt allerdings nicht nur im Schwerpunkt der Schweizer Alpen, sondern leider auch im Schnittpunkt von vier Kartenblättern. Da hilft einzig die Benutzung des Sonderblattes »Gotthard«, 1 : 50 000, sonst gerät die Routensuche zum Puzzlespiel.

Von Zürich aus läßt sich eingedenk der guten Straßenverbindung der Pizzo Centrale ohne weiteres als Tagestour abhandeln. Bei einer Übernachtung im Gotthard-Hospiz gleich neben dem kleinen Nationalmuseum auf der Paßhöhe hat man jedoch entschieden mehr von der Sache. Ausgeruht und ohne Zeitdruck geht es dann am näch-

sten Morgen entlang einer Werkstraße ostwärts zur Staumauer des Lago della Sella. Kurz vor der Staumauer zweigt links ein Fußweg ab, der an der Alp Sella (Cana della Prosa) vorbei in nördlicher Richtung zu den Schutthängen der Traversa della Prosa leitet. Die in den SAC-Führern (Urner Alpen Ost bzw. Tessiner Alpen) beschriebene Route führt weiter nach Osten durch den öden Kessel unterm Gamsspitz und steigt schließlich in den Guspissattel zwischen Gamsspitz und Pizzo Centrale hinauf.

Interesanter und kaum schwieriger ist es jedoch, sich von der Traversa della Prosa gerade empor zum Sattel beim P. 2692 zu orientieren, der von den markanten Felsfingern der Gloggentürmli überragt wird. Hier wendet man sich ostwärts, umgeht die Felsfinger in ihrer Nordseite, überschreitet das abgeflachte Sellabödeli und überklettert anschließend auf leichten, blockigen Felsgraten die dunkle Pyramide des Gamsspitz bis in den bereits erwähnten Guspissattel.

Zuletzt folgt man den Wegspuren in der Westflanke des Pizzo Centrale hinauf zum großen Gipfelsteinmann. Dort oben sind gute Geographiekenntnisse vonnöten, um die weitgefächerte Aussicht zu fast allen wichtigen Gebirgsgruppen der Schweizer Alpen richtig deuten zu können.

Wer nicht durch sein Auto an den Gotthardpaß gebunden ist, hat im Abstieg die Qual der Wahl: entweder Rückkehr auf demselben Weg oder Überschreitung des Rotstocks ostwärts zur Vermigelhütte im Unteralptal oder Abstieg aus dem Guspissattel auf den anfangs steilen Resten des Guspisfirns ins Guspistal. Von der Vermigelhütte wandert man talauswärts zur Bahnstation Andermatt, und das Guspistal führt schließlich zum historischen Sommerkurort Hospental an der Gotthardstraße.

Nicht über die Nordseite des Pizzo Centrale führt der leichteste Anstieg, sondern vom Gotthardpaß her über die nicht sichtbare, unvergletscherte Südseite.

68 Pizzo Lucendro/Fibbia

Auf den östlichen Eckpfeiler der Rotondokette

Bergtour 1 Tag
2963 m bzw. 2739 m
Mit Kindern ab 12 J.

Talort Hospental, 1493 m; AP Gotthardpaßhöhe, 2091 m.

Charakter Hervorragender Aussichtsgipfel zwischen Gotthardpaß und Pizzo Rotondo. Für geübte Berggeher ohne Schwierigkeiten. – Beste Zeit: Anfang Juli bis Oktober.

Gehzeit (A) Aufstieg $3^1/_2$–4 Std.; Abstieg $2^1/_2$ Std. – (B) Aufstieg $1^1/_2$ Std.; Abstieg 45 Min.

Hütten Keine.

Verlauf (A) Gotthardpaß – Lago di Lucendro – Passo di Lucendro – Pizzo Lucendro. – (B) Gotthardpaß – Albergo San Gottardo – Fibbia.

Variante Ab- bzw. Aufstieg vom Pizzo Lucendro nach Realp (1538 m) über Witenwasserenstafel und die Nordwestflanke.

Karte LKS 5001, Gotthard, 1 : 50 000.

Seitdem der Autoverkehr nicht mehr über den Gotthard hinweg, sondern in einer Tunnelröhre unter ihm hindurchbraust, ist die Paßhöhe als Ausgangspunkt für Wander- und Bergtouren wieder vorbehaltlos zu empfehlen. Glücklicherweise konnte verhindert werden, daß auf dem Gotthard nach der Verkehrsberuhigung eine gastronomisch-kulturelle Einöde entsteht oder ein gesichts- und geschichtsloser Freizeitpark. Mit Hilfe einer Stiftung sind alle historischen Gebäude an diesem für die Eidgenossenschaft so symbolträchtigen Ort erhalten geblieben. Neben dem Nationalmuseum San Gottardo gibt es hier oben drei Restaurationsbetriebe sowie auch zwei Übernachtungsmöglichkeiten.

Im altehrwürdigen, 1866 erbauten Albergo San Gottardo verbringt man die Nacht noch in Zimmern wie zu Urgroßvaters Zeiten, eingerichtet mit Kommode, Waschschüssel und Spucknapf. Um das Maß an Nostalgie voll zu machen, läßt sich sogar die Anreise wie anno dazumal gestalten, nämlich in einer originalgetreu nachgebauten fünfspännigen Postkutsche mit Postillion in historischer Uniform. Wem das zu lange dauert, der kann selbstverständlich auch das normale Postauto oder den eigenen Wagen benutzen.

Als Berg- und Naturfreund ist man wohl in erster Linie an der Umgebung der Paßhöhe interessiert, und da bieten sich in unmittelbarer Nähe vor allem zwei Gipfel an. Die Fibbia direkt über der Paßlandschaft reizt in erster Linie den Kurzausflügler und Mineraliensammler, während der höhere, vergletscherte Pizzo Lucendro dem erfahrenen Berggänger bzw. Bergsteiger vorbehalten bleibt. Beide Gipfel bieten eine fabelhafte Aussicht, wobei die Fibbia die besseren Tiefblicke und der Pizzo Lucendro das weitere Panorama liefert. Letzterer kommt mit seinem weißen Firndreieck besonders in der oberen Leventina gut zur Geltung, wo ihn heimreisende Tessin- oder Italien-Urlauber beständig vor Augen haben.

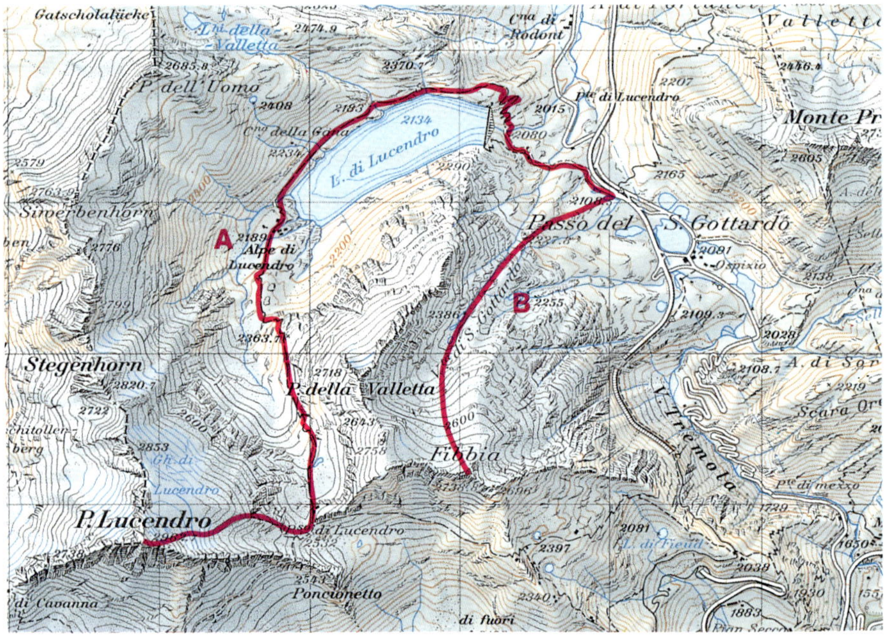

Wer sich für den Lucendro entscheidet, sollte am Gotthardpaß beizeiten aufbrechen; der Anstieg dauert immerhin 3 bis 4 Stunden und gestaltet sich bei aufgeweichtem Firn im Gipfelbereich ziemlich mühsam. Zunächst aber beginnt alles ganz bequem. Ein Werkssträßchen führt in westlicher Richtung zum nahen Lago di Lucendro, und auf dessem Uferweg – mit Tunnel – gelangt man rasch zur Lucendro-Alp. Auch der weitere Anstieg zum Lucendropaß verteilt sich in dem anschließenden Hochtal auf drei kurze Hangstufen.

Im Lucendropaß, oberhalb einiger Militärbaracken, verläßt man den ausgeschilderten Wanderweg und folgt westwärts gut ausgetretenen Pfadspuren, die zwischen abgerundeten Felshöckern hindurch gegen die Moräne des Ghiacciaio di Lucendro emporziehen. Der hat sich im Laufe der Zeit stark zurückgezogen.

Jene, die sich durch den bisherigen Anstieg nicht ausgelastet fühlen, können den steilen Gipfelhang direkt angehen. Alle anderen weichen besser links zum obersten Ostgrat aus, der dann in wenigen Minuten zum Gipfelsteinmann leitet.

Falls man nicht zum Gotthard zurück will oder vielleicht sogar noch ein weiterer Tag zur Verfügung steht, empfiehlt sich der Abstieg über den Nordgrat bis in die Ywerber Lücke (Scharte vor P. 2853) mit anschließender Abfahrt im Firn und Geröll zur Oberstafel im Witenwasserental. Von dort sind es kaum 40 Minuten zur bewirtschafteten Rotondohütte.

Nur halb so weit wie zum Lucendro ist es vom Gotthardhospiz zur Fibbia.

Zudem entwickelt sich der Zugang denkbar einfach: Man hat nur den kargen Alpweiden südwestwärts zum Seelein beim P. 2255im Valletta di S. Gottardo zu folgen und im groben Schotter- und Blockwerk weiter zum flachen Gipfelrücken emporzusteigen. Wer dort oben beim plötzlichen Anblick des schönen Pizzo Lucendro doch noch Sehnsucht nach einer richtigen Gipfeltour bekommt, kann von der Fibbia durch die Nordwestflanke und ein kurzes, steiles Gratstück ohne Schwierigkeiten direkt zum Lucendropaß hinunterklettern und den Tag mit einem Doppelerfolg schließen.

Hoch über der alten Gotthardstraße erhebt sich der Pizzo Lucendro (rechts der Bildmitte). Der Aufstieg führt über den kleinen Gletscher und den Ostgrat zum Gipfel. Im Vordergrund Andermatt, der Hauptort des Urserentals.

Peter Donatsch
Die 100 schönsten Hüttenziele der Schweizer Alpen
224 Seiten, 230 Farbfotos,
100 Kartenausschnitte

Die 100 attraktivsten Hütten der Schweizer Alpen für Bergwanderer und Familien mit Kindern.
Die Auswahl umfasst bekannte Ziele, aber auch einige Geheimtipps, Hütten des Schweizer Alpen Clubs SAC, aber auch private Bergunterkünfte. Mit umfassenden praktischen Informationen wie: Lage, Adressen, Telefonnummern, Reservationsmöglichkeiten, Karten, Ausgangsorte, Zustiege zur Hütte mit Wegbeschreibung und Wanderzeit, weiterführende Wege zu anderen Hütten, über Pässe und zu anderen Talorten, leicht erreichbare und attraktive Gipfel in der näheren Umgebung und besondere Angebote für Kinder.

Die Reihe »20 x 20 TopTips«
Die attraktiven Reise(ver)führer, die Sie nicht nur zu den berühmten Sehenswürdigkeiten, sondern vor allem zu den kleinen, verborgenen Schätzen abseits der ausgetretenen Trampelpfade führen. Aktuelle Tips und Tops – kompetent, vielseitig und erfreulich subjektiv vorgestellt. 20 x 20 Vorschläge, die unternehmungslustigen Entdeckern und Geniessern Türen und Augen öffnen für die Schönheiten unseres Landes.

Claus Schweitzer
20 x 20 TopTips Tessin
214 Seiten, durchgehend bebildert

Claus Schweitzer
20 x 20 TopTips Graubünden
208 Seiten, durchgehend bebildert

Claus Schweitzer
20 x 20 TopTips Zürich
208 Seiten, durchgehend illustriert

Claus Schweitzer
20 x 20 TopTips Bern
208 Seiten, durchgehend illustriert

Ruth Michel Richter / Konrad Richter
Erlebnis Lehrpfade der Schweiz
Band 1: Industrie, Landwirtschaft, Kultur
Band 2: Natur, Geologie, Ökologie
Je 144 Seiten, durchgehend Farbbilder

Kein anderes Land verfügt über ein so vielfältiges und breites Angebot an Lehrpfaden wie die Schweiz. Ob Architektur oder Industrie, Kunst oder Käse, Hausbau oder Weinbau oder die unterschiedlichen Erscheinungsformen von Landschaft und Natur – es findet sich zu fast jedem Thema ein Weg, sich wandernd zu informieren und auf lustvolle und unterhaltsame Weise die Bekanntschaft mit unbekannten Seiten unseres Landes zu machen.
Ein praktischer Ausflugsführer im Taschenformat enthält zu jedem Lehrpfad eine genaue Karte sowie praktische Informationen zu Anreise, Länge und Charakterisierung der Strecke, Wanderzeit, Eignung für Kinder, Verpflegungs- und Übernachtungsmöglichkeiten.

AT Verlag
Bahnhofstrasse 39–43
CH-5001 Aarau
Telefon ++41-(0)62-836 62 46
Fax ++41-(0)62-836 66 67
E-mail: info.buchverlag@azag.ch
Internet: www.at-verlag.ch

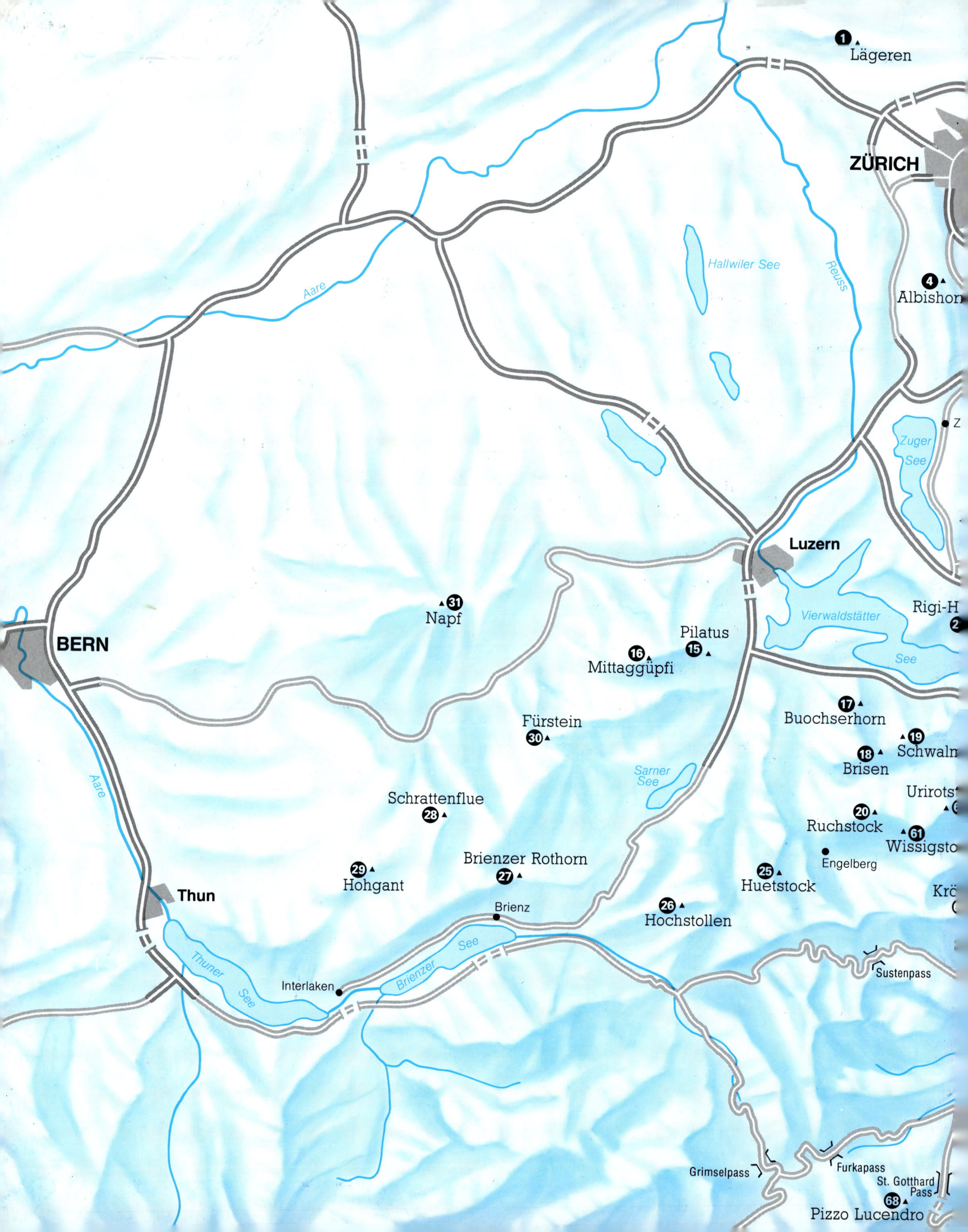

1 Lägeren
ZÜRICH
Aare
Hallwiler See
Reuss
4
Zuger See
Luzern
31 Napf
BERN
Vierwaldstätter See
Pilatus
15
16 Mittaggüpfi
17 Buochserhorn
Fürstein
30
19
18 Brisen
Sarner See
Aare
Schrattenflue
28
20 Ruchstock
61
Engelberg
Brienzer Rothorn
27
29 Hohgant
25 Huetstock
Thun
Brienz
26 Hochstollen
Thuner See
Brienzer See
Interlaken
Sustenpass
Grimselpass
Furkapass
St. Gotthard Pass
68 Pizzo Lucendro